어느
칼잡이
이야기

나남
nanam

홍경령

1965년 대구 출생
서울대학교 법과대학 학사
서울대학교 법과대학 대학원 석사 수료
제 31회 사법시험 합격, 검사 임용
대전지방검찰청, 홍성지청, 대구지방검찰청 근무
캐나다 오타와대 로스쿨에서 형사법 연구
의정부지방검찰청, 서울중앙지방검찰청 근무
2002년 10월 서울중앙지검 강력부에서 2건의 연쇄살인혐의로
조직폭력배들을 수사하던 중 피의자가 사망하는 사고가 발생
그 사건과 관련하여 구속기소되어 옥고를 치름(1년 4개월)
2007년 노무현 정부 마지막 사면복권 조치 때 복권
현재 변호사로 활동 중

2013년 8월 15일 발행
2016년 3월 5일 2쇄

지은이 · 홍경령
발행자 · 趙相浩
발행처 · (주) 나남
주소 · 413-120 경기도 파주시 회동길 193
전화 · (031) 955-4601 (代)
FAX · (031) 955-4555
등록 · 제 1-71호 (1979. 5. 12)
홈페이지 · http://www.nanam.net
전자우편 · post@nanam.net

ISBN 978-89-300-8713-1
ISBN 978-89-300-8655-4 (세트)

책값은 뒤표지에 있습니다.

어느 칼잡이 이야기

홍경령 지음

나남
nanam

내가 이 책을 쓰는 이유

칼잡이, 검사(檢事)들은 흔히 자신들을 칼잡이(劍士)라고 부른다. 사회의 병든 치부를 도려내고 죄인들을 단죄하는 것이 마치 보이지 않는 칼을 쓰는 작업과 같다는 의미에서 그렇게 부르는 것이다. 이 책은 약 11년간 검사로서 재직하던 중 일순간 인생이 바뀐 나의 검사로서의 삶에 대한 이야기이다.

2002년 10월, 서울중앙지방검찰청에서 강력부 수석검사로 근무하던 나는 2건의 살인사건을 저지른 혐의로 조직폭력배들을 수사하던 과정에서, 조사를 받던 피의자가 사망하는 사고가 발생하는 바람에 검사실에서 교도소로 직행하게 되었다. 단 하루 만에 인생이 송두리째 바뀌면서 나는 상상도 하지 못했던 가혹한 고통과 시련의 소용돌이에 휩쓸리고 말았다.

그 사건이 발생하기 직전까지 나는 약 11년 동안을 주로 강력사건 및 조직폭력 사건 담당검사로 활동하면서, 시민들이 흉악한 강력범죄 및 조직폭력 범죄로부터 시달리지 않고 안심하고 생업에 종사할 수 있는 사회를 건설하기 위해 내 인생의 가장 귀중한 시기인 20대 및 30대의 젊음과 열정을 고스란히 바쳤다고 감히 자부할 수 있었다. 그런데, 그 사건으로 인하여 단 하루 만에 나의 인생은 송두리째 바뀌게 된 것이었다.

그 사건이 발생하자 수많은 사람들이 나를 위로하고 격려했고, 꼭 그만큼의 다른 사람들이 나를 비난하고 매도했다. 엄청난 사회적 파장을 몰고 온 그 사건과 관련된 2건의 살인사건 수사를 지휘했던 주임검사로서 나는 그 당시 나의 입장을 이해하고 지지했던 수많은 분들은 물론 나를 비난하고 매도했던 수많은 분들에게도 그 사건의 진상과 내가 걸어온 검사의 길을 있었던 그대로 알려드리고 싶었다.

그 사건은 검찰 내부적으로도 큰 파장과 변화를 몰고 왔다. 그 사건으로 인해 검찰 수뇌부가 퇴진해야만 했고, 종래의 수사시스템이 대폭 바뀌어야만 했다. 본의 아니게 검찰 역사의 한 장을 장식하게 되었던 사건의 수사책임자로서 그 사건의 진상을 있었던 그대로 밝히는 것이 내가 몸담아왔던 검찰에 대한 도리이자 의무가 아닐까 하는 생각도 들었다.

그리고 개인적으로는 오랜 기간 동안 나를 따라다녔던 그 사건을 정리하고 매듭지으며, 새로운 모습으로 인생 후반기를 열어갈 수 있는 계기를 마련하고 싶었다. 또한 지면을 통하여 불의의 사고로 고인이 된 피해자와 유족들에게 심심한 사죄의 뜻을 전하고 싶었고, 내 인생에서 가장 힘들었던 시기에 힘과 위안이 되어준 많은 분들에게도 감사의 말을 전하고 싶었다.

나는 그런 이유로 이 책을 쓰게 되었다. 결심하기까지는 정말 큰 용기가 필요했다. 이미 사람들의 기억에서 까맣게 잊혔을 그 사건을 다시 꺼내드는 것이 과연 옳은 일일지 선뜻 확신이 서지 않았다. 개인적으로 아픈 기억들을 일일이 되살리며 반추하는 것 역시 너무나 힘들고 고통스러운 작업이었다. 그러나 진실을 밝혀야 한다는 당위의 논리가 나에게 용기를 불어넣어 주었다.

나는 이 책에서 그 사건을 비롯하여 내가 강력검사, 조직폭력 전담검사로서 체험했던 사실들을 있었던 그대로 담백하게 기술하고자 하였다. 다만 이 책에서 소개된 수사시스템은 오래전 시스템이며, 현재의 검찰과 경찰이 채택하고 있는 수사시스템은 이와 크게 달라졌으니 혹시라도 독자들의 오해가 없기를 바란다.

홍경령

어느
칼잡이
이야기

차 례

5 내가 이 책을 쓰는 이유

제 1 장
허리케인

13 끈질긴 인연
26 뜻밖의 자백
37 드러나는 진실들
47 변곡점
57 천둥소리
67 급전직하

제 2 장
강력, 조직폭력 전담검사의 길

- 83 　강력, 조직폭력 전담검사가 되기까지
- 93 　토착 폭력조직과의 싸움
- 104 　조직폭력배는 감옥으로
- 112 　뿌리 깊은 조직
- 120 　집단으로 손가락을 자른 조직폭력배들
- 128 　검사직을 건 싸움

제 3 장
파사현정(破邪顯正), 계속된 질주

- 147 　일망타진
- 156 　야쿠자와 재벌의 커넥션
- 164 　건설현장의 조직폭력배들
- 171 　집요한 추적
- 179 　활개 치며 살아가는 살인범들
- 197 　무고한 살인 용의자

제4장
떠도는 원혼들

- 211 부검 사절?
- 218 나를 찾아온 망자의 혼
- 224 폭행치사와 살인의 차이
- 231 한 장의 사진으로만 남은 아이
- 237 감쪽같이 사라지는 아이들
- 249 세 번째 사형 구형

제5장
새로운 출발

- 263 슬픈 칼잡이 이야기
- 274 불면의 밤
- 279 뒤엉킨 진실
- 288 쟁점 아닌 쟁점들
- 298 국화 밭에서
- 302 다시 법조인으로

- 306 에필로그
- 309 어느 칼잡이 아내의 이야기

제1장
허리케인

끈질긴 인연

뜻밖의 자백

드러나는 진실들

변곡점

천둥소리

급전직하

끈질긴 인연

박기대, 이상철 사망사건.

다시 내 앞에 나타난 두툼한 수사기록철의 표지를 바라보는 순간 저절로 이맛살이 찌푸려졌다.

"야, 또 너냐? 대체 왜 이리도 끈질기게 나를 따라다니는 거야? 벌써 햇수로 몇 년째인데…. 거 참, 나한테 피해자들의 원혼이 달라붙기라도 한 건가?"

나는 혼잣말처럼 그렇게 중얼거리며 절레절레 고개를 저었다.

"검사님, 제가 용한 점쟁이를 알고 있는데 한번 소개해드릴까요? 혹 구천을 떠도는 망자들의 혼이 제발 범인들을 검거하여 자신들의 원한을 좀 풀어달라고 애원하고 있는 건지도 모르지 않습니까."

나의 검사실 책상 옆자리에 앉아 있던 주무계장인 윤 계장이 자못 진지한 표정으로 말했다

나는 잠시 윤 계장의 얼굴을 들여다보다가, 밑져야 본전일 것 같은 생각이 들어 슬며시 전화기를 들었다.

불행인지 다행인지 상대방이 통화 중이라 전화가 연결되지 않았다. 나는 멋쩍은 웃음을 흘리며 전화기를 내려놓았다. 최대한 과학적으로 수사를 진행해야 할 검사가 웬 점쟁이 타령이란 말인가.

나는 2000년 8월 전보발령을 받고 의정부지방검찰청에서 서울중

앙지방검찰청으로 자리를 옮긴 후로 처음 1년은 강력부에서, 다음 1년은 형사 제3부에서 근무했다. 그리고 2002년 8월 나는 형사부에서 강력부로 복귀하기로 결심하고 상부에 나의 뜻을 간곡히 진언했다.

머지않아 부부장검사로 승진하게 될 입장인지라 얼마 남지 않은 일선 수사검사 생활을 오롯이 조직폭력배 수사에 바치고 싶었기 때문이었다. 장차 부부장검사를 거쳐 지청장, 부장검사로 승진하게 되면 주된 임무가 관리자의 역할로 바뀌어 더 이상 수사검사로는 활동하기가 어려운 까닭이었다. 나는 관리자보다는 수사검사가 좋았고, 검사란 모름지기 일선에서 스스로 수사를 진행해야 한다고 생각했다.

상부의 배려로 나는 2002년 8월에 실시된 정기 인사이동에서 강력부 수석검사실로 배속되었다. 그리고 전임검사가 남겨놓은 미제 사건들의 기록들을 검토하던 나에게 내사사건 한 건이 재배당되었다. 문제의 박기대, 이상철 사망사건이었다. 그것은 원래 내가 강력부에서 내사를 진행하다가 1년 전 형사부로 자리를 옮기면서 후임검사에게 넘겨준 사건이었는데, 그 동안 내사를 이어오던 후임검사가 미국으로 유학을 떠나고 내가 강력부로 복귀하게 되자, 당초의 주임검사였다는 이유로 나에게 재배당된 것이었다.

으음, 왜 이리도 질긴 인연일까? 묘한 기분이 들었다. 무어라 꼭 꼬집어 말하기는 어려운, 짓궂은 운명의 끈과 같은 그 무엇이 집요하게 나를 휘감아오는 것만 같았다. 어쩌면 윤 계장의 말대로 피해자들의 원혼들이 자신들의 한을 풀어달라며 검사인 나를 계속 따라다니고 있는 것인지도 모른다는 생각이 들기도 했다. 그리고 그것이

만약 사실이라면 사회 정의적 차원에서라도 사건의 전모를 명명백백히 밝혀 그들의 억울함을 달래주고 싶은 마음도 고개를 들었다. 나는 햇수로 4년 동안이나 내 주위를 맴돌아온 사건에 대한 기억을 되살리며 천천히 파일을 들춰보기 시작했다.

나와 박기대, 이상철 사망사건과의 끈질긴 인연의 발단은 1999년 12월경으로 거슬러 올라간다. 당시 나는 의정부지방검찰청에서 조직폭력배 관련 범죄들을 수사하며 조직폭력배들 사이에 널리 악명(?)을 떨치고 있었는데, 어느 날 경기지방경찰청 소속의 경찰관 두 사람이 나의 방문을 노크했다.

"검사님, 꼭 드리고 싶은 말씀이 있어 찾아뵈었습니다."

"네. 말씀해보세요."

"1998년 6월 25일 파주 S파의 두목 박기대가 자신의 주거지인 파주의 모 연립주택 2층 자택에서 변사체로 발견되었는데, 관할 경찰서에서 자살로 처리했습니다. 그리고 이듬해인 1999년 10월에 서울 신촌에서 이상철이라는 자가 전신을 10여 군데나 칼에 찔려서 살해당했는데, 아직까지 범인을 검거하지 못하고 있습니다. 그런데 조직폭력배들 사이에서는 파주의 박기대는 자살한 것이 아니라 살해당했던 것이고, 신촌의 이상철은 박기대를 살해한 범인들을 협박하다가 오히려 그들의 칼을 맞고 죽은 것이라는 이야기가 나돌고 있습니다. 검사님과 함께 그 사건을 한번 내사해보고 싶습니다."

"그래요? 나는 금시초문인데, 믿을 만한 이야기입니까?"

"조폭들 사이에 그런 소문이 떠도는 걸 보면 전혀 근거 없는 이야기는 아닐 것 같습니다."

전적으로 믿을 말도 못되었지만, 그렇다고 해서 영 무시해버릴 일도 아닌 것 같았다. 조직폭력배들 사이에는 큰 사건이 있으면 쉽게 입소문이 나는 경향이 있기 때문이었다.

"흠, 그래요? 좋습니다. 한번 내사해봅시다."

나는 흔쾌히 승낙했다.

파주 S파는 파주와 문산 지역에서 암약하는 폭력조직으로 그들의 주된 근거지는 파주 법원리의 용주골 사창가였다. 그리고 나는 이미 파주 S파를 수사하여 여러 명의 조직원들을 구속시킨 적이 있었기에 그들의 조직과 생리도 웬만큼 알고 있었다.

경찰관들이 돌아간 뒤 나는 관할 경찰서에서 내사 종결한 박기대 변사사건의 기록을 꺼내어 찬찬히 살펴보았다. 박기대가 변사체로 발견된 경위를 그의 친형인 박기철의 진술을 중심으로 정리해 보면 대강 이러했다.

1998년 6월 24일 저녁 박기철은 자택에서 쉬고 있던 동생 박기대와 휴대폰으로 통화를 하고 있었다. 그런데 통화 도중 동생이 갑자기 "아니, 검찰 수사관이 나를 잡으러 왔다. 교도소에서 출감한 지 얼마 되지도 않는데 왜 또 왔는지 모르겠다"고 말하며 경황없이 전화를 끊었다. 동생이 걱정되어 박기철이 황급히 달려가 보니 박기대가 살고 있던 연립주택 2층의 현관문은 굳게 잠겨 있었고, 몇 번이나 초인종을 눌러보았지만 아무런 인기척이 없었다. 계단을 내려와 건물 바깥에서 올려다보니 동생 집 방의 불은 꺼져 있었고, 창문은 닫혀 있었다. 몇 차례 동생의 이름을 불러보았지만 대답이 없어 박기철은 그대로 발길을 돌릴 수밖에 없었다.

이튿날 걱정이 되어 수차례 통화를 시도했지만 동생이 전화를 받지 않자, 박기철은 다시 박기대의 집으로 달려갔다. 역시 현관문은 단단히 잠겨 있고, 초인종을 눌러도 아무런 반응이 없었다. 그런데 계단을 내려와 밖에서 쳐다보니 이상하게도 2층 창문이 열려 있었고, 창문 아래 정원에는 휴대폰 배터리 하나가 떨어져 있었다. 박기철은 갑자기 불길한 생각이 들어 급히 열쇠 수리공을 불렀다. 박기철이 현관문을 따고 들어가 보니 거실 바닥에 TV가 나동그라지고 소파가 뒤집힌 등 집안이 온통 난장판이었다. 그리고 잠겨 있는 욕실의 문을 따고 보니 욕실 바닥에 박기대의 변사체가 누워 있었다. 소스라치게 놀란 박기철이 112에 신고하자 이내 경찰관들이 들이닥쳤다.

당시 박기대의 변사체는 머리가 출입문을 향한 채 누워 있었고, 왼쪽 팔목에는 예리한 칼로 두 번을 그은 자상이 뚜렷이 남아 있었다. 그리고 머리맡에는 과도 한 자루가 버려져 있었고, 그 옆에 버려진 샤워기의 분수구로부터는 계속해서 물이 흘러나오고 있었다.

경찰관들이 집안을 수색한 결과 침대 밑에서 필로폰을 투약하는 데 사용한 것으로 보이는 일회용 주사기 하나가 발견되었다. 관할 경찰서는 박기대가 필로폰에 취한 상태에서 과도로 손목을 그어 자살한 것으로 추정하고 내사를 종결지었다.

나는 관련 기록을 살펴보던 중 몇 가지 석연치 않은 점들을 발견할 수 있었다.

첫째, 죽은 박기대의 왼쪽 손목에 뼈가 드러날 만큼 깊이 새겨진 두 개의 자상 부위에서 주저흔이 전혀 발견되지 않았다는 점이었다. 법의학적으로는 손목의 동맥을 잘라서 자살한 사람들은 반드시 주저흔을 남긴다는 것이 정설이다.

사람들이 자살을 기도하면서도 막상 손목을 자르려니 겁이 나서 단번에 자르지를 못하고 여러 차례 주저하게 되기 때문에 그 흔적이 남는다는 것이다. 그런데 박기대의 손목은 단 한 번의 주저함도 없이 깊고도 힘차게 잘려 있었다. 그것도 두 번이나.

둘째, 시신 주위에서 핏자국이 전혀 발견되지 않았다는 점이었다. 손목의 동맥이 잘리면 피가 분수처럼 사방으로 방사되므로 시신과 그 주위에 핏자국이 남아 있는 것이 정상이다. 그런데 한 평도 안 되는 욕실의 벽과 천장과 바닥, 심지어는 시신조차도 씻은 듯이 깨끗하기만 했다. 자살하는 사람이 마지막까지 샤워기로 주변을 청소하다가 숨을 거둔다는 것은 상식적으로 불가능한 일이지 않겠는가.

셋째, 사진 속에 담긴 시신의 양쪽 무릎 부위에 멍이 들어 있다는 점이었다. 무릎을 꿇었던 흔적이 아닐까 의심스러웠다.

넷째, 박기철이 통화 도중 박기대로부터 이상한 기미를 느낄 수 있었다는 내용의 진술을 전혀 하지 않았다는 점이었다. 만약 경찰의 추정대로 박기대가 필로폰에 취해 있었다면, 박기철과 통화하던 도중에 검찰 수사관이 자기를 잡으러 왔다고 했던 박기대의 말은 곧 그가 환각상태에서 헛것을 보고 들어서 뱉어낸 말이었을 텐데, 박기대의 상태가 그 정도로 나빴다면 박기철이 그와 통화하면서 무언가 이상한 (제정신이 아닌 듯한) 낌새를 느낄 수 있었어야만 하지 않았겠는가?

다섯째, 박기철이 이튿날 가서 보니 전날 밤에 닫혀 있던 2층 창문이 활짝 열려 있더라고 진술한 점이었다. 박기철은 분명히 전날 저녁 동생의 집으로 달려가 초인종을 눌렀지만 아무런 인기척이 없었다고 진술했는데, 그 말은 곧 만약 경찰의 추정대로 박기대가 필로폰에 취해서 자살했던 것이 사실이라면 박기철이 달려가 초인종을 누르던 시각에 박기대는 이미 숨져 있었거나 최소한 소리조차 낼 수 없는 상태로 죽어가고 있었기에 아무런 인기척도 낼 수 없었음을 의미한다. 그렇다면 2층 창문은 누가 열었을까? 박기철이 달려가 초인종을 누르던 시각에 이미 숨져 있었거나 최소한 소리도 낼 수 없는 상태로 죽어가던 박기대가 어찌 창문을 열 수 있었겠는가?

위와 같은 의문점 등으로 가늠해보니 자살이었기보다는 오히려 타살이었을 가능성이 높을 것 같았다. 나는 눈을 감고 내 나름대로 당시의 현장상황을 상상해 보았다.

박기대가 박기철과 통화하고 있을 때 누군가가 밖에서 초인종을 눌렀다. 검찰 수사관을 사칭하며 집안으로 들이닥쳐, 흉기 및 완력으로 박기대를 제압한 뒤 욕실로 끌고 갔다. 박기대의 무릎을 꿇리고, 저항이 불가능한 상태에서 예리한 칼로 손목 동맥을 절단하여 살해한 뒤, 샤워기를 틀어서 주위와 시신의 핏자국을 깨끗이 씻어내어 자살로 위장했다. 그리고 안으로 도어록을 잠근 채 욕실 문을 닫았다. 물론 범인은 하나가 아니라 여럿이었고, 범인들 중 하나가 다른 공범들을 모두 내보낸 뒤 안에서 현관문을 잠그고, 창문을 열고 정원으로 뛰어내렸다. 그때 소지했던 휴대폰이 땅바닥에 떨어지면서 배터리가 분리되어 나갔지만, 경황이 없던 범인은 그것을 챙기지 못한 채 도주하기에 급급했다. 내가 추정해본 결론은 대략 그러했다.

강력부 검사로 투신하면서 내가 세웠던 원칙들 가운데 하나가 '현장부터'였다. 하지만 박기대 변사사건은 내가 의정부지방검찰청에 부임하기 전에 일어났던 사건이므로 당연히 현장이 보존되어 있을 리 없었다. 나는 경기지방경찰청의 경찰관들을 지휘하며 죽은 박기대의 주변을 뒤지기 시작했다.

이내 다른 지방에서 파주로 이사와 사채놀이를 하던 임광세라는 인물이 부상했다. 생전의 박기대에게 협박을 받으며 금전을 갈취당한 적이 있는 자로서 원한관계가 있을 수도 있었을 것으로 판단되었다.

나는 임광세를 사채 폭력 혐의로 구속하여 박기대를 살해했을 가능성을 추궁해 보았다. 그러나 임광세는 범행을 강력히 부인했다.

"저는 피해자일 뿐입니다. 검사님도 한번 생각해보십시오. 제게 그럴 힘이 있었다면 왜 곱게 돈을 뜯기고만 있었겠습니까?"

"그럼, 박기대가 살해당한 건 사실입니까?"

"저도 그런 말을 들은 적이 있습니다. 하지만 범인이 누구인지는 모릅니다."

유력한 용의자로 지목했던 임광세가 극구 범행을 부인하니 더 이상 수사를 진행할 수 없었다. 곧 인사이동이 예정되어 있었기에 나는 그 상태로 박기대 변사사건의 내사를 종결하고 밀려 있던 다른 조직폭력배 관련 사건들을 해결하는 데 전념했다. 그리고 2008년 8월 서울중앙지방검찰청으로 전보되면서 박기대 변사사건의 내사기록을 챙겨갔다. 그것이 나와 박기대와의 운명적인 첫 만남이었다.

서울중앙지방검찰청으로 자리를 옮긴 지 5개월째가 되던 2001년 1월의 어느 날 나는 다시 박기대, 이상철 사망사건과 맞닥뜨리게 되었다. 호남에 근거를 둔 모 폭력조직의 조직원들이 성남의 모 유흥주점을 강제로 탈취했다는 진정서가 접수되어 여러 명의 관련 조직폭력배들을 구속시켰을 즈음이었다.

어느 날 검사실에서 그 사건의 피해자와 이런저런 이야기를 나누던 중 상대방이 갑자기 정색을 하며 나를 쳐다보았다.

"검사님, 혹시 그 사건을 알고 계십니까?"

"어떤 사건 말입니까?"

"몇 년 전 파주에서 건달 하나가 살해되었는데 자살로 처리되었고, 이듬해에 신촌에서 또 한 사람이 살해되었지만 아직 미제로 남아 있다는데요."

소파에 기대어 있던 나의 등이 저절로 벌떡 일어났다.

"아니, 당신이 그 사건을 어떻게 압니까? 그냥 떠도는 이야기 아닙니까?"

"아닙니다. 조폭들 사이에서는 아주 유명한 사건입니다."

새로운 내용은 없었지만 그의 제보는 나에게 상당한 의미로 다가왔다. 그 소문이 조직폭력배들 사이에 그렇듯 광범위하게 퍼져 있다는 것은 곧 그것이 사실일 가능성이 그만큼 높다는 것을 의미하기 때문이었다.

나는 캐비닛 속에 넣어둔 박기대 변사사건의 내사기록을 꺼내어 다시 살펴보았다. 아무리 보아도 타살일 가능성이 농후한 것 같았다. 나는 신촌에서 살해된 이상철 살해사건의 관할 경찰서로부터 사건기록을 대출받아 꼼꼼히 검토하기 시작했다. 이상철 관련 기록은 의정부지방검찰청에서는 관할이 달라서 미처 구해 보지 못했는데, 관할 경찰서의 수사기록에 담긴 사건의 개요를 간략히 정리하면 대략 이리했다.

파주 S파의 조직은 박기대와 김성필이라는 쌍두마차가 장악하고 있었다. 견원지간인 두 사람은 조직의 주도권을 두고 사사건건 대립했는데, 모모한 사건으로 김성필이 구속되자 박기대가 조직의 주도권을 거의 틀어쥐게 되었다. 1998년 5월경 김성필은 안양교도소에 수감 중이었고, 같은 교도소의 다른 방에는 신촌에서 살해된 이상철과 파주 S파의 조직원인 김기호, 그리고 장승호라는 제3의 죄수가 함께 수감되어 있었다.

어느 날 김성필이 부하 조직원인 김기호에게 밀지를 보냈다. 동봉한 편지를 김기호가 친분을 맺고 있던 교도관을 통해 바깥에 있는 정수라는 자에게 전해 달라는 내용이었는데, 편지 속에는 박기대를 '작업'하라는 내용이 담겨 있었다. 교도소에서 밖으로 나가는 편지는 철저히 검열받아야 하기에 김성필은 그렇게 지시했고, 김기호는 보스의 명령대로 친한 교도관을 통해 그 편지를 밖으로 내보내는 데 성공했다.

그리고 얼마 후 김성필이 다시 김기호에게 몰래 쪽지를 보냈는데, 그 쪽지에는 "야 기호야, 우리 이제 편히 살게 되었다. 박기대가 작업이 되었단다"라고 적혀 있었다. 곧이어 김기호는 면회 온 사람들로부터도 박기대가 죽었다는 소식을 접하게 되었다.

그런데 그러한 과정에서 또 다른 비극의 씨앗이 잉태되고 있었다. 그것은 김기호가 김성필로부터 받은 문제의 편지와 쪽지를 같은 방에 수감 중이던 이상철과 장승호도 함께 보았다는 사실이다. 김기호가 그 쪽지를 찢어서 쓰레기통에 버렸지만, 이상철이 찢어진 조각들을 몰래 주워서 일일이 꿰맞추어 쪽지를 복원시켰던 것이었다.

어느 날 이상철이 김기호 몰래 장승호에게 그 쪽지를 보여주며 이렇게 말했다.

"야, 승호야. 내가 곧 출소하는데, 이걸 들고 범인들을 찾아가 협박하면 포장마차 할 밑천쯤이야 쉽게 뜯어낼 수 있겠지?"

"아, 아니 형님! 파주 S파 애들도 보통내기들이 아닌데 무슨 봉변이라도 당하면 어쩌려고 그러십니까?"

장승호가 펄쩍 뛰며 말렸지만, 싸움에 능하고 담이 큰 이상철은 콧방귀를 뀌었다. 그리고 얼마 후 이상철은 칼로 찢은 운동화 뒤축 속에 그 쪽지를 감춘 채 유유히 교도소 문을 빠져 나왔다.

출소 후 이상철이 파주에서 유흥주점을 운영하던 생면부지의 곽철진과 정기성을 찾아가 박기대 이야기를 꺼내자, 두 사람이 무슨 소리를 하느냐고 면박을 주어 돌려보냈다(파주의 곽철진과 정기성은 나도 의정부지검에서 폭력 등의 사건으로 수사한 적이 있어서 안면이 있는 인물들이었다).

어느 날 이상철은 박기대의 형인 박기철에게도 찾아가 이렇게 말했다.

"당신 동생이 참 억울하게 죽었는데, 내가 그 진실을 알고 있습니다."

"대체 그것이 무슨 이야기요? 동생이 어떻게 죽었단 말이오?"

"자세한 이야기는 지금 할 수 없고…, 하여튼 박기대가 너무 억울하게 죽었다는 사실만 알고 있으시오."

이상한 사람이 동생을 들먹이기에 사전에 녹음기까지 준비해 간 박기철이 박기대의 죽음에 대하여 꼬치꼬치 캐물었지만 이상철은 더 이상 입을 열지 않았다.

출소 후 서울에서 사채업을 하던 이상철은 살해되던 날 오후 자신보다 늦게 출소한 장승호와 두 차례 전화통화를 가졌다. 그리고 몇 시간 후 사무실에서 전화를 받고, 청하 한 병을 비운 뒤 (주위 사람들의 말에 의하면 무언가 중요한 일을 처리할 때면 꼭 청하 한 병을 마시는 것이 이상철의 버릇이었다), 누군가를 만나러 간다며 사무실을 나섰다. 그리고 그날 밤 이상철은 신촌의 어느 후미진 골목에서 무참하게 난자당해 숨진 채 발견되었다.

관할 경찰서 수사관들이 장승호를 소환했다.

"그날 이상철을 만났지요?"

"네. 저녁에 호프집에서 만나 맥주 한잔 하며 간단히 안부만 나누고 헤어졌습니다."

"어떤 얘기를 했습니까?"

"특별한 얘기는 없었습니다. 안양교도소에서부터 알고 지내던 사이라서 그냥 이런저런 세상 돌아가는 이야기를 했습니다."

"이상철이 왜 죽었는지 알고 있지요?"

"네? 저, 저는 모릅니다. 모릅니다."

장승호가 거세게 손사래를 치며 딱 잡아떼는 통에 더 이상 조사가 진행될 수 없었다. 수사관들은 장승호를 정보원으로 삼아 범인을 추적해보려 했지만, 수사에 협조하는 척하던 장승호가 어느 날 갑자기 사라져버렸다. 갑작스레 연락이 두절되자 수사관들이 백방으로 장승호의 소재를 찾아 나섰지만 그의 행방은 묘연했고, 수사는 거기서 한 치도 나아가지 못한 채 꽁꽁 얼어붙어 있었다.

수사기록을 덮고 나니 문득 짚이는 데가 있어 나는 장승호의 전과기록을 조회해 보았다. 짐작한 대로 행방을 감추었을 무렵 장승호는 모모한 폭력사건과 연루되어 구속되어 있었다.

이상철이 왜 생면부지의 곽철진과 정기승을 찾아가 협박하며 돈을 뜯어내려 했을까? 그들이 김성필의 편지를 받고 박기대를 '작업' 했던 것일까? 이상철이 박기철은 왜 만났을까? 이상철은 하필이면 왜 장승호를 만난 직후에 살해당했던 것일까? 혹 장승호가 수사망을 피해서 안전한 감방으로 도망치기 위해 의도적으로 폭력사건을 일으키지는 않았을까? 답답했다. 무언가 실마리가 보일 듯 보일 듯하면서도 분명한 모습을 드러내지 않았다.

나는 수사관들에게 그 수사기록을 회람시킨 뒤 함께 모여 해결책을 논의해 보았다. 모두들 나보다 현장수사 경험이 풍부한 베테랑 수사관들이었지만 아무도 뾰족한 대책을 제시하지 못했다. 그리고 얼마 후 형사부로 자리를 옮기면서 나는 후임검사에게 관련 수사기록을 넘겨주고 그 사건에서 손을 떼게 되었다. 그것이 나와 박기대, 이상철 사망사건의 두 번째 만남이었다.

뜻밖의 자백

　내가 강력부를 떠나 있는 동안 후임검사의 지휘 아래 박기대, 이상철 사망사건을 계속 내사해온 사람이 이 수사관이었다. 내가 강력부로 복귀한 뒤 수사기록을 살펴보니 그는 지난 1년 동안 두 가지 내사기록을 추가해 놓았다. 하나는 모 대학의 유명 법의학 교수에게 박기대 변사사건 관련 기록들의 감정을 의뢰하여 박기대의 사망원인을 자살로 보기 어렵다는 소견을 받아낸 것이었고, 다른 하나는 사건 발생 직후에 이상철 살해사건 현장을 스쳐간 수상한 자동차의 소유자를 찾아내어 조사를 진행한 것이었다.

　경찰관들이 이상철 살해사건의 신고를 받고 신촌의 어느 좁은 골목길로 출동한 시각은 새벽 4시경이었다. 그런데 경찰관들이 한창 현장감식을 하고 있을 때 흰색 프린스 승용차 한 대가 골목길을 지나갔다. 좁고 후미진 골목이라 평소에도 차량 왕래가 뜸할 법했지만, 그 시각쯤이면 더욱 그러할 것 같았다.

　또 한 가지 이상한 점은 여러 명의 경찰관들이 현장감식을 하고 있는데도 승용차 앞좌석에 타고 있던 두 사람은 줄곧 앞만 바라보며 그 곁을 스쳐갔다는 사실이었다. 한적한 장소에서 경찰관들이 웅성거리고 있으면 차창을 내리고 주위를 살펴보는 등 영문을 알고 싶어하는 것이 인지상정일진대 그들은 전혀 무관심한 듯이 주행에만 집중하고 있었다.

　이를 수상히 여긴 경찰관 한 사람이 급히 수첩을 꺼내어 "경기 45×××68 흰색 프린스 승용차"라고 적었다. 주변이 어두운데다 급하게 쓰다 보니 중간의 숫자들은 잘 보이지 않았던 모양이었다.

　그런 내용이 관할 경찰서 수사기록에 수사보고서로 첨부되어 있었지만 이상하게도 당초에 경찰관들이 그 차량의 소재를 추적한 흔적은 남아 있지 않았다. 아마도 차량번호도 정확하지 않고, 그것을 용의차량으로 의심할 만한 근거도 충분치 못했던 까닭이었을 것이다.

　그러나 이 수사관의 날카로운 눈은 그것을 놓치지 않았다. 대체로 범인들은 수사가 어떻게 진행되고 있는지 궁금해서 범행 후에 현장을 한번 둘러보는 경향이 있기 때문이었다. 이 수사관이 즉각 수사보고서상의 차량번호를 조회해보니 용케도 밝혀진 앞뒤 자리의 숫자들과 번호가 일치하는 흰색 프린스 승용차는 전국에 딱 한 대밖에 등록되어 있지 않았다.

　나의 후임검사가 파주에 살고 있던 흰색 프린스 승용차의 소유자를 소환했다. 박용대라는 이름을 가진 40대 남자였다.

　"그날 그 시각에 당신의 승용차가 왜 그곳을 지나갔습니까?"

　"저는 모르겠습니다. 그 무렵에는 제가 그 차를 끌고 다니지 않았거든요."

　"그게 무슨 말입니까?"

　"그보다 몇 달 전쯤에 제가 파주에서 곽철진이라는 사람과 도박을 하다가 5백만 원의 빚을 지게 되었습니다. 제가 그 빚을 갚지 않자 어느 날 곽철진이 찾아와 그 차를 빼앗아 갔습니다. 그러니 말씀하신 날짜에 그 차는 제 손을 떠나 있었고, 그 차가 그곳을 지나갔다면

제 1 장 허리케인

아마도 곽철진이 운전하고 있었을 겁니다."

"그 차는 지금 누가 갖고 있습니까?"

"승용차를 빼앗아간 지 몇 달 후에 곽철진이 어떤 사람과 함께 저를 찾아왔습니다. 그리고 그 차 때문에 골치가 아프다며 빚 얘기도 하지 않고 그냥 차를 돌려주었습니다. 그런데 차안을 살펴보니 좀 이상한 데가 있었습니다."

"어디가 이상했습니까?"

"에어컨 통풍구 쪽에, 핏자국이 달라붙어 있어서, 제가 그 핏자국을 긁어냈습니다."

"곽철진과 함께 온 사람은 누구였습니까?"

"처음 보는 사람이었습니다. 그때 다방에서 곽철진을 만났는데, 옆자리에 그 사람이 앉아있었습니다. 이름은 모르고, 보면 얼굴은 알 수 있을 것 같습니다."

나의 후임검사와 이 수사관이 파주 S파 조직원들의 사진을 보여주자 박용대의 손가락이 박성웅이라는 자를 가리켰다. 박성웅은 종전의 수사기록에는 전혀 등장하지 않았던 인물이었다.

파주에 살고 있는 곽철진이 왜 그 시각에 그곳을 지나갔을까? 여느 범인들처럼 수사가 어떻게 진행되는지를 확인하려고 현장을 한 번 둘러보았던 것일까? 승용차 안에서 발견되었다는 핏자국은 뭘까? 혹 이상철을 살해한 범인이 범행 도중 손을 다쳤거나 죽인 이상철의 피가 손에 잔뜩 묻어 있었던 건 아니었을까?

수사기록을 꼼꼼히 체크하다보니, 비록 범인이라 단정할 수는 없을지라도, 곽철진이 어떤 식으로든 이상철 살해사건에 연루되었을 가능성이 높다는 느낌이 들었다.

나는 다시 소속 수사관들에게 그 기록을 회람시켰다. 그리고 이 수사관으로 하여금 기록의 요점을 정리하여 다른 수사관들에게 나누어 주고, 구두로도 설명해주도록 지시했다. 그러고 나서 며칠 후에 수사관들을 모두 불러 함께 해결책을 논의했지만 뚜렷한 해법을 찾을 수 없었다.

이 사건을 어떻게 처리해야 하나? 한동안 고민하던 나는 어떤 형태로든 그 사건을 종결시키기로 결심했다. 처음부터 내가 시작했고, 무슨 까닭인지 4년 동안이나 나를 끈질기게 쫓아온 사건이었기에, 범인을 찾아내든, 내사를 종결하든 내 손으로 마무리를 지어야겠다고 생각했다. 그래야만 더 이상 후임자에게 부담도 주지 않고, 해결 가능성이 없는 사건에 매달려 수사력을 허비하지도 않을 수 있을 것 같았기 때문이었다.

어느 날 나는 내사를 직접 진행해 온, 그런 만큼 그 사건의 내막을 가장 잘 알고 있는 이 수사관과 얼굴을 마주했다.

"이 수사관, 더 이상 끌지 말고 결론을 내려야 할 것 같습니다. 지금까지 조사해본 결과 의심스러운 사람들은 있지만 그들을 범인으로 단정할 수는 없습니다. 달리 묘안이 없다면 이 정도 선에서 수사를 종결하는 것도 한 가지 방법일 수 있을 것 같습니다."

그러자 이 수사관이 한 가지 새로운 방법을 제의했다.

"기록을 보면 장승호라는 자가 죽은 이상철과 안양교도소에서 한 방에 있었고, 이상철이 살해되던 날도 그와 전화통화를 하고 그를 만났던 것으로 나와 있습니다. 그리고 장승호는 경찰수사에 협조하는 척하다가 폭력혐의로 구속되었는데, 갑작스레 구속된 경위도 석연치 않습니다. 어쩌면 장승호가 무언가 알고 있는 바가 있을지도 모르니 그자를 한번 조사해본 후에 결론을 내리는 게 어떻겠습니까?"

"글쎄요. 장승호는 그냥 참고인일 뿐 범인은 아닌 것 같던데요?"

"저도 그자가 범인이라고는 생각지 않습니다. 곽철진 등이 의심이 가지만 지금으로서는 범인이라 단정할 수 없으니, 일단 중요 참고인인 장승호를 한번 조사해 보고, 별달리 나오는 게 없으면 그때 가서 사건을 종결해도 괜찮지 않겠습니까? 우리가 지금까지 주변 정황만 조사했지 관련 인물들을 직접 조사해본 적은 없지 않습니까."

"으음, 그래요? 장승호는 지금 어디 있습니까?"

"그때 폭행 건으로 구속되어 몇 개월을 복역하고 나와서, 얼마 전에 도봉구에서 무허가 운전교습을 하다가 교습생 아가씨를 성폭행하고, 현재 강간치상죄로 전국에 지명수배가 내려져 있습니다. 현상금이 3백만 원이나 붙었더군요."

"흠, 찾아내기만 하면 무조건 구속시킬 수 있겠군요."

"네. 일단 강간치상죄로 구속해 놓고, 이 사건을 추궁해 봐서 뭔가가 나오면 좋고, 안 나오면 강간치상죄로만 기소하고 이 사건은 종결지으면 됩니다. 현상금으로 수사비도 보태고 회식도 한번 하고…, 아무런 부담이 없잖습니까?"

"좋습니다. 그럼 장승호를 한번 찾아봅시다."

우리는 그렇게 결론을 내리고 자리에서 일어났다.

그 무렵 나는 다른 사건을 수사하느라 그야말로 눈코 뜰 새 없이 바쁜 나날을 보내고 있었다. 제16대 대통령 선거를 수개월 앞둔 시점에서 국세청 공무원들의 뇌물수수 사건이 불거져 나왔기 때문이었다. 연예계의 비리를 수사하던 전임검사가 모 인기 연예인의 매니저가 여기저기 뇌물을 상납해 온 장부를 발견했는데, 그 속에 국세청 고위 공무원들의 이름이 줄줄이 적혀 있었던 것이었다. 리스트에 오른 국세청 공무원들 중에는 당시의 정권과 밀접한 관계를 맺고 정권이 주도한 언론사 세무조사에도 깊이 관여했던 인물도 포함되어 있었다.

수사결과의 파장이 클 수밖에 없는 사건이었기에 피내사자들은 거물급 변호사들을 고용했고, 검찰 수뇌부도 비상한 관심을 기울이고 있었다. 나는 뇌물을 공여한 매니저와 연루된 고위 공무원들을 은밀히 소환해 조사하면서, 수사 진행상황을 수시로 검찰 수뇌부에 보고하고 있었다. 물론 그런 와중에서도 나는 서울지방경찰청을 지휘하며 조직폭력배들도 속속 구속시키고 있었다.

그렇게 경황없이 동분서주하던 2002년 10월 하순의 어느 날이었다. 바쁜 와중에도 두 달 동안 꾸준히 장승호의 소재를 추적해온 이 수사관이 상기된 얼굴로 검사실을 찾았다.

"검사님, 장승호를 검거했습니다."

"아 그래요? 장승호는 지금 어디 있습니까?"

"조사실에 인치해놓았습니다."

"그런데, 어떻게 검거할 수 있었습니까?"

"아, 장승호의 뒤를 캐다보니 아무래도 원주에 있는 친형의 집이 수상쩍더군요. 그래서 친형이 거주하는 빌라 주위에 며칠간 잠복해 있자니까, 오늘 오전에 장승호가 나타나 집 안으로 들어가더군요. 바로 달려가 초인종을 누르니 반응이 없고, 현관문은 잠그지 않았고 해서, 문을 밀고 들어갔더니 다른 사람은 없고 장승호가 화장실에서 용변을 보고 있습디다."

"하, 그래서 용변 보는 자를 검거했습니까?"

"에이, 검찰 수사관이 그런 실례를 범할 수야 없지요. 조금 기다려서 용변을 보고 나오는 놈을 싱글싱글 웃으며 다가가서 신분을 밝히고 잽싸게 수갑을 채웠죠."

"참 용하십니다. 수고하셨고요, 수사기록을 토대로 이상철 살해 사건에 대하여 아는 바가 있는지 추궁해 보고, 끝내 모른다고 하면 강간치상죄로 구속기소하고 끝내도록 합시다."

"네, 알겠습니다."

이 수사관이 총총히 조사실로 내려갔다.

그로부터 30분이 채 못 되어, 내가 수사 중인 다른 사건과 관련하여 찾아온 모 변호사와 대화하고 있자니, 벌겋게 상기된 이 수사관의 얼굴이 다급하게 검사실 문을 들어섰다.

"검사님, 자백했습니다!"

"자백이라니, 누가 어떤 자백을 … ?"

"장승호가 이상철을 살해했다고 자백했습니다."

"네? 아니 그게 무슨 말입니까?"

"장승호가 이상철을 살해하는 데 가담했다고 자백했다니까요!"

순간적으로 내 귀가 의심스러웠다.

나는 황망히 손짓을 하며 이 수사관을 불러 소파에 앉혔다.

"무슨 말입니까? 장승호가 범인이라니, 대체 어찌된 겁니까?"

이 수사관이 길게 숨을 내쉰 뒤 조사실에서 있었던 일을 차근차근 들려주기 시작했다.

"당신, 이상철을 잘 알고 있지요?"

이 수사관이 날카로운 시선으로 장승호의 눈을 노려보며 물었다.

"네? 이상철이 누굽니까? 저는 모르는 사람인데요."

"신촌에서 칼에 찔려 죽은 이상철을 모른다고요?"

"네. 저는 모르는 사람입니다."

"아니, 안양교도소에서 당신과 같은 방에 수감되었던 이상철을 모른단 말입니까?"

사뭇 당황한 낯빛으로 잠시 눈싸움을 이어가던 장승호가 이내 비스듬히 고개를 숙이며 풀죽은 목소리를 흘려냈다.

"아, 그 이상철 말입니까? 난 또 누구라고. 네, 알고 있습니다."

"그 이상철이 살해되던 날, 당신이 그 이상철과 전화통화를 했고, 저녁에 그 이상철을 만났지요?"

"네? 그, 그런 사실이 없습니다."

관할 경찰서에서 조사받을 때 했던 진술을 깡그리 부인하다니. 이 수사관은 직감적으로 장승호가 수상하다고 생각해 강력히 추궁했다.

"얼굴을 들고 내 눈을 똑바로 쳐다보세요. 당신이 경찰서에서 조사받은 기록에는 분명히 당신이 그날 이상철과 전화통화를 했고, 저녁에 호프집에서 이상철을 만났다고 진술한 것으로 나와 있습니다. 그런데 왜 거짓말을 하는 겁니까, 왜?"

급소를 찔린 장승호의 얼굴이 벌겋게 상기되었다.

이 수사관은 여유를 주지 않고 상대방을 강하게 압박했다.

"당신, 왜 자꾸 거짓말을 하는 거야, 왜? 이상철 사건에 대해 숨기는 게 있지? 그렇지?"

일순간 얼굴이 납덩이가 되는가 싶더니, 갑자기 장승호가 벌떡 일어나 수갑이 채워진 손으로 책상을 내리치고, 머리로 조사실의 벽을 들이받으며 이 수사관에게 마구 쌍욕을 퍼붓기 시작했다.

"야 이 새끼야, 내가 뭘 잘못했다고 이러는 거야? 야 이 개새끼야 너…!"

그런다고 기가 죽을 이 수사관이 아니었다. 이 수사관은 완력으로 장승호를 제압하여 자리에 앉힌 뒤 담배를 권하며 흥분을 가라앉히도록 다독거렸다.

자신의 거짓말이 들통 나자 버럭버럭 고함치며 난동을 부리는 것으로 미루어 장승호가 이상철 살해사건에 대해 무언가를 알고 있음에 틀림없었다. 장승호를 달래던 이 수사관이 짐짓 확신에 찬 목소리를 뱉어내며 은근히 그를 회유하기 시작했다.

"여기는 경찰서가 아니라 서울중앙지방검찰청 강력부 조사실입니다. 우리가 당신을 그냥 검거해온 게 아닙니다. 당신은 이상철 살해사건의 내막을 잘 알고 있습니다. 우리가 모든 걸 알고 당신을 검거한 것이니 거짓말 말고 사실대로 이야기하는 게 신상에 이로울 겁니다. 사실대로만 말하면 내가 검사님께 잘 말씀드려서 구형량을 최대한 낮추도록 해주겠습니다."

장승호의 얼굴에 갈등하는 빛이 역력했다. 이 수사관이 한결 은근한 목소리로 다독거리자 이윽고 장승호가 이 수사관의 얼굴을 쳐다보며 무겁게 입을 열었다.

"정말입니까? 사실대로 얘기하면 봐주는 겁니까?"

"네. 약속합니다. 꼭 그리 되도록 하겠습니다."

한동안 뚫어져라 이 수사관의 눈을 들여다보고 있던 장승호가 마침내 긴 한숨을 내쉬며 고개를 꺾었다.

"사실은…, 그때, 저와 김기호, 파주에 있는 상만이와 상계동에

사는 찬식이, 그렇게 넷이서 이상철을 불러내어 칼로 찔렀습니다."

일순간 이 수사관의 숨이 콱 막혔다.

그러나 이 수사관은 베테랑 수사관으로서의 냉정을 잃지 않았다.

"흠, 좋습니다. 당신이 알고 있는 대로만 말하면 내 반드시 선처해주도록 검사님께 잘 말씀드리겠습니다. 그런데 대체 어쩌다가 그리하게 된 겁니까?"

"제가 출소한 뒤에, 이상철에게 사채를 좀 빌려 썼는데, 그 돈을 갚지 못해서 시달림을 많이 받았습니다. 그래서 이상철에게 감정이 있는 김기호하고, 김기호가 데려온 파주 건달들하고, 또 상계동의 찬식이를 불러서 해치웠습니다."

"아, 그랬었군요. 자, 담배 한 대 피우며 잠시만 기다리세요. 내 바로 검사님을 모시고 오겠습니다."

이 수사관은 장승호의 담배에 불을 붙여준 뒤 부리나케 검사실로 달려왔다.

이야기를 듣고 나서 나는 이 수사관에게 말했다.

"수고하셨습니다. 그런데 정말 대단하십니다. 내 이 수사관의 탁월한 수사능력이야 익히 알고 있지만 그래도 그렇지, 어떻게 30분도 못 되어 살인자백을 받아낼 수 있습니까?"

"에이 능력은 무슨 능력입니까. 그냥, 장승호가 머리가 나쁘고 한글 맞춤법도 모를 만큼 학력이 낮은 단순 무식쟁이라서 그렇지요."

이 수사관은 내가 11년간 검사생활을 하며 만났던 수사관들 중 수사능력이 가장 뛰어난 베테랑 수사관이었다. 오랜 기간 강력사건들을 담당해온 그의 수사방법과 신문기술, 범인 검거능력은 나를 포함한 동료 직원들이 가히 혀를 내두를 정도였다. 그런 이 수사관에게 관할 경찰서에서 조사받은 내용과 다른 이야기를 하다가 거짓말이 탄로나며 궁지에 몰리게 되자, 단순무식한 장승호가 상대방이 모든 것을 알고 있는 것으로 오판한 나머지 얼떨결에 범행을 실토하고 말았던 것 같았다.

　나는 곧장 조사실로 달려갔다.

드러나는 진실들

나는 책상 하나를 사이에 두고 장승호의 얼굴을 바라보았다.

"장승호 씨, 당신이 이상철을 죽인 게 사실입니까?"

"네, 검사님. 사실입니다. 있었던 그대로 말씀드릴 테니 제발 선처해주십시오, 검사님."

"알겠습니다. 선처해줄 테니 사실대로만 얘기하세요."

나는 장승호를 안심시키며 구체적으로 신문하기 시작했다. 그날 장승호가 나에게 털어놓은 사건의 내막은 대강 이러했다.

장승호는 안양교도소에서 출소한 뒤 사채놀이를 하던 이상철로부터 현금 2천만 원을 빌려 썼는데, 그 돈을 제때 갚지 못해 이상철로부터 많은 시달림을 받고 있었다. 그러던 중 장승호는 상계동에 사는 찬식이라는 자를 이상철에게 소개했고, 어느 날 세 사람이 술자리를 함께하게 되었다. 그런데 찬식이 잠시 화장실을 간 틈을 타서 이상철이 찬식의 부인 몸을 더듬었고, 그 광경을 화장실에서 돌아오던 찬식이 목격하게 되었다. 찬식은 몹시 분했지만 이상철이 워낙 싸움을 잘한다는 소문을 들은 터라 면전에서 감히 불만을 내색할 수는 없었다.

한편 안양교도소에서 같은 방에 수감되었던 김기호도 이상철에게 좋지 못한 감정을 품고 있었다. 출소할 때 김성필이 김기호에게 보낸 쪽지를 복원하여 갖고 나온 이상철이 파주의 곽철진과 정기성을 찾아가 말썽을 일으키자, 곽철진과 정기성이 김기호를 심하게 질책하며 그 문제를 스스로 해결하도록 닦달했기 때문이었다.

빚쟁이로 몰린 장승호는 이상철을 단단히 혼내주고 싶었지만, 그 자신이 힘깨나 쓰는 행동파 건달이 못되었기에 감히 그와 맞싸워볼 용기를 낼 수 없었다. 고심 끝에 장승호는 이상철에게 악감정을 품고 있던 찬식과 김기호를 끌어들였고, 의기가 투합한 세 사람은 장승호가 이상철을 만나는 날 합세하여 이상철을 손보기로 약속했다.

사건 당일 장승호가 이상철과 호프집에서 술을 마시다가 슬며시 밖으로 나와 찬식과 김기호에게 연락하자 곧 찬식과 김기호, 그리고 김기호가 데리고 온 파주의 건달들이 호프집 앞으로 집결했다. 그리고 이상철이 장승호와 함께 호프집을 나오는 순간 대기하고 있던 일당들이 그를 에워싸고 인적이 드문 골목길로 데려갔다.

파주의 건달들이 왜 죽은 박기대를 들먹이며 말썽을 일으키느냐고 따지자 이상철도 지지 않고 대들었다. 결국 서로 멱살을 잡고 싸움을 하게 되자 파주 건달들 중 상만이라는 자가 제일 먼저 칼을 꺼내어 이상철의 복부를 몇 차례 찔렀다. 이어서 김기호와 찬식도 칼을 꺼내어 이상철을 찔렀고, 장승호도 길바닥에 떨어진 칼을 주워서 허벅지를 한 번 찔렀다. 그리고 모두들 줄행랑을 놓았다.

장승호의 진술은 상당히 구체적이었다. 이미 여러 차례 범행을 저지르고 교도소에서 복역한 전력이 있는 그는 시쳇말로 형법에 대해서는 닳을 대로 닳은 사람이었는데, 그런 자가 죽이지도 않은 사람을 스스로 죽였다고 말해야 할 까닭이 없을 것 같았다.

그렇다고 해서 그의 말을 전적으로 믿을 수도 없었다. 궁지에 몰려서 얼떨결에 범행을 실토하게 되었지만, 내심 후회하며 빠져나갈 구멍을 찾기 위해 엉뚱한 사람들을 공범으로 엮어가고 있는지도 모를 일이었다. 특히 상계동의 찬식이란 자와는 친구 간이라면서도 그가 1972년생인지 1973년생인지조차 헷갈리고 있었고, 파주의 상만이라는 자 역시 전에 김기호와 함께 술을 같이 마신 적이 있다고 하면서도 성은 모르고 이름만 안다고 진술하고 있었다.

나는 장승호를 계속 추궁했다.

"경찰서에서 조사받던 중에 왜 갑자기 구속되었습니까?"

"경찰이 저를 정보원으로 여기고, 자꾸만 그 사건에 대해 물어보며 정보를 캐려 해서 입장이 난처했습니다. 또 저의 죄가 언제 들통날지 몰라 겁이 났습니다. 그래서 일부러 폭력사건을 일으켜 교도소로 숨어버렸습니다."

장승호가 막힘없이 술술 이야기를 풀어놓는 것으로 보아 애써 지어내는 말은 아닌 듯했다.

장승호가 공범이라고 진술한 사람들 중 인적사항이 확인된 자는 김기호 하나뿐이었고, 그를 검거해서 조사하면 장승호의 진술을 어디까지 믿을 수 있을지 가늠할 수 있을 것 같았다. 나는 수사관들을 파주로 급파하여 집에 있던 김기호를 쉽게 검거할 수 있었다.

김기호를 검거해 조사실에 인치한 수사관들이 이렇게 보고했다.

"검사님, 호송하는 승용차 안에서 김기호가 자신은 이성칠 사건과 아무 관련이 없다며 하도 난동을 부리는 통에 운전도 제대로 못

할 지경이었습니다. 그래서 다른 팀 수사관들의 지원을 받고서야 겨우 제지하여 데려올 수 있었습니다."

"지금은 조용합니까?"

"아닙니다. 조사실에 도착해서도 '너희들 모가지를 다 날려버리겠다'고 고래고래 고함을 지르며 난리를 치고 있습니다."

나는 노련한 이 수사관에게 조사를 맡기며 각별히 당부했다.

"이 수사관, 김기호가 몹시 흥분한 것 같으니 불상사가 일어나지 않도록 흥분을 가라앉히고 나서 조사하도록 하세요."

"네, 알겠습니다."

이 수사관이 조사실로 내려가더니 30분쯤 지나서 다시 검사실로 달려왔다.

"검사님, 김기호가 하도 난리를 쳐서 조사 자체가 불가능합니다. 장승호와 대질시키는 게 좋겠습니다."

"알았습니다. 내가 장승호를 데리고 가지요."

그렇게 말해서 이 수사관을 돌려보내고 나니 문득 꺼림칙한 생각이 들었다. 펄펄 뛰고 있는 김기호의 모습을 보여주면 이미 범행을 실토한 장승호마저 마음을 바꿔 먹을지도 모를 일이었기 때문이었다. 나는 일단 혼자 조사실로 내려가 김기호의 흥분부터 가라앉히기로 작정했다.

조사실로 이어지는 복도 입구까지 김기호의 고함소리가 요란스레 날아왔다. 조사실로 들어가 보니 두 손에 수갑이 채워진 김기호가 일어선 채로 수사관들을 향해 마구 욕설을 내뱉고 있었다.

나는 조용히 김기호 앞으로 다가갔다.

"김기호 씨, 그만 하시고 자리에 앉으세요. 우리가 이유 없이 당신을 데려왔겠습니까. 다 그럴 만한 이유가 있어서 데려온 것이니 흥분하지 말고 자리에 앉아보세요."

내가 등을 다독이자 김기호가 못 이기는 체 의자를 깔고 앉았다.

나는 잠시 흥분을 삭일 짬을 주고 나서 차분한 목소리로 물었다.

"김기호 씨, 이상철과 장승호를 알고 있지요?"

"예. 알고 있습니다."

"장승호가 어제 검거되었는데, 이상철 살해사건의 내막을 모두 실토했습니다. 장승호의 말로는 당신이 그 사건에 가담했다던데, 어찌된 겁니까?"

"장승호 그 새끼 완전 또라이 새끼입니다. 저는 절대로 그런 적이 없습니다."

"그럼 장승호가 왜 그렇게 말했을까요? 아무 관련도 없는 당신을 끌어들일 이유가 없지 않습니까?"

"아 글쎄, 저는 아무 관련이 없다니까요!"

약 10분 동안 이런저런 말을 이어가자 김기호의 흥분이 웬만큼 가라앉는 듯했다. 나는 검사실로 올라가 장승호를 대동하고 다시 조사실로 내려갔다. 그리고 서로 싸우지 못하도록 내가 먼저 문을 열고 들어가서 중간에 서고, 장승호를 뒤따라 들어오도록 했다.

"장승호 씨, 여기 김기호 씨가 있으니 사실대로 말해 보세요."

장승호가 김기호의 얼굴을 흘끗 쳐다보고 나서 주눅 든 목소리를 흘려냈다.

"기호야 미안하다. 내가 사실대로 이야기했다. 너도 사실대로 이야기해라."

"야 장승호! 야 이 개새끼야…!"

장승호의 말이 채 끝나기도 전에 김기호가 버럭버럭 소리를 지르며 성난 멧돼지처럼 장승호에게 달려들었다. 이 수사관이 신속히 앞을 막아서며 김기호를 제지하는 틈을 타서 나는 얼른 장승호를 데리고 검사실로 올라갔다.

나는 등을 다독이며 장승호를 안심시킨 뒤 부드럽게 물었다.

"김기호가 맞습니까?"

"네, 맞습니다."

"김기호가 이상철을 살해하는 데 가담한 게 사실입니까?"

"네, 사실입니다. 그날 김기호와 함께 이상철을 죽였습니다. 그런데, 김기호한테 미안합니다."

나는 장승호에게 차를 한잔 권하며 수사관들과 대화하도록 한 뒤 잠시 숨을 돌렸다. 이 수사관이 내게로 달려와 진행상황을 보고하기까지는 그리 오랜 시간이 걸리지 않았다.

"검사님, 김기호가 범행을 시인했습니다."

"수고했습니다. 어떻게 자백을 받아냈습니까?"

"장승호와 대면하고 나서 김기호가 또 난동을 부렸습니다. 그래서 김기호를 제지한 뒤 이렇게 설득했죠. '김기호 씨, 이미 다 밝혀진 일 아니오. 검거할 때 보니까 당신 가족들도 있던데, 자꾸 거짓말하다가 중형을 받게 되면 가족들은 어찌합니까? 사실대로 말하세요. 그러면 검사님께 잘 말씀드려서 최대한 선처해주도록 하겠습니다'라고요. 그랬더니 김기호가 바닥에 털썩 주저앉아 한동안 엉엉 울다가 마침내 사실을 털어놓더군요."

나는 이 수사관과 함께 조사실로 내려가 김기호를 신문했다.

"김기호 씨, 당신이 이상철 살해사건에 가담한 게 사실입니까?"

"네, 사실입니다."

"어찌된 일인지 한번 얘기해보세요."

"저 혼자서 이상철을 죽인 게 아닙니다. 제가 안양교도소에서 출소하기 전에 나보다 조금 일찍 출소했던 이상철이 곽철진과 정기성을 찾아가는 일이 있었습니다. 그러자 곽철진과 정기성은 저 때문에 그런 일이 생겼다며 저를 몹시 괴롭혔습니다. 저더러 알아서 해결하라면서요. 그러던 차에 장승호가 이상철을 만난다는 말을 듣고 곽철진, 정기성과 상의하여 곽철진이 운전하던 차를 타고 곽철진의 친구 박성웅과 함께 파주에서 신촌으로 달려갔습니다. 장승호의 친구들도 와 있었습니다. 그리고 곽철진이 이상철과 멱살을 잡고 다투다가 제일 먼저 칼로 찔렀습니다. 뒤따라서 장승호와 장승호의 친구들도 칼로 찔렀고, 저도 얼떨결에 떨어진 칼을 주워 한 번을 찔렀습니다."

대부분 장승호의 진술내용과 일치하는 신빙성이 높은 말이었다.

나는 다시 검사실로 올라가 장승호에게 물었다.

"파주에서 온 사람들이 누구였습니까?"

"상만이라는 사람밖에 모릅니다. 나머지는 그날 처음 본 사람들이었습니다."

"상만이라는 사람은 사진을 보면 알 수 있겠습니까?"

"네."

나는 파견 경찰관인 황 경장으로 하여금 파주 S파 조직원들의 사진을 가져오도록 했다.

"이놈이 상만입니다."

20여 상의 사진늘을 보여주자 장승호가 그 중 한 장을 골라 들었다. 그런데 그가 지목한 사진 속의 인물은 바로 곽철진이었다. 장승호가 가장 먼저 찌른 사람이었다고 진술한 상만과 김기호가 가장 먼저 찌른 사람이었다고 진술한 곽철진은 동일한 인물이었고, 그 부분에서 두 사람의 진술은 완전히 일치하고 있었다.

"그럼 찬식이라는 자는 어떤 사람입니까?"

"아까 말씀드렸잖습니까. 72년생 아니면 73년생이고, 성은 모릅니다."

이 대목에서 장승호는 여전히 뭔가를 숨기고 싶은 모양이었다. 나는 버럭 소리를 지르며 강력히 추궁했다.

"거짓말 하지 말고! 친구의 성도 나이도 모른다는 게 말이 됩니까? 당신, 자꾸 이러면 못 봐줍니다."

"시, 실은, 조찬식이고, 72년생입니다."

장승호가 잠시 망설이더니 그렇게 더듬거렸다.

1972년생 조찬식을 조회해 보니 용케도 딱 한 사람뿐이었다. 동사무소에 의뢰하여 조찬식의 주민등록 원본을 컴퓨터 파일로 받아보니 분홍색 뿔테안경을 낀 얼굴이 실려 있었는데, 그것이야말로 큰 행운이 아닐 수 없었다. 관련 수사기록에 의하면 살해사건 현장에서 분홍색 뿔테안경 하나가 발견되었다. 그런데 살해된 이상철은 평소 안경을 착용하지 않았으니 그것은 범인의 것임이 거의 확실했다. 경찰관들이 그 분홍색 뿔테안경의 주인을 찾기 위해 서울시내 안경점에 두루 전단을 뿌리고 다녔지만 결국 찾아내지 못했다. 그런데 조찬식이 바로 그 분홍색 뿔테안경을 쓰고 있었다.

조찬식을 검거하여 조사하니 한동안 범행을 완강히 부인하다가, 장승호와 대질시키자 곧장 울음을 터뜨리며 범행을 시인했다. 그러나 검사실로 데리고 와서 조서를 작성하려고 하자 갑자기 조찬식이 내 앞에 털썩 무릎을 꿇었다.

"검사님, 저는 억울합니다. 저는 이상철을 죽이지 않았습니다."

나는 즉각 조찬식을 일으켜 세워 자리에 앉힌 뒤 사진 2장을 그의 눈앞으로 들이밀며 추궁했다.

"무슨 말입니까? 보세요. 이건 사건현장에서 발견된 분홍색 뿔테 안경의 사진이고, 이건 당신이 1997년 주민등록증을 갱신할 때 찍은 사진인데, 똑같은 분홍색에 똑같은 디자인의 뿔테안경을 착용하고 있습니다. 현장에 떨어져 있던 이 안경이 바로 당신의 안경이지 않습니까? 내 말이 틀렸습니까?"

조찬식이 잠시 눈을 끔벅이더니 이내 고개를 꺾으며 풀죽은 목소리를 흘려냈다.

"마, 맞습니다. 죄송합니다."

나는 조찬식을 조사실로 돌려보낸 후에 김기호를 불러 다시 물어보았다.

"당신이 파주에서 신촌으로 이동할 때 정기성, 곽철진과 함께 갔던 사람이 누굽니까?"

"그때 박성웅이라는 친구하고 같이 갔습니다."

"박성웅과 곽철진, 정기성은 어떤 관계입니까?"

"박성웅은 곽철진의 친구인데 늘 붙어 다닙니다."

박성웅은 바로 나의 후임검사가 사건현장에서 목격된 흰색 프린스 승용차의 소유자 박용대를 조사했을 당시, 박용대가 곽철진이 승용차를 돌려주러 왔을 때 동행했던 친구로 지목한 사람이었다.

나는 김기호를 조사실로 돌려보낸 뒤 조용히 창가로 다가갔다. 이

제1장 허리케인 45

제 이상철 살해사건과 관련된 인물들은 거의 밝혀진 셈이었다. 먼저 이상철 살해사건 관련자들을 전원 검거하여 진상을 밝힌 뒤 그들로부터 파주의 연립주택에서 발견된 박기대의 변사체에 대한 의문을 풀어내는 일만 남았다. 나는 먼 하늘을 바라보며 사건을 처리해갈 수순을 짚어보았다. 그리고 나머지 공범들을 조속히 검거할 방도를 찾기 시작했다.

수사 관계자들은 수사에 '운이 있다'거나 '운이 없다'는 말을 곧잘 입에 올린다. 수사는 운이 따라주어야 성공하지 사람의 의지만으로는 되지 않는 경우가 허다하기 때문이다. 그런 의미에서 본다면 그 당시까지만 해도 나에게도 분명히 수사의 운이 따라주고 있었다. 무려 4년간이나 나를 따라다니던 그 사건이 마침내 결말을 향해 달려가고 있었기 때문이었다.

변곡점

나는 마지막으로 정기성, 곽철진, 박성웅 등 세 사람을 검거하기 위해 다시 파주로 수사관들을 급파했다.

의정부지방검찰청에서 근무할 당시 나는 파주 S파를 수사하면서 정기성을 조사한 적이 있고, 다른 사건으로 곽철진을 소환하려 한 적도 있어 그들의 인적사항을 웬만큼 알고 있었다. 그때 곽철진은 의정부의 조직폭력배들과 도박을 하다가 6천만 원의 빚을 지게 되었으나 차일피일 미루며 도박 빚을 갚지 않고 있었다. 그러자 의정부의 조직폭력배들이 그에게 야구방망이를 휘둘러 전치 6주의 상해를 가했지만, 파주 S파 조직 내에서 크게 힘을 쓸 수 있는 위치에 있지 못했던 곽철진은 얌전히 당하고만 있었다. 나는 그 첩보를 입수하고 곽철진의 진단서를 확보한 뒤 그에게 소환을 통보했다. 그 사건을 구실로 의정부의 조직폭력배들을 구속시키려면 곽철진의 진술이 필요했기 때문이었다. 그러나 곽철진이 소환에 불응하며 행방을 감추어버리는 바람에 더 이상 수사를 진행할 수 없었고, 결국 내가 의정부지방검찰청을 떠나면서 후임검사에게 자료를 넘겨주었다.

수사관들이 제일 먼저 곽철진을 체포해왔다. 나는 수사관들로부터 곽철진이 펄펄 뛰며 범행을 완강히 부인하고 있다는 보고를 받고 조사실로 내려갔다.

"곽철진 씨, 나를 알고 있지요? 의정부지검에서 당신을 많이 쫓아 다녔는데 … ."

"네, 잘 알고 있습니다."

"내가 4년 동안 박기대 변사사건과 이상철 살해사건을 추적해왔습니다. 이제 모든 진실이 다 밝혀졌습니다. 그러니 거짓말하지 말고 사실대로 말하세요. 사실대로만 얘기하면 최대한 선처해주겠습니다. 나는 약속한 건 반드시 지키는 사람이니 믿어도 좋습니다."

내가 온화한 목소리로 설득하자 곽철진은 묵묵히 듣고만 있었다. 나는 이 수사관에게 조사를 일임하고 다시 검사실로 올라와 담당계장들과 함께 장승호와 김기호에 대한 조서를 작성해 나갔다.

잠시 후 이 수사관이 검사실로 올라왔다.

"검사님, 곽철진이 계속 모른다고만 하고 있어 장승호와 대질신문을 해야겠습니다."

"그래요? 그럼 그렇게 한번 해보세요."

이 수사관이 조서를 작성하던 장승호를 데리고 다시 조사실로 내려갔다. 그리고 이내 이 수사관과 장승호가 검사실로 돌아왔는데, 무슨 까닭인지 장승호가 실실 웃고 있었다.

"장승호가 곽철진을 보고 '상만아 미안하다. 나는 사실대로 이야기했다. 너도 사실대로 말해라'라고 하자 곽철진이 쌍욕을 하며 달려들어서 얼른 데리고 왔습니다."

이 수사관의 보고를 듣고 나는 장승호에게 물었다.

"이상철을 살해하던 날 파주에서 온 상만이라는 자가 곽철진이 맞습디까?"

"네. 상만이가 바로 그놈입니다. 그 동안 살이 많이 졌네요."

장승호가 실실 웃으며 대답했다.

"당신이 거짓말하는 건 아니지요?"

"이 마당에 제가 무슨 거짓말을 하겠습니까. 검사님, 맞습니다. 상만이가 틀림없습니다."

"그런데 왜 이름이 다릅니까?"

"그놈이 저한테 가명을 쓴 것 같습니다."

장승호가 웃음을 흘리며 대답했다.

이 수사관이 조사실로 내려가더니 30분쯤 후에 다시 올라왔다.

"검사님, 곽철진이 범행을 모두 시인했습니다."

"그래요? 뭐라고 합디까?"

"장승호와 대질한 뒤 계속 욕설을 하며 난동을 부리는 걸 제지해서 담배를 주며 달랬습니다. 그리고 나서 추궁했더니 한숨을 내쉬며 이상철 사건도 인정하고, 박기대 사건도 시인하더군요."

이 수사관이 추궁하던 장면을 자세히 들려주었다.

"곽철진 씨, 장승호가 자백했다는 말을 당신도 들었지 않습니까. 그리고 이상철이 살해된 날 당신이 흰색 프린스 승용차를 타고 현장을 지나가지 않았습니까. 그 차의 주인인 박용대도 이미 조사받았습니다."

한동안 이 수사관의 말을 잠자코 듣고만 있던 곽철진이 이윽고 기어드는 목소리를 흘려냈다.

"저는 의경 출신인데요, 박용대가 검찰에서 조사받은 게 사실입니까?"

"네, 사실입니다. 당신에게 도박 빚 대신 승용차를 주었는데 몇 달 뒤에 빚을 갚지도 않았는데 당신이 찾아와 승용차를 돌려줬고, 차안에 핏자국이 묻어 있어 박용대가 이상하게 생각하며 지웠다고 진술했습니다.”

“그럼, 박용대가 조사받은 기록을 좀 보여주시겠습니까? 박용대가 조사받은 게 사실이라면 저도 사실대로 진술하겠습니다.”

곽철진의 입에서 그 말이 떨어지는 순간 이 수사관은 그가 범인임을 확신할 수 있었다.

“내가 당신한테 왜 거짓말을 하겠습니까. 박용대는 분명히 조사받았습니다. 하지만 당신이 아무리 의경 출신이라 해도, 규정상 조사기록을 보여줄 수는 없습니다.”

이 수사관이 꿰뚫을 듯이 곽철진의 눈을 들여다보자 곽철진이 한동안 곤혹스런 표정을 짓고 있더니 마침내 긴 한숨을 내쉬었다.

“박용대까지 조사받았다니 어쩔 수가 없네요. 맞습니다. 제가 이상철을 칼로 찔렀습니다. 하지만 죽일 생각은 없었습니다.”

“그때 파주에서 누구와 함께 신촌으로 갔습니까?”

“정기성, 박성웅, 김기호와 함께 갔습니다.”

“아, 그랬군요. 박기대는 왜 죽였습니까?”

이 수사관이 모든 것을 다 알고 있다는 듯이, 다른 공범자들이 모든 사실을 다 실토했다는 듯이 단정적으로 다그쳐 물었다.

“안양교도소에 수감된 김성필로부터 편지를 받았는데, 박기대를 작업하라고 적혀 있었습니다. 그래서 정기성과 함께 애들을 데리고 가서 박기대를 작업하고 자살로 위장했습니다.”

“데리고 간 애들이 누굽니까?”

“20대 초반의 김이성과 최진만을 데리고 갔습니다.”

"20대 초반이오?"

"네."

"박기대의 연립주택에서 초인종은 누가 눌렀습니까?"

"애들을 시켰습니다. 박기대가 우리 목소리는 알아볼 것 같아서."

무언가 앞뒤가 맞지 않는 것이 아무래도 검찰이 박기대 사건에 대하여 얼마나 알고 있는지 떠보려는 수작 같았다. 이 수사관은 뚫어져라 곽철진의 눈을 들여다보며 추궁했다.

"그건 말이 안 되지 않습니까. 박기대의 형 박기철의 진술에 의하면 박기대는 당시 검찰수사관들이 자기를 잡으러 왔다고 말한 뒤 전화를 끊었는데, 20대 초반의 나이로 어떻게 검찰수사관을 사칭할 수 있었겠습니까? 새파란 애들이 검찰수사관 운운하면 상대방이 그 말을 곧이듣겠습니까?"

"으음, 사실은, 세 다리 밑의 후배들을 데리고 갔습니다."

"세 살 아래라는 말이죠?"

"네."

"그 후배들의 이름이 뭡니까?"

이 수사관이 계속 추궁했지만 거기서부터 곽철진의 입이 굳게 닫혀버렸다.

이 수사관의 말을 듣고 보니 곽철진이 박기대 변사사건과도 관련이 있는 것이 거의 확실한 것 같았다. 그 부분은 일단 이상철 살해혐의로 곽철진을 구속한 뒤 편지를 보냈다는 김성필만 잡아들이면 깨끗이 해결될 수 있을 문제였다.

"수고했습니다. 박기대 사건은 나중에 조사하고, 우선 이상철 사건부터 처리합시다. 곽철진에게 자기가 쓰고 싶은 대로 진술서를 작성하라고 하세요."

나는 이 수사관에게 그렇게 지시했다.

거기까지는 분명히 수사의 운이 따라주고 있었다. 이제 4년 동안 추적해온 2건의 조직폭력배 관련 미제 살인사건들의 전모를 밝히는 건 가히 시간문제라 할 수 있을 것 같았다. 나는 마른침을 삼키며 끈질기게도 나를 따라다니던 박기대와 이상철의 원혼들을 잠시 떠올려보았다.

그런데 한 가지 중대한 변수가 발생하고 말았다. 그 달 하순 일요일로 잡아놓은 이 수사관의 결혼날짜가 어느새 이틀 후로 성큼 다가와 있었던 것이었다. 하지만 나는 수사에 골몰하던 나머지 그러한 사실을 까맣게 잊고 있었다.

이 수사관이 조사실을 다녀와서 어렵사리 입을 떼었다.

"검사님, 죄송합니다. 제가 모레 결혼식을 올려야 하지 않습니까. 아무래도 결혼준비 관계로 먼저 퇴근해야 할 것 같아 정 수사관한테 곽철진의 진술서를 받으라고 부탁해놓았으니 양해해 주십시오."

"아 참 그렇지요. 벌써 모렙니까? 그러세요. 나머지 수사는 다른 사람들에게 인계하고 먼저 퇴근하도록 하세요."

"네. 중요한 때인데 죄송하고 감사합니다."

이 수사관이 사뭇 겸연쩍은 몸짓으로 고개를 숙였다.

오랫동안 그 사건을 직접 내사해온 이 수사관은 탁월한 수사능력을 지닌 최고의 수사관이자 그 사건을 가장 잘 알고 있는 사람이었다. 사건을 마무리 지을 때까지 꼭 필요한 사람이었지만, 그렇다고 해서 이틀 후에 결혼할 사람을 더 이상 붙들어둘 수도 없는 노릇이었다. 나는 못내 아쉬운 눈길로 멀어져가는 그의 등만 좇고 있을 수밖에 없었다(돌이켜보면 그날 이 수사관이 그 사건에서 손을 떼는 순간 수사의 운이 다하고 말았던 것 같다. 이 수사관의 결혼날짜가 며칠만 여유가 있었더라도, 아니 그날 이 수사관이 몇 시간만 더 근무해주었더라도 그 사건이 그토록 어처구니없이 뒤틀려지지는 않았을 것이다).

오후 9시가 지나자 파주로 보낸 수사관들로부터 공범 2명을 추가로 검거하여 서울로 호송 중이라는 연락이 왔다. 수사가 술술 풀려가고 있었다. 나는 팔짱을 낀 채 느릿느릿 검사실을 걸어 다니며 사건의 처리 방향을 가늠해보았다.

바로 그때였다. 갑자기 방문이 덜컥 열리며 정 수사관이 화닥닥 뛰어 들어왔다. 무슨 일인지 얼굴이 하얗게 질려 있었다.

"거, 검사님! 곽철진이, 곽철진이 사라졌습니다!"

순간적으로 머릿속이 멍해지는 것이 마치 누군가가 둔기로 호되게 뒤통수를 후려친 것만 같았다.

모든 것을 포기한 듯 저녁까지 배불리 먹고 나서 진술서를 쓰고 있던 연쇄살인범이 사라지다니, 이것이 당최 무슨 이야기란 말인가! 질문보다 행동이 빨랐다. 나는 단걸음에 11층 조사실로 달려가 거칠게 문을 열어젖혔다. 범인이 책상 앞에 얌전히 앉아 진술서를 쓰고 있어야만 할 방안이 텅 비어 있었다. 다급하게 옆방의 문을 열어보았지만 곽철진의 그림자도 보이지 않았다.

"대체 어떻게 된 겁니까?"

나는 그제야 정 수사관에게 질문을 던졌다.

"죄송합니다. 곽철신의 수갑을 풀어주고 의자에 앉혀서 진술서를 쓰게 했는데, 그리고 잠시 옆에 있는 간이침대에 누워서 지켜봤는데, 그러다가 제가 그만 깜빡 잠이 들고 말았나 봅니다. 그러다가 깜짝 놀라 일어나 보니 곽철진이 사라졌습니다. 아무리 찾아봐도 없고…, 도망친 것 같습니다."

"아니, 그게 무슨 말입니까? 자술서를 쓸 때는 도망치지 못하도록 오른손만 풀어주고 왼손은 그대로 수갑을 채워서 의자에 매달아 두는 게 기본 아닙니까?"

"그, 그런데, 그, 그것이 그만…. 도망치리라고는 생각지 못했습니다. 오른손만 풀어주고 왼손은 그대로 수갑을 채워놨지만 의자에 매달지를 않았습니다. 왼손에 수갑을 찬 채로 도망친 것 같습니다."

"소지품은요?"

"옆방에 곽철진의 소지품들이 있었는데 모조리 챙겨 간 것 같습니다. 아 이게 무슨, 이게 무슨…."

정 수사관이 두 손으로 거칠게 머리카락을 움켜쥐며 소파 위로 털썩 주저앉았다.

숫제 머릿속이 진공으로 변해버리기라도 한 듯 아무런 생각도 떠오르지 않았다. 나는 정 수사관을 경찰에서 십여 년간 강력사건만 맡아온 베테랑 수사관 출신으로 그간의 수사실적을 높이 평가받아 검찰청 수사관으로 특채되어온 수준급 수사인력으로만 알고 있었다. 함께 근무한 지가 두 달도 채 되지 않았고 그 사건이 강력부로 복귀한 후의 첫 인지수사 사건이었기 때문에, 나는 정 수사관의 수사방법이나 행태에 대한 사전지식을 충분히 지니고 있지 못했다.

나는 그저 전임검사 시절부터 계속 그 검사실에서 근무했으니 당연히 우수한 수사관이리라고만 짐작하고 있었을 뿐이었다. 그런 사람이 가장 기초적인 신병보호조치조차 하지 않은 채 간이침대에서 잠을 자다가 범인을 놓쳐버리고 만 것이었다. 그것도 2건의 살인을 시인한 흉악무도한 조직폭력배를.

내가 애써 정신을 가다듬으며 사태를 수습할 방도를 찾고 있을 때 11층 조사실 문이 열리며 우르르 사람들이 쏟아져 들어왔다. 파주로 보낸 수사관들이 정기성과 박성웅을 호송하여 돌아오는 길이었다. 하지만 당장은 그들을 조사하는 것보다 도주한 곽철진을 검거하는 일이 다급한 것 같았다.

나는 파주에서 돌아온 수사관들을 복도로 불러내어 상황을 일러준 뒤 여전히 두 손으로 머리카락을 움켜쥔 채 소파에 앉아있는 정 수사관을 따로 불러냈다.

"정 수사관, 괜찮습니다. 다시 검거하면 되니까 너무 낙심 마시고 여기서 저 두 사람을 잘 지키고 있으세요. 우리는 곽철진을 좀 찾아봐야겠습니다."

상황이 상황이니만치 한가롭게 질책이나 하고 있을 형편이 못 되었다. 도주한 범인을 추격하고 추가로 검거해온 범인들을 조사하려면 수사인력이 절대적으로 부족했다. 정 수사관을 달래어 한 사람이라도 일손을 보태야만 할 입장이었다.

나는 정 수사관의 등을 두드려준 뒤 혹시나 싶어 황급히 1층 현관을 지키는 수위에게로 달려갔다.

"혹 왼손에 수갑 찬 사람이 나가는 걸 못 봤습니까?"

"밖으로 나간 사람들은 많은데 수갑 찬 사람은 못 봤습니다."

무심한 수위가 잘래잘래 고개를 저었다.

곽철진이 수갑 찬 손을 바지 주머니 속에 찔러 넣고 유유히 청사를 빠져나갔음이 분명했다. 나는 지푸라기라도 잡고 싶은 심정으로 전 직원을 총동원하여 청사 주변과 서초동 일대, 그리고 인근 야산까지 샅샅이 뒤지도록 독려했다. 나도 맨 위층부터 지하실까지 청사를 샅샅이 뒤지며 화장실까지 다 살펴보았지만 어디에서도 곽철진의 모습은 찾아볼 수 없었다. 시간이 흐르면서 허탕을 친 직원들도 속속 검사실로 돌아왔다.

나는 당황했다. 연쇄살인범을 놓친 것이었다. 그것도 검찰청 조사실에서!

곽철진을 신속히 검거하지 않으면 아직 검거되지 않은 사건 관련자들이 곽철진으로부터 소식을 듣고 모두 도주해버릴 공산이 컸다. 나는 파주경찰서로 연락하여 상황을 알려주며 간곡히 협조를 당부했다. 그리고 나는 다시 수사관들을 파주로 보내어 그들과 파주경찰서로부터 속속 상황을 보고받으면서, 자꾸만 뒤엉켜가는 머릿속을 가다듬으려 안간힘을 다했다. 나의 생애에서 가장 길었던 밤이 그렇게 깊어가고 있었다(곽철진은 그때 검찰청을 빠져나간 뒤 평소 알고 지내던 경찰관을 찾아가서 수갑을 풀었던 사실이 나중에 밝혀졌다. 그 경찰관은 결국 구속되었다).

천둥소리

검사실을 서성거리며 곽철진을 검거할 생각에 골몰하느라 시간이 어떻게 흘러가는 줄도 몰랐다. 정신을 차리고 보니 시각은 이미 자정이 훨씬 지나 있었다. 구속영장을 청구하려면 곽철진 검거와는 별개로 추가로 검거해온 공범들에 대해서는 정상적으로 수사를 진행해야만 했다. 공범들의 동정이 궁금하여 11층 조사실로 내려가 보니 책상 앞에 박 수사관과 정기성이 마주앉아 있었다.

나는 책상을 사이에 두고 정기성과 얼굴을 마주했다.
"오랜만입니다. 정기성 씨, 나를 알고 있지요?"
"네. 의정부지검에서 뵌 적이 있습니다."
"곽철진의 누나와 결혼한 걸로 아는데, 잘 살고 있습니까?"
"작년에 이혼했습니다."
"아, 그렇군요. 어디서 검거되었습니까?"
"어젯밤에 밤새도록 술을 마셨습니다. 그래서 술에 취해 집에서 자고 있다가 검거되었습니다. 술을 너무 많이 마셨는지 술병이 나서 배가 아프네요."
"아 그럼 빨리 조사를 마치도록 합시다. 음, 박기대, 이상철 사건의 내막이 다 밝혀졌습니다. 범행을 저지른 파주 S파 조직원들이 대부분 검거되어 범행 일체를 시인했고, 당신이 가담했다는 사실도 모두 진술했습니다. 당신도 사실대로 말하세요. 그러면 내가 최대한 선처를 받도록 해주겠습니다."

"저, 저는 모르는 일입니다."

"정기성 씨, 왜 이러십니까? 곽철진도 조사받고 모든 걸 사실대로 얘기했습니다. 끝내 거짓말하다가 중형을 받는 것보다 당신도 사실대로 이야기하고 선처받는 게 좋지 않겠습니까?"

"곽철진이 그 새끼 완전 또라이입니다. 그 새끼 말은 하나도 믿을 게 못됩니다."

어르고 달래는 검사와 버틸 데까지 버티고 보려는 피의자의 대화는 줄곧 평행선을 그려나갔다.

30분가량 신경전을 벌인 뒤 나는 박 수사관에게 정기성을 계속 조사하라고 지시하고 박성웅의 방을 찾았다. 정기성과 마찬가지로 박성웅도 범행을 완강히 부인했다. 그들은 아직 조사받을 마음의 준비가 되어 있지 않았다. 경험으로 비추어 새벽녘이나 동이 틀 때까지 버티고 나서야 뭐라고 말문을 열 것 같았다. 나는 파견 경찰관인 황 경장에게 박성웅을 계속 조사하라고 지시한 뒤 검사실로 올라갔다.

파주로 급파했던 직원들과 빈번히 통화하며 곽철진 검거를 독려했지만 별다른 성과를 거두지 못했다. 검사실 옆방에서는 담당수사관들이 이미 범행 일체를 시인한 김기호 등에 대하여 상세한 보강조사를 벌이고 있었다. 조사를 마치고 김기호 등을 경찰서로 유치시키고 나니 벽시계가 어느덧 새벽 4시를 가리키고 있었다.

직원들로부터 후속보고가 없어 나는 다시 11층 조사실로 내려갔다. 그리고 정기성과 박성웅을 조사하던 사람들을 복도로 불러내어 수사 상황을 알아보았다.

"뭐라고 합디까?"

"정기성이 혐의를 완강히 부인하고 있습니다."

"박성웅도 마찬가지입니다."

박 수사관과 황 경장이 차례로 대답했다.

"그럼 계속 설득해보세요. 이미 범행을 시인한 다른 공범자들의 진술과 증거를 들이대며 조사하다 보면 동이 틀 때쯤에는 심경의 변화를 일으키지 않겠습니까?"

나는 직원들의 등을 두드려주고 다시 검사실로 향했다.

이 사건을 계기로 수사 시스템이 완전히 바뀌어 지금은 밤샘조사가 사라졌지만, 당시만 해도 중요한 강력사건이나 특수사건을 인지 수사하는 경우에는 거의 예외 없이 밤샘조사를 하는 것이 수사기관의 오랜 관행이었다.

피조사자들이 처음에는 완강히 범행을 부인하다가도 수사관들과 같이 밤을 새우며 식사도 같이 하고, 음료수도 함께 마시고, 담배도 더불어 피우며 사건과 관련된 이야기는 물론 이런저런 사적인 대화까지 나누다보면 시나브로 마음의 문을 열며 범행을 시인하게 되는 경우가 많았다. 특히 동 틀 무렵이면 피조사자들이 심리적으로 몹시 약해져서 곧잘 입을 열고는 했다. 나는 철저히 그런 당시의 수사관행과 시스템을 따라 수사를 진행하고 있었다.

나는 검사실 소파에 앉아 애써 정신을 가다듬었다. 정기성과 박성웅에 대한 조사보다는 머릿속이 온통 곽철진을 조속히 재검거해야 한다는 생각으로 가득 차 있었다. 쪼개질 듯이 머리가 아파오고 눈앞이 자꾸만 흐려졌다. 꼬박 4일 동안을 잠 한숨 제대로 자지 못하고 달려온 탓인지 심신이 완전히 녹초가 되어 있었다. 나도 모르게 온몸이 스르르 무너져 내리며 아득한 잠속으로 빠져들었다.

얼마나 졸았을까. 나는 요란한 전화벨 소리에 놀라 화들짝 몸을 일으켰다. 인사이동을 앞두고 있어 수사라인에서 빠져 있던 차 계장이 날밤을 새우는 동료들이 눈에 밟힌다며 걸어온 전화였다. 나는 차 계장에게 일손이 부족하니 출근해주면 좋겠다고 말한 뒤 전화기를 내려놓았다. 눈을 돌려보니 어느덧 창밖이 훤히 밝아오고 있었다.

나는 지난밤에 이미 범행을 시인한 김기호 등을 상대로 보강조사를 진행한 조 계장을 찾았다. 그는 다른 검사실로부터 지원받은 인력이었는데, 며칠 동안 귀가도 하지 못한 채 수사를 지원하다가 소속 검사실의 의자에 웅크린 채 선잠이 들어 있었다.

"조 계장, 11층으로 내려가서 조사상황을 좀 알아봐 주세요."

"네, 알겠습니다."

조 계장이 눈을 비비며 조사실로 내려가더니 이내 나의 방을 찾아와 보고했다.

"아직도 계속 부인하고 있답니다."

"으음, 그래요? 그럼 일단 그 사람들을 경찰서 유치장으로 보내서 아침을 먹인 뒤 충분히 휴식을 취하도록 조치해주세요. 그 동안 직원들도 좀 쉬고 점심식사 후에 다시 소환해서 조서를 작성하고 구속영장을 청구토록 합시다."

나는 그렇게 일러서 조 계장을 조사실로 다시 내려 보냈다.

밤샘조사까지 진행하며 설득했는데도 말문을 열지 않는다면 더 이상 설득해봐야 소용이 없을 것 같았다. 그렇다면 이제 부인하면

부인하는 대로 증거와 공범자들의 진술을 바탕으로 조서를 작성하여 구속영장을 청구하는 수밖에 없으며, 공범자들의 진술과 증거가 충분하므로 구속영장이 발부될 것은 확실해 보였다. 그리고 밤을 꼬박 새우며 조사를 진행해왔기 때문에 우선 그들에게 충분한 식사와 휴식을 취할 수 있는 시간을 주고 나서 조서를 작성하도록 해야 했고, 그것이 또한 당시의 수사관행이자 시스템이었다.

그런데 다시 검사실로 올라온 조 계장이 이상한 말을 뱉어냈다.

"검사님, 경찰서 유치장으로 가서 쉬라고 했더니 정기성이 다리가 아프고 속도 안 좋다며 그냥 조사실 간이침대에 누워있게 해달라고 한답니다. 멀쩡하던 사람이 유치시키려고 하니 갑자기 아프다고 한답니다."

"그래요? 갑자기 왜 그런답니까?"

"글쎄요. 잘 모르겠습니다."

나는 곧장 11층으로 내려가 정기성이 조사받던 조사실로 들어섰다. 정기성은 간이침대 위에 누워 있고, 곁에 박 수사관이 서있었다.

나는 정기성에게 물었다.

"왜 이럽니까? 밤을 새워서 피곤할 테니 경찰서로 가서 식사를 하고 충분히 쉰 다음 오후에 조서를 작성하도록 합시다."

"검사님, 다리가 아프고 배도 아픕니다. 그러니 그냥 여기서 쉬도록 해주세요."

정기성이 오만상을 찌푸리며 신음소리를 흘려냈다.

"박 수사관, 이 사람이 왜 이러는 겁니까?"

"글쎄요. 멀쩡했는데 경찰서로 보내려니까 갑자기 이럽니다. 꾀병인 것 같습니다."

박 수사관이 고개를 갸웃하며 대답했다.

검사는 수사관들의 말을 일단 믿어야 하고, 꾀병이라는 것도 전혀 터무니없는 말은 아닌 것 같았다. 나는 정기성이 노련한 박 수사관으로부터 밤새 다각도로 조사를 받고 궁지에 몰린 나머지 아프다는 핑계로 시간을 끌며 빠져나갈 궁리를 하려는 것으로 짐작했다. 그런 일은 수사 과정에서 종종 일어나는 일이었고, 그럴 때는 피조사자를 달래는 것이 최선의 길임을 나는 경험을 통해 알고 있었다.

나는 정기성을 향해 말했다.

"그럼 좋습니다. 경찰서로 가지 말고, 오후에 조서를 작성할 때까지 여기 누워서 푹 쉬도록 하세요."

나는 박 수사관으로 하여금 정기성의 한쪽 손목의 수갑을 풀어서 수갑이 채워진 다른 쪽 손목과 침대를 연결시키도록 조치했다. 그리고 황 경장에게 박성웅은 경찰서에 유치시키도록 지시한 뒤 다른 직원들과 함께 검사실로 올라가 의자에 기댄 채 잠시 눈을 붙였다.

얼마나 시간이 흘렀을까. 나는 다시 전화벨 소리에 놀라 잠에서 깨어났다.

"검사님, 김이성과 최진만을 찾았습니다."

지난밤 파주로 보냈던 수사관들의 보고였다.

"그들이 누굽니까?"

"곽철진이 박기대를 살해할 때 데리고 갔다는 애들입니다."

"곽철진은 어찌됐습니까?"

"아직 행방을 알 수 없습니다."

"그럼 김이성과 최진만을 임의동행해 오세요."

김이성과 최진만을 공범으로 보기에는 당시의 나이가 너무 어린 것 같았지만, 어떤 관계인지는 모르나 곽철진이 그들의 이름을 언급한 걸 보면, 혹 도주한 곽철진이 그들에게 무슨 연락이라도 취했을지 모를 일이었다. 수사관들에게 그렇게 지시한 뒤 전화기를 내려놓고 나니 시각이 어느덧 오전 11시를 조금 지나 있었다.

나는 잠시 정신을 가다듬은 뒤 다시 수사를 진행하기 위해 직원들을 깨웠다. 그리고 '꾀병'을 부리던 정기성의 동정도 살필 겸 점심식사도 하도록 해줄 겸 해서 조사실로 내려갔다. 정기성은 여전히 간이침대 위에 누워 있고, 그 옆에서 박 수사관이 의자에 몸을 의지한 채 꾸벅꾸벅 졸고 있었다.

나는 박 수사관을 깨워서 물어보았다.

"정기성은 어떻습니까?"

"깊이 잠들었습니다."

"오후에 조사하려면 밥을 먹여야 하니 그만 깨우지요."

"정기성 씨, 점심시간이니 그만 일어나세요."

박 수사관이 흔들어 깨우자 정기성이 몸을 뒤척이며 신음소리를 흘려냈다.

"아이고, 다리가 아프고 배가 아픕니다."

"꾀병 부리는 것 아니오? 그만하고 일어나 정신 차리세요."

박 수사관이 채근했지만 정기성은 아무런 반응도 보이지 않았다. 옆에서 지켜보고 있던 내가 나섰다.

"정기성 씨, 그만 일어나세요. 점심 먹고 조사받아야지요."

"다리와 배가 아픕니다. 계속 쉬도록 해주세요."

"정기성 씨! 꾀병 부리지 말고 일어나서 책상 앞에 앉으세요."

내가 채근하자 정기성이 부스스 몸을 일으켰다. 그리고 비척비척

제 1 장 허리케인 63

걸어가 책상 앞에 놓인 의자를 깔고 앉는가 싶더니 갑자기 고개를 푹 꺾으며 상체를 책상 위로 뉘었다.

"꾀병 부리는 것 다 알고 있습니다. 이제 그만하세요, 그만."

내가 채근했지만 정기성은 아무런 말이 없었다. 그런 경우 피의자를 다그치기보다는 달래는 편이 효과적일 것 같았다. 나는 한결 부드러운 목소리로 말했다.

"정기성 씨, 그럼 침대로 가서 조금만 더 쉬다가 식사하도록 합시다. 가서 조금 더 쉬세요."

정기성이 몸을 일으켜 침대를 향해 몇 발자국을 떼어놓는가 싶더니 갑자기 바닥에 털썩 주저앉으며 벌러덩 등을 깔고 누웠다. 그리고는 또 다시 배와 다리가 아프다고 호소했다.

문득 이상한 생각이 들었다.

"아니, 이 사람이 대체 왜 이러는 겁니까?"

나는 주위에 서있던 직원들을 둘러보며 물었다.

"글쎄요. 멀쩡하게 조사도 받고 잠도 잘 잤는데 왜 저러는지 모르겠습니다. 아무래도 조사를 피할 요량으로 뻗어버리려 하는 것 같습니다."

누군가가 대답했다.

고개를 갸웃거리며 조사실을 나오니 마침 다른 검사실에서 지원 나온 주 경장이 눈에 띄었다. 나는 다짜고짜 주 경장의 팔을 끌었다.

"주 경장, 당신이 유도 유단자니까 피의자의 상태를 좀 살펴주세요."

경찰에서 파견된 주 경장이 나와 함께 조사실로 들어가 정기성의 어깨를 흔들었다.

"정기성 씨, 어디 한번 일어나보세요."

주 경장이 몇 차례 어깨를 흔들자 정기성이 어렵사리 일어나 몸을 곧추세우는가 싶더니 또 다시 바닥으로 털썩 주저앉으며 벌러덩 등을 깔고 누웠다.

"왜 이래요? 그만하고 일어나보라니까."

주 경장이 다그치자 정기성이 다시 부스스 몸을 일으키더니 똑같은 행동을 되풀이했다.

"검사님, 제가 보기에는 저자가 조사를 안 받으려고 꾀병을 부리며 저렇게 뻗어버리는 것 같습니다."

주 경장의 판단도 다른 수사관들의 생각과 다르지 않았다.

유도 유단자인 주 경장까지 그렇게 말하니 나로서도 그렇게 생각할 수밖에는 없었다.

"정기성 씨, 꾀병 부리며 뻗어버리려는 거 다 알고 있어요. 이제 그만하고 일어나세요."

나는 정기성의 곁으로 다가가 그렇게 말하며 다시 그를 달래기 시작했다.

그런데 바로 그 순간이었다. 갑자기 정기성의 호흡이 몹시 거칠어졌다. 순간적으로 불길한 생각이 뇌리를 스치며 가슴이 철렁 내려앉았다. 나는 주위를 두리번거리며 다급하게 소리쳤다.

"빨리 119를 부르세요! 누가 인공호흡 할 줄 아는 사람 없어요?"

누군가가 황급히 119를 부르고, 황 경장이 달려와 인공호흡을 실시했다. 몇 분이 안 되어 119 구조대가 도착해 심폐소생술을 시술했다. 그러나 정기성은 힘겹게 가쁜 숨만 몰아쉴 뿐 눈을 뜨지 못했다.

눈앞이 캄캄해지며 아질아질 현기증이 일었다. 지금 내 눈앞에서 도내체 무슨 일이 벌어지고 있는가! 다리만 후들거릴 뿐 나는 아무런 생각도 떠올릴 수 없었다.

필사적으로 심폐소생술을 시술하던 119 구조대원들이 마침내 이마의 땀을 훔치며 조심스레 입을 열었다.

"사망했습니다."

나지막한 한마디가 천둥처럼 귀를 때렸다. 저절로 무릎이 휘청 꺾이며 발밑이 와르르 무너져 내렸다. 나는 그대로 털썩 바닥 위로 주저앉고야 말았다.

급전직하

나에게 조사받던 피의자가 사망한 것이다. 나는 당혹스럽고도 참담한 심정과 자책감에 도무지 정신을 차릴 수가 없었다. 눈물이 왈칵 쏟아졌다. 나는 가까스로 정신을 수습한 뒤 우선 상부에 보고하고 진상부터 밝혀야 하겠다고 생각했다.

"조사받던 도중 피의자가 사망하고 말았습니다."

나는 직속상관인 부장검사에게 사고발생 사실을 보고했다. 그리고 그 보고는 보고라인을 따라 차장검사, 검사장과 검찰총장에게 신속히 전파되었다. 검찰청이 발칵 뒤집혔다.

부장검사에게 상황을 보고한 뒤 나는 정기성을 조사했던 수사관들을 엄중히 추궁했다.

"대체 어찌된 겁니까? 정기성이 왜 사망했습니까?"

"조사하는 과정에서 정기성이 혐의를 부인하며 극렬하게 자해난동을 부렸습니다. 버럭버럭 소리를 지르며 머리로 벽과 책상을 마구 들이받아서 그리된 것 같습니다."

"맞습니다. 정확한 사인은 부검을 해봐야 알겠지만, 십중팔구 자해 난동의 충격으로 인한 뇌출혈로 사망한 것 같습니다."

수사관들은 일관되게 대답했고, 시간에 쫓기고 있던 나는 일단 그들의 말을 그대로 상부에 전달할 수밖에 없었다.

　그러나 그것은 결과적으로 사실과는 다른 보고가 되고 말았다. 나중에 대검찰청 감찰부가 조사한 결과, 내가 모르는 사이에 직원들이 정기성에게 폭력을 가했던 것으로 밝혀졌기 때문이었다.

　그날 밤 정기성을 조사한 직원은 모두 세 사람이었고, 그 가운데는 어처구니없는 실수로 연쇄살인범 곽철진을 놓치고 말았던 정 수사관도 포함되어 있었다. 극도의 자책감으로 머리카락을 움켜쥐고 있던 그가 과연 어떤 심정으로 조사에 임했을지는 쉬 짐작할 수 있는 일이었다. 나중에 밝혀진 바에 따르면 태권도 유단자인 정 수사관은 정기성의 무릎을 꿇려 놓고 곽철진의 행방을 추궁하며 맨발로 그의 허벅지를 여러 차례 짓밟았으며, 그 충격으로 인해 다리 근육 내부에서 출혈이 일어나, 결국 과다출혈로 인한 쇼크로 정기성이 사망한 것이었다.

　돌이켜 생각해보면 곽철진이 도망쳤을 때 바로 정 수사관을 수사 라인에서 배제시키지 못한 것은 분명히 나의 불찰이었다. 그리고 정기성이 다리가 아프다고 호소했을 때 즉각 의사의 진단을 받도록 조치했더라면 과다한 출혈을 예방할 수 있었을지도 모른다. 하지만 당시로서는 워낙 일손이 달려서 정 수사관을 바로 귀가시킬 형편이 못 되었고, 근육 속에서 출혈이 일어나서 정기성의 다리가 아프리라고는 상상조차 할 수 없는 상황이었음은 물론, 정 수사관이 정기성 조사에 참여했다는 사실조차도 나는 까맣게 모르고 있었다.

　기다렸다는 듯 기자들이 몰려들며 모든 언론사들이 사건을 대대적으로 보도하기 시작했다. 기자들이 나의 사진을 찍으려고 복도에 진을 치고 있어 검사실 밖으로 나갈 수조차 없었다. 나는 세상으로부터 급속히 고립되어 가고 있었다.

급전직하. 상황이 무서운 속도로 곤두박질쳤다. 나는 종착역을 목전에 둔 채 박기대, 이상철 사건으로부터 즉각 손을 떼지 않을 수 없었다. 정기성을 조사했던 수사관들은 정기성이 사망한 당일로 피의자 신분이 되어 형사부로 인계되었다가, 이튿날 대검찰청 감찰부에서 조사를 받고 구속되었다. 그리고 나를 비롯하여 박기대, 이상철 사건의 수사에 참여해 온 직원들 모두가 대검찰청 감찰부로 줄줄이 소환되어 조사를 받아야만 했다.

정기성의 사망사실을 상부에 보고하기 직전 나는 모든 책임을 내가 지고 스스로 검찰을 떠나기로 결심했다. 수사책임자로서 부하직원들을 철저히 관리하지 못했던 점은 나의 잘못임이 분명했기 때문이었다. 따라서 그 점에 관한 한 나는 어떠한 질책이나 비난도 기꺼이 받아들일 마음의 준비를 갖추고 있었다.

그 모든 책임과 질책과 비난은 내가 안고 가야 할 운명과도 같은 것이 되어버렸지만, 그보다도 훨씬 무겁게 어깨를 짓눌러오던 것이 바로 망자와 유족들에 대한 죄송한 마음이었다. 경위야 어찌되었든 수사 도중에 피의자가 사망했고, 나는 그 수사를 지휘해온 주임검사였다. 따라서 법적 책임이야 추후에 가린다 하더라도, 피의자의 죽음에 대한 도덕적 책임은 오롯이 내가 감내해야만 할 나의 몫임에 틀림없었다.

그러나 온통 혼미하기만 한 머릿속으로는 그런 망자와 유족들에 대한 책임과 죄송한 마음을 어떻게 해결해 나가야 할지 그 해답을 찾을 길이 없었다. 죄송합니다. 죄송합니다. 극락왕생하세요. 극락왕생하세요.··· 나는 힘겹게 호흡을 이어가던 망자의 마지막 모습을 떠올리며 시시각각 '죄송'과 '극락왕생'이라는 혼잣말을 입에 달고 지냈다.

2002년 10월 29일 나는 대검찰청 감찰부에서 감찰 담당검사와 얼굴을 마주했다. 장승호로부터 이상철 살해사건에 대한 첫 자백을 받아낸 지 정확히 1주일 만이었다. 수사에 골몰하느라 그 동안 한 번도 제대로 눈을 붙여본 적이 없었다. 피로감이 극도에 달했다. 머릿속이 멍멍하고 현실감이 현저히 떨어졌다. 무엇보다도 같이 일하던 직원들이 구속되었다는 사실과 나에게 조사받던 피조사자가 사망하고 말았다는 사실에 가슴이 찢어졌다.

정기성의 사인이 무엇이냐는 감찰부 검사의 질문에 나는 직원들의 보고내용을 그대로 전달했다. 그것이 내가 알고 있던 정보의 전부였기 때문이었다. 그러나 상대방은 가히 의도적이라 느껴질 만큼 처음부터 내가 가혹행위를 지시했는지 여부를 집요하게 추궁했다. 나는 지휘책임은 고스란히 인정했지만 가혹행위를 지시하지 않았느냐는 추궁에는 강력히 반발했다. 그것은 결코 진실이 아니었기 때문이었다. 가혹행위 지시 여부를 두고 감찰부 검사와 나의 지루한 공방은 여러 날 동안 지속되었다.

그 무렵 어느 선배검사가 나에게 이런 조언을 들려주었다.

"홍 검사, 이 사건이 터지는 순간 너와 검찰은 적이 되고 말았다. 검찰조직은 절대로 너를 봐주지 않고 어떻게든 구속시키려 할 것이다. 지금 이 순간부터 검찰조직에 대해서는 전혀 신경 쓰지 말고 어찌하면 네가 여기서 살아 나갈 수 있을 것인가만 생각해라"라고.

나는 고개를 저었다. 가혹행위를 지시했다는 것은 진실이 아니기에 내가 형사책임을 지게 되는 일은 있을 수 없다고 믿었기 때문이었다. 돌이켜보면 당시 나는 사건의 파장이 얼마나 크게 번지고 있는지를, 나를 옭아맨 운명의 올가미가 얼마나 단단하게 나의 목을 옥죄어오고 있는지를 제대로 간파하지 못하고 있었다. 그만큼 내가 단순하고 어리석은 위인이었는지도 모른다. 그만큼 내가 검찰이라는 조직을 신뢰하고 사랑했던 까닭이었는지도 모른다.

감찰부 검사와 지루한 공방을 이어가던 중 나는 기어코 탈진하고야 말았다. 정기성이 죽은 지 열흘가량 되었을 무렵의 어느 날 일이었다. 나는 병원에 실려가 보름 만에야 겨우 아내의 얼굴을 대할 수 있었다. 갈아입을 속옷을 내밀며 눈물만 쏟아내는 아내를 바라보니 만감이 교차했다.

당시 나는 전세로 얻은 일산 탄현동의 어느 작은 아파트에 살고 있었다. 치솟는 전세금을 감당할 길이 없어 수년째 변두리 아파트로만 전전하고 있었다. 출퇴근하는 데 4시간이 넘게 걸리다 보니 평소에도 1주일의 절반은 사무실 간이침대 위에서 아침을 맞고, 청사 앞 사우나탕에서 샤워를 하며 하루를 열어가곤 했다. 그렇게 일해 온 결과가 고작 이것이라니.

한사코 목젖이 아려올 뿐 아무런 말도 할 수 없었다. 나는 서럽게 흐느끼는 아내의 등을 토닥이는 것 외에는 아무것도 해줄 것이 없었다. 38년 동안 나름대로 정직하고 성실하게 살아온 한 인간의 존재가 처참히 말살되어 가고 있었다. 설움인지 허탈감인지 모를 격한 감정이 노도처럼 밀려와 나의 의식을 뒤덮었다. 나는 아내의 등이 병실 밖으로 사라지기가 무섭게 병상의 시트를 머리끝까지 뒤집어쓰고 소리 없이 흐느끼기 시작했다.

그런 와중에서 너무도 당연한 일이었지만 나는 사망한 정기성의 유족들과 합의를 보아야만 했다. 재산이라고는 얼마 되지 않는 아파트 전세보증금이 전부였던지라 대구에 계신 어머니와 형제들에게 도움을 청할 수밖에 없었다. 가족들이 급히 마련해준 돈으로 어렵사리 합의를 볼 수 있었지만, 그것은 어디까지나 내가 수사책임자로서 망자와 유족들에게 마땅히 갖추어야만 할 도리라고 생각해서 취한 조치였을 뿐, 나의 목을 감아오던 가혹행위 지시라는 올가미의 존재를 인정해서 취한 행동은 결코 아니었다.

수사의 운이 다하면서 시운마저 나로부터 철저히 등을 돌리고 있었다. 설립된 지 얼마 되지 않던 국가인권위원회가 피의자의 인권을 내세우며 정기성 사망사건을 위원회의 위상을 높일 수 있는 절호의 기회로 삼지 못해 혈안이 되어 있었고 정치인들이 다투어 국회청문회를 들먹이기 시작했다. 연말에 치러질 제16대 대통령 선거를 앞두고 그 사건은 유력 후보들 간에 이해가 첨예하게 대립되는 정치적 쟁점으로 급부상하고 있었다.

때는 바야흐로 이회창 후보 아들의 병역비리 재수사 결과가 세인들에게 초미의 관심사로 떠오르던 무렵이었다. 그 당시 검찰과 정권은 서로 입장을 달리하며 갈등을 빚고 있었는데, 검찰의 입장은 혐의가 확인되지 않아 더 이상 수사를 진행할 수 없으므로 선거 전에 원칙대로 수사를 종결하겠다는 것이었고, 정권의 입장은 수사를 계속해서 어떻게든 혐의를 밝혀내라는 것이었다.

그처럼 정기성 사망사건은 거친 정쟁의 소용돌이 한복판에서 발생한 사건이었고, 정권 측에서는 그 사건을 기화로 삼아 자신들의 입맛에 맞지 않는 검찰 수뇌부를 퇴진시키며 검찰조직을 대대적으로 정비하려는 뜻을 갖고 있었다. 그리고 정권을 재창출해야만 할 정권과 여당의 입장에서는 수사관들의 가혹행위로 인한 피의자 사망이라는 돌발적 악재를 신속히 수습하며 관계자들을 최대한 엄중히 문책함으로써 국민들에게 확실한 개혁의 의지를 보여주는 것 또한 화급을 다투는 일이 아닐 수 없었다. 당연히 그러한 정권 측의 의지가 대검찰청 감찰부의 수사진행에도 영향을 끼치고 있었다.

- 〔'피의자 사망 파문' 확산〕 "박종철 사건 재판 될까" 초긴장
- 주임검사 '수사관 폭행' 묵인한 듯
- 검찰 '구타 사망' 수사 확대 불가피
- 검찰총장 사직서 제출
- 洪 주임검사 사법처리 여부 촉각 …

때가 때이니만치 모든 언론사들이 정기성이 사망하던 날부터 연일 그 사건을 대서특필했다. 그 와중에 조사실에서 도망친 곽철진까지 악랄하게 언론을 이용했다. 곽철진은 공중전화로 기자들과 통화하며 자신도 조사받으면서 옆방에서 밤새도록 들려오던 정기성의 비명소리를 똑똑히 들었노라 거짓말을 늘어놓았고, 그것이 그대로 언론에 크게 보도되었다.

그것은 전혀 가당치가 않은 말이었다. 앞에서 기술했듯이 정기성이 조사실로 인치되어 왔을 때 곽철진은 이미 도주하고 없었다. 곽철진은 그 사실을 숨긴 채 허위사실을 의도적으로 날조했고, 기자들은 최소한의 확인절차조차 거치지 않은 채 살인 용의자의 말을 여과 없이 전달하며 나를 공격했던 것이었다.

내가 느끼기로 여론은 반반으로 갈리는 것 같았다. 한쪽은 검찰의 본분인 공공질서의 유지라는 측면에서 그 사건을 조명하려 했고, 다른 한쪽은 결과적으로 사람이 죽었다는 점에서 공권력에 의한 인권침해라는 측면에서 그 사건에 접근하려 했다. 일부 언론은 내가 사람을 죽인 조직폭력배들을 4년 동안이나 끈질기게 추적했다는 점을 높이 사면서 비록 살인 용의자를 조사하는 과정에서 우발적인 사고가 발생했지만 수사팀의 진정성과 정의감만은 평가해야 한다고 주장했고, 일부 언론은 망인을 열사로 표현하고 있었다.

일부 정치인들과 폴리페서(polifessor)들은 나를 정치검사, 출세를 위해서는 수단과 방법을 가리지 않는 치졸한 인간으로 몰아세웠다. 평소 민주주의, 정치질서, 경제체제 등과 같은 그럴싸한 거대담론들에만 집착했지 선량한 시민들을 노리는 잔혹한 범죄들에 대해서는 이렇다 할 관심조차 기울이지 않던 사람들이 저마다 피의자의 인권을 들먹이며 자신들이 마치 정의의 사도들이라도 되는 양 떠들어 대었다.

그들은 자신들의 명성과 입지를 굳힐 수 있는 절호의 기회라도 만난 듯이 신랄하게도 나를 비난했다. 그 당시 내가 수사하던 조직폭력배를 변호하고 있던 어떤 변호사는 주요 일간지에 한껏 나를 조롱하고 비아냥거리는 글을 기고하며 흡사 자신이 인권옹호의 화신이라도 되는 양 떠들기도 했다(나는 후일 그때 나를 조롱하던 그 변호사가 얼마 후 총선에서 국회의원에 당선되더니 임기도 못 채운 채 뇌물수수죄로 구속되는 광경을 목격해야만 했다).

나를 그렇게 몰아가는 그들이 나는 너무도 원망스러웠다. 내가 과연 정치검사였던가? 모두들 기피하는 고달프고도 위험천만한 강력검사, 그것도 조직폭력 전담검사의 길을 고집하며 죽도록 고생하다가 마침내 이런 험한 꼴까지 당하게 된 내가 과연 수단과 방법을 가리지 않는 출세주의자였던가? 나는 그들에게 그렇게 물어보고만 싶었다.

그렇듯 양분된 주장들은 비단 언론을 통해서만이 아니라 일반 시민들 사이에서도 똑같이 표출되었다. 그 사건이 알려진 후로 검사실의 전화기는 연일 불이 붙었다. 절반쯤은 욕설과 비난을 퍼붓는 전화였고, 나머지 절반쯤은 격려와 응원의 전화였다. 장문의 편지나 꽃이 쇄도하기도 했고, 격려금이 답지하기도 했다. 인터넷에서는 나를 지지하는 카페가 개설되기도 했다. 적대적인 사람들도, 우호적인 사람들도 모두가 평범한 일반 시민들이었다.

대검찰청에서 여러 경로를 통해 사표를 제출하면 구속영장은 청구하지 않겠다는 뜻을 전해왔다. 그리고 나는 이미 정기성의 유족들과 합의를 본 바도 있었다. 따라서 나에 대한 구속영장이 청구되는 일은 없을 것으로 짐작되었다. 하지만 당시의 분위기로 보아 기소를 피하기는 어려울 것 같았다. 나는 대검찰청 감찰부에서 마지막 조사를 받으며 사표를 제출했다. 기소될 입장에서 검사의 신분을 고집하는 것도 검찰조직에 누가 될 것으로 판단했기 때문이었다.

그런데 대검찰청 감찰부는 사표가 제출되자마자 곧바로 나에 대한 구속영장을 청구했다. 완전히 사기당한 기분이었다.

나는 심한 모멸감을 곱씹으며 감찰과장에게 물어보았다.

"대체 나의 범죄사실이 뭡니까?"

"범죄사실을 알려줄 수 없으니 네가 변호사를 선임해서 법원의 서류를 떼어보고 알아서 대처해라."

구속영장을 청구할 때에는 당사자에게 범죄사실을 알려주는 것이 통례였다. 하지만 그는 그 말만을 남긴 채 뒤도 돌아보지 않고 조사실을 나가버렸다.

문 밖으로 사라져가는 그의 등을 바라보며 그제야 나는 스스로 살아나갈 수 있는 길만 생각하라던 어느 선배검사의 조언이 백 번 옳았음을 깨달았다. 정기성이 사망하는 순간 나는 이미 감싸주어야 할 검찰의 식구가 아니라 무조건 잘라내고 도망쳐야만 할 도마뱀의 꼬리에 불과했던 것이었다.

나에 대한 구속영장이 청구되자 전국의 검사들이 술렁거리기 시작했다. 개인적 비리도 아니고 흉악한 조직폭력배를 수사하는 과정에서 직원들의 잘못으로 야기된 우발적 사고를 두고 담당검사를 구속하면 어떻게 하느냐. 사표를 받는 선에서 끝내지 않고 형사책임까지 물어서 구속시킨다면 어떤 검사가 열심히 수사하려고 하겠느냐. 많은 검사들이 그런 뜻을 피력했다. 많은 사법연수원 동기생 변호사들도 무료변론을 자청하고 나섰다. 고맙기야 그지없었지만 당시의 분위기로는 누가 어떤 말을 하든지 무조건 구속영장이 발부될 것이 확실시되었다.

영장실질심사를 받고 대검찰청 중앙수사부에서 판사의 결정을 기다리고 있자니 연락을 받고 달려온 아내가 조사실로 들어섰다. 막내아들을 임신한 지 4개월째이던 아내의 손에는 시장에서 급히 구입한 내복 한 벌이 들려 있었다. 아내는 나의 손을 맞잡고 눈물을 쏟아냈다. 가슴속에서 온갖 감정들이 뒤엉겨 거센 소용돌이를 일으켰다. 결국 이런 꼴을 보자고 가족들에게 그토록 궁상을 떨며 일에만 매달려 왔던가. 아내의 연약한 어깨가 거칠게 출렁일수록 걷잡을 수 없이 격한 감정이 밀려왔다. 나는 아내의 등을 와락 끌어안으며 기어코 울음을 터뜨리고야 말았다. 아내의 울음소리도 덩달아 거세어졌다. 우리는 서로의 등을 부둥켜안은 채 하염없이 설움 덩어리들을 토해 냈다. 그 순간 나와 아내가 할 수 있는 일이라고는 오직 그뿐이었다.

오후 11시에 구속영장이 발부되었다. 나는 각오하고 있던 터라 모든 것을 순순히 받아들였다. 영장이 집행되려는데 감찰과장의 주문이 끼어들었다. 나를 태운 호송차가 지하주차장을 빠져나오면 서행하다가 대검찰청 청사 출입문 앞에서 정차한 채 기자들에게 사진을 찍을 수 있는 시간과 환경을 제공하라는 것이었다.

나는 부정한 방법으로 축재해온 악덕 기업인도 아니었고, 비리에 연루된 유력 정치인도 아니었으며, 스캔들에 휘말린 인기 절정의 연예인은 더더욱 아니었다. 나는 다만 공무를 수행하던 중 우발적으로 사고를 일으키게 된 사건의 수사를 지휘해 온 검사였을 뿐이었다. 그런 내가 수갑을 차고 구치소로 호송되는 장면을 적나라하게 언론에 노출시키겠다니 … .

견디기 힘든 모멸감이 엄습하며 저절로 두 손이 부르르 떨렸다. 그래, 받아들이자. 모든 것이 나의 불찰 탓이었으니. 나는 이를 악물며 그렇게 스스로를 달랠 수밖에 없었다.

나의 손에 수갑이 채워졌다. 지난 11년 동안 수많은 조직폭력배들의 손에 내가 채워주었던 바로 그 수갑이었다. 늘 그러하리라고만 여겨왔는데 정말이지 다른 사람이 나의 손목에 채워준 수갑은 너무도 낯설고 차가웠다. 수갑만큼이나 싸늘한 현실인식이 잔인하게 가슴을 할퀴어 갔다. 나는 이제 일개 범죄자의 신분일 뿐 더 이상 정의의 수호자도 아니요, 공익의 대변자도 될 수 없다는 사실이 주체할 수 없는 눈물을 강요했다. 아내의 눈에서도 왈칵 눈물이 쏟아졌다.

나는 두 손에 수갑을 찬 채 지하주차장으로 내려갔다. 호송용 승용차의 뒷좌석에 오르자 대검찰청의 직원 두 사람이 좌우로 몸을 실으며 성벽처럼 버티고 앉았다. 대검찰청 청사 출입문 앞에서 호송차가 걸음을 멈추기가 무섭게 사방에서 야수(野獸)들의 안광(眼光)과도 같은 카메라 플래시들이 어지럽게 번득거렸다.

누군가의 인생처럼, 아니 우리들 모두의 삶과 같이 무수히도 명멸(明滅)이 교차해갔다. 인생이란 어쩌면 그런 밝음의 날줄과 어둠의 씨줄이 무수히 교차하면서 엮어가는 천조각과 같은 것인지도 모른다는 생각이 생뚱하게 뇌리를 스쳐갔다.

카메라 불빛이 잦아들자 호송차가 굼뜬 걸음으로 정문을 빠져나와 어딘가를 향했다. 아마도 대검찰청의 관계자가 미리 들려준 대로, 함께 일하던 직원들은 서울구치소에 수감되었지만 서로 입을 맞출 경우를 대비하여 나는 성동구치소로 보내는 모양이었다.

대검찰청의 정문을 나서면서 그것으로써 검찰과는 영영 작별하게 되는 줄로만 알았다. 그러나 그것은 나의 섣부른 판단이었다. 호송차가 예술의 전당 앞을 지날 무렵 옆자리의 호송원이 전화를 받더니 다급하게 운전석의 등받이를 두드렸다.

"유턴하세요, 유턴! 빨리 대검으로 돌아오랍니다. 사진을 못 찍은 기자들이 많아서 다시 찍어야 한답니다."

기가 막힐 노릇이었다. 마치 드라마를 촬영하다가 NG를 내기라도 했다는 투였다. 혀를 물고픈 치욕과 수모의 순간들이 다시 한 번

되풀이되었다. 호송차가 다시 한 번 지하주차장으로 기어들어갔다가 다시 한 번 지하주차장을 빠져나와 다시 한 번 대검찰청 청사 출입문 앞에서 걸음을 멈추었다. 그리고 나는 다시 한 번 명멸하는 인생 같은 카메라 불빛들 속에 민낯을 고스란히 노출시켜야만 했다.

그렇듯 나의 인권은 철저하게 유린당하고 있었지만, 소리 높여 인권을 부르짖던 국가인권위원회, 언론, 대검 감찰부 등은 철저하게 유린당하고 있던 나의 인권에 대해서만은 아무런 관심도 보여주지 않았다.

밤늦게 성동구치소에 도착한 뒤 푸른색 미결수 유니폼으로 옷을 갈아입었다. 영치하기 위해 개어 놓은 낡은 양복 바지저고리가 서럽도록 초라해보였다.

교도관이 한 평도 채 되지 않는 독방으로 나를 인도했다. 밖에서 철문을 잠그는 소리를 들으며 나는 허물어지듯 방바닥 위로 주저앉았다. 주위를 둘러보며 아무도 없는 나만의 공간임을 재확인하는 순간 필사적으로 눌러오던 울음 덩어리들이 속절없이 목구멍을 치받았다. 나는 아무도 들어줄 이 없는 독백 같은 울음소리를 질겅거리며 하염없이 눈물을 쏟아냈다.

이 좋은 곳을 오지 못해 그렇게 한순간도 좌고우면(左顧右眄) 하지 않고 앞만 보고 달려왔던가. 설움이 북받칠 뿐 아무것도 생각할 수 없었다. 어디서부터, 무엇이, 왜 잘못되었던 것인지 생각해 볼 엄두조차 나지 않았다. 머릿속 저만치서 탐스러운 촛불 하나가 아늑하게 겨울밤을 지키고 있었다. 아내와 아이들과 어머니와 형제들과…. 일렁이는 불꽃 이로 사랑하는 사람들의 얼굴이 하나씩 차례로 내려앉았다.

  그리고 다시 그다지 길다고도 그다지 짧다고도 할 수 없는 서른여덟 성상의 지난 세월이 파노라마처럼 촛불 앞을 스쳐갔다.

제2장
강력,
조직폭력 전담검사의 길

조직폭력 전담검사가 되기까지

토착 폭력조직과의 싸움

조직폭력배는 감옥으로

뿌리 깊은 조직

집단으로 손가락을 자른 조직폭력배들

검사직을 건 싸움

강력, 조직폭력 전담검사가 되기까지

나는 1965년 6월 대구광역시 서구 비산동에서 평범한 4남매 가정의 막내로 태어났다.

경상북도 고령 출신의 아버지는 대구에서 고학으로 야간 중학교에 다니던 중 한국전쟁이 발발하자 학도병으로 징집되었다. 그리고 낙동강 전선에 투입되었다가 포로로 잡혀 북으로 끌려가던 중 구사일생으로 탈출에 성공했다.

한창 감수성이 예민할 나이에 전쟁의 참상을 온몸으로 체험한 아버지는 그 충격으로부터 쉬 헤어나지 못한 채 잠시 공무원 생활을 한 것 외에는 한평생 이렇다 할 직업을 가져보지 못했다. 결국 어머니가 가족의 생계를 책임져야 했고, 아버지는 어머니의 일을 도와주는 정도로 일관했다.

경상남도 합천 출신의 어머니는 18살 때 아버지와 결혼한 직후부터 일정한 직업이 없던 아버지를 대신해 온갖 장사를 하며 가계를 꾸려왔다. 어머니는 주로 대구의 섬유공장에서 당시 한창 유행하던 나일론 양말을 외상으로 구입하여 전국의 시골장터들을 찾아다니며 판매하는 행상 일을 하였다. 생활력과 모성애가 남달랐던 어머니는 억척스레 근검절약하며 자식들을 키우고 공부시켰다.

내가 초등학교 5학년이 되었을 때, 보다 나은 환경에서 자식들을 키우고 싶었던 어머니는 가난한 사람들이 주로 살던 비산동에서 대명동으로 주거를 옮겼다. 이사한 후 아버지는 당구장을, 어머니는 탁구장을 각각 운영했다. 나는 학교에서 돌아오면 탁구장을 지키며 카운터에 앉아 숙제도 하고 빗자루와 걸레를 들고 청소도 했다. 나와 교대한 어머니는 집으로 달려가 가사를 돌보다가 저녁 설거지를 끝낸 뒤 다시 탁구장으로 돌아와 나와 교대해 주곤 했다.

나는 본디 공부를 썩 잘하던 아이가 아니었다. 그저 남들보다 크게 뒤지지 않을 정도의 성적을 유지하던 평범한 학생이었다. 그렇다고 해서 다른 어떤 특별한 재주를 지니지도 못했다. 그래서 나는 초등학생 때나 중학생 때나 나보다 공부를 훨씬 잘하는 또래 아이들로부터 곧잘 열등감을 느끼곤 했다.

내가 아버지의 모교인 영남중학교를 졸업하고 영남고등학교로 진학할 무렵 어머니가 탁구장을 그만두었다. 그래서 나는 학교에서 돌아오면 별로 할 일이 없었고, 그다지 사교성 있는 성격도 못되어 친구들과 잘 어울리지도 않았다. 사정이 그렇다보니 방과 후의 시간이 몹시 무료했고, 그 무료함을 달래자니 혼자 방안에 틀어박혀 공부하는 수밖에 없었다. 그래서 나는 조금씩 책과 가까워지게 되었고 방학 때도 별달리 할 일이 없어서 혼자 시립도서관을 찾아가 책을 펼쳐들곤 했다.

고등학교 진학 후에도 성적이 썩 우수하지는 못했는데, 2학년 2학기 때 나에게 중대한 계기가 찾아왔다. 여름방학이 끝나고 갓 치러진 모의고사에서 난생 처음으로 전교 1등의 영광을 안게 된 것이었다.

누구보다도 놀란 사람이 있었다면 그는 바로 나 자신이었다. 내 능력으로는 아무리 해도 따라가지 못할 것만 같던 동기생들을 보기 좋게 따돌리다니! 얼떨떨한 눈으로 바라보던 성적표를 책가방 속으로 밀어 넣는 순간, 가슴속에서 '나도 할 수 있구나!'라는 자신감이 용솟음치면서 나는 비로소 해묵은 열등감으로부터 벗어날 수 있었다.

그때부터 나는 정말이지 미친 듯이 공부하기 시작했다. 비록 과외지도 한번 받아보지 못하고 헌책방에서 구입한 헌 참고서와 문제집으로 홀로 공부할 수밖에 없는 처지였을지라도, 나도 서울로 진학할 수 있다는 희망을 안고 오로지 공부에만 몰두했다.

내가 대학입학 학력고사에서 좋은 성적을 거두자 어머니는 내가 문과에서 이과로 전과하여 대구에서 의과대학을 마치고 병원을 운영하며 안정된 삶을 살아가기를 원했다. 하지만 그때껏 한 번도 서울 구경을 해본 적이 없던 나의 뜻은 달랐다. 나는 TV 화면으로만 접해오던 화려한 도시 서울에서 공부하고 싶은 마음이 너무도 간절했기에 갖은 말로 어머니를 설득하여 서울대학교 법과대학으로 진학했다.

1984년 1월 나는 대학 입학원서를 들고 난생 처음으로 서울행 열차에 몸을 실었다. 부푼 가슴으로 서울역 광장을 걸어 나오던 그날의 그 감격을, 광장 맞은편에 우뚝하니 버티고 선 대우빌딩의 웅장한 위용에 저절로 눈이 휘둥그레지던 그날의 그 놀라움을 지금도 나는 잊을 수 없다.

그러나 청운의 꿈을 안고 시작한 대학생활은 순탄치 못했다. 진학 준비에 몰두하느라 듣지도 보지도 못한 채 지내온 대한민국의 정치적 실상이 나에게 엄청난 충격과 분노와 좌절을 안겨주었다.

대학 1학년 때 서클활동을 하면서 나는 처음으로 독재로 점철된 우리의 현대사와 '광주사태'의 진실을 접할 수 있었다. 10·26 사건 이후의 정치적 혼란을 수습하며 누란의 위기로부터 나라를 구해낸 걸출한 영웅으로만 알아왔던 전두환 대통령이 무고한 시민들을 살상하며 무력으로 정권을 찬탈한 신군부의 수괴였다니.

우리 사회의 어두운 이면들의 실상을 알게 되자 너무도 당혹스럽고 서글펐다. 현실은 온통 암흑천지였고, 막연히 꿈꾸어오던 찬란한 미래는 어느 순간부터 사나운 먹구름들로 겹겹이 뒤덮여버렸다.

정의는 어디로 갔는가? 이렇듯 정의롭지 못한 세상에서 법을 공부한다는 것이 무슨 의미가 있는가? … 회의의 골이 깊어갔다. 시위를 하다가 구속되는 학생들이 속출하는 마당에 법을 공부하고 있다는 사실 자체가 견디기 어려운 정신적 고문이었다.

천성적으로 사람들 앞에 나서기를 꺼려하는 위인이 시위를 주동한다는 건 어울리지도 않았고, 솔직히 그럴 용기도 없었다. 그렇다고 다른 사람들은 용감하게 폭정에 맞서 싸우는데 모른 척하는 것도 마음이 편치 못했다. 그래서 나는 비록 시위를 주동하지는 못할망정 응원은 해주어야겠다고 생각하며 곧잘 시위대에 합류하곤 했다. 그리고 나는 운동권에서 유행하는 책들을 구해 열심히 읽는 것으로써 조금이나마 전사(?)들에 대한 마음의 빚을 갚으며 스스로를 위안하곤 했다.

나의 길은 무엇인가? 나는 어떤 사람이 되어야 하는가? 숱한 밤을 하얗게 지새우던 끝에 마침내 내가 내린 결론은 당시의 조영래 변호사와 같은 인권변호사가 되는 것이었다. 그래. 변호사가 되어 가난하고 소외된 사람들을 위해 일해 보자. 나는 그렇게 결심하고 고시 공부를 시작했다. 그리고 두 번의 고배를 마신 끝에 대학원 2학년 때 사법시험에 합격할 수 있었다.

나는 사법연수원에서 연수를 받으면서도 검사나 판사가 되겠다는 생각은 한 번도 가져보지 않았다. 사법연수원 1년차 때는 미처 쓰지 못했던 대학원 석사논문을 쓰느라 정신이 없었고, 2년차 때는 마산에서 노동전문 변호사로 일하던 선배의 사무실을 찾아가 2개월 동안 실무경험을 쌓으며 앞날에 대비하기도 했다.

그런데 사법연수원을 졸업할 무렵 나는 아버지로부터 강력한 권고를 받게 되었다.

"안 된다. 나는 네가 검사가 되었으면 한다."

내가 변호사가 되겠다는 포부를 밝히자 아버지가 단호히 반대했다.

"아버지, 지금과 같은 군사독재정권 치하에서 검사가 무슨 일을 할 수 있겠습니까? 저는 검사될 생각은 추호도 없습니다."

"내가 야간 중학교를 다니며 대구지방검찰청 구내식당에서 사환으로 일했던 건 너도 잘 알지 않느냐. 아버지는 그때 식사하러 오는 검사들을 보면서 남몰래 나도 검사가 되어야겠다는 꿈을 키워갔었다. 전쟁이 터지는 바람에 나는 비록 그 꿈을 이룰 수 없었지만 너라도 꼭 검사가 되어서 아비의 한을 풀어줬으면 좋겠다."

"아버지, 지금같이 암울한 세상에서 제가 검사가 된다 한들 아무 것도 할 수 있는 일이 없습니다. 독재정권의 주구가 되어 무고한 사람들이나 잡아들이며 저 혼자만 잘 먹고 잘 살라는 말씀입니까?"

"지금이야 그렇지만 눈을 크게 뜨고 멀리 보았으면 좋겠다. 앞으로 세상이 많이 변할 거다. 세상이 바뀌면 검사로서 할 수 있는 일들이 많아질 거다. 검사를 해보다가 정히 마음에 들지 않으면 그때 가서 변호사를 해도 늦지 않다."

아무리 설득해도 아버지는 요지부동이었다. 중학생 시절 검찰청 구내식당에서 아르바이트를 하며 가꾸었던 아버지의 꿈과 평생토록 마음 한구석에 남몰래 간직해 온 아버지의 한(恨). 아들의 몸으로서 차마 그 꿈과 그 한을 매몰차게 외면할 수만은 없었다. 형제들 중에도 내가 아니면 아버지의 그 한을 풀어줄 사람이 아무도 없었다. 나는 결국 지고 말았다.

"그럼 아버지 뜻대로 검사가 되겠습니다. 하지만 조건이 있습니다. 저는 스스로 옳다고 생각하는 일만 할 것이니 저에게 검사로서 출세하기를 바라지는 마십시오. 검사생활을 하다가 마음에 들지 않으면 언제든지 옷을 벗을 테니 그때는 말리지 마십시오."

"그래. 알았다. 알았다."

아버지가 사뭇 흡족한 표정으로 고개를 끄덕였다.

그리하여 나는 1992년 3월 대전지방검찰청으로 초임발령을 받으면서 한 번도 꿈꿔본 적이 없던 검사가 되었다.

대전지방검찰청에서 초임검사로 근무하면서 나는 서울대 미학과 대학원에 다니던 고등학교 동기생으로부터 과 후배인 여성을 소개받았다. 나는 그때까지 한 번도 연애를 해본 적이 없었다. 천성이 원체 무뚝뚝하고 숫기가 없어서 여성에게 먼저 대시한 적도 없었고, 그런 나를 스스로 좋아해준 여성도 없었다. 혼기가 되니 부모님이 빨리 결혼하라고 성화를 부렸다. 하지만 나는 적당히 조건을 맞추어 결혼하고 싶은 생각은 추호도 없었다. 나는 영화나 소설 속에 나오는 운명적인 사랑 같은 것을 동경하며 막연하게 그런 상대가 나타나 주기만을 학수고대하고 있었다.

아내를 처음 본 순간 나는 한눈에 그녀가 나의 운명임을 알았다. 차분하고 지적인 모습에 반했고, 무엇보다도 말이 통하는 것 같아서 좋았다. 혹 암울한 시절에 검사생활을 하고 있는 나에게 부정적인 선입견을 갖고 있지나 않을까 내심 우려했지만, 그녀는 차분하게 나의 이야기를 들어주며 신뢰의 눈빛으로 화답해주었다.

우리는 2년간의 감미로운 연애기간을 거쳐 내가 대구지방검찰청에 적을 두고 있을 때 조촐하고 담백한 결혼식을 올렸다. 나는 가까운 친척들과 꼭 참석해주기를 원하던 사람들에게만 간단히 우리의 결혼소식을 알렸다. 식장에는 대구지방검찰청의 검사장이 보내준 화환 하나만 덩그러니 놓여 있었고, 우리는 남들이 다 하던 웨딩사진 촬영도 하지 않았다. 신혼살림은 내가 검사봉급을 쪼개어 저축해 온 돈으로 대구 남산동에 소재한 20평형 전세 아파트에다 차렸다.

너무 단출하다 못해 초라한 것 아니냐며 수군대는 친구들도 있었지만, 우리는 전혀 개의치 않았다. 두 사람이 평생토록 바른 길을 바르게만 걸어가기로 뜻을 모았기 때문이었다.

우리는 늘 변두리의 전셋집을 전전했다. 휴가 때에도 값싼 모텔만 찾았고 낡은 승용차를 끌고 다녔다. 경제적으로 어려웠지만 그 누구도 부럽지 않았다. 우리는 자신감과 자긍심으로 충만해 있었고, 그러기에 언제나 당당하게 행동할 수 있었다.

몇 년 후 내가 그 악몽 같은 시련의 소용돌이에 휘말려 들었을 때 아내는 추호의 흔들림도 없이 나의 곁을 지켜주었다. 자칫하면 폐인으로 전락할 수도 있었을 나를 신뢰하고 위로하며 시종 든든한 정신적 지주가 되어주었다. 그런 아내가 없었다면 나는 그 혹독한 시련을 능히 이겨낼 수 없었을 것이다.

검사로 임용될 때만 해도 나는 검사라는 신분에 대하여 그다지 큰 자긍심을 느끼지 못했었다. 오히려 내가 그토록 비난하던 군사독재정권을 지탱해주는 공권력의 일부로서 일하고 있다는 사실이 사뭇 부끄러웠다. 그래서 낯선 사람들에게 스스로를 검사라고 소개하는 것조차 망설여지곤 했다.

그런데 막상 동료검사들과 어울려 지내다 보니 그런 나의 선입견이 시나브로 바뀌어갔다. 내가 초임검사로 부임했던 대전지방검찰청 형사부의 선배검사들은 상당한 비판의식의 소유자들이면서도 자신의 일에 대한 자부심 또한 대단했다. 그들은 구차한 논리로써 자신의 입장을 변명하려 들지 않았다. 정의롭지 못한 정치권력에 대해서는 날선 비판을 아끼지 않으면서도 자신이 맡은 일에 대해서는 최선을 다하고 있었다. 나는 그런 선배검사들의 모습을 보고 내심 깜짝 놀랐다. 범죄는 예방하고, 억울한 사람들은 도와주며, 나쁜 자들은 처벌한다는 그들의 지극히 단순한 논리는 단순한 만큼 든든해보였다.

시간이 지나면서 나는 막연하게 예단하던 군사독재정권의 하수인이라는 검사에 대한 인식으로부터 조금씩 벗어날 수 있었다. 내가 하기에 따라서 검사라는 직업을 통해서도 얼마든지 세상을 밝히는 작은 빛의 역할을 수행해갈 수 있을 것 같았다.

선배검사들은 수사의 기준을 이야기할 때면 곧잘 정의의 여신 디케를 언급하곤 했다. 그리스 신화 속에 등장하는 정의의 여신 디케는 왼손에는 저울을 들고 오른손에는 칼을 쥐고 있는데, 저울은 정의를 판단할 줄 아는 지혜를 뜻하고, 칼은 정의를 실현할 수 있는 힘을 의미한다. 사회적 정의의 실현을 기본적 임무로 삼고 있는 검사들에게 주어진 무기가 곧 공정한 판단을 내리기 위한 저울과 죄 지은 자를 처벌할 수 있는 칼이었다.

그래. 디케의 저울과 칼을 빌려 조금이라도 밝은 세상을 만드는 데 일조할 수만 있다면 그것으로 족하다. 나는 그렇게 마음을 바꾸어먹고 적극적으로 검사의 길을 생각하기 시작했다.

대전지검 형사부에서 주로 경찰 송치사건들을 담당하면서, 나는 앞으로 어떤 검사가 될 것인지를 곰곰이 생각해 보았다. 일단 공공의 안녕과 질서라는 미명하에 정권유지의 수단으로 이용되기가 십상일 것 같던 공안(公安) 쪽은 제쳐두었다.

다음으로 특수부를 떠올려보았지만 체질상 나와는 어울리지 않을 것 같았다. 사건에 대한 수사 자체보다는 오히려 그 수사가 몰고 올 사회적 파장을 더욱 중요시해야 하던 당시의 특수부 검사들에게는 풀잎처럼 유연한 사고방식과 융통성 있는 업무처리 능력이 요구되었지만, 나는 천성적으로 그런 것들과는 거리가 멀었기 때문이었다.

스스로 생각하기에도 나는 자존심이 너무 강해서 남에게 잘 굽히지를 못하는데다 한번 결심이 서면 꼭 끝장을 보아야만 직성이 풀릴 만큼 고집스러운 위인이었다. 그런 나에게 가장 적합한 것은 아무래도 강력사건과 조직폭력 사건을 담당하는 검사의 길일 것만 같았.

검찰과 경찰의 가장 기본적인 임무는 사회의 질서를 확립하고 치안을 유지하는 것이다. 사회의 질서가 확립되고 치안이 유지되어야만 선량한 시민들의 생명과 재산이 강력범이나 조직폭력배 등 흉악범들로부터 안전하게 지켜질 수 있고, 시민들이 한밤중에도 안심하고 거리를 활보할 수 있다. 그래. 내가 검사로서 활동하는 마지막 순간까지 나의 청춘과 열정을 모두 바쳐 강력범죄와 조직폭력 범죄를 수사해 보자. 그리하여 밝고 건강한 사회, 국민들이 안심하고 살아갈 수 있는 나라를 건설하는 일에 일조해보자. 나는 그렇게 생각하며 강력범죄와 조직폭력범죄 전문검사의 길을 걷기로 뜻을 세웠고, 그 길에서 숱한 사건들이 나를 기다리고 있었다.

토착 폭력조직과의 싸움

나는 대구지방검찰청에서 근무할 때 법무부가 주관한 검사 해외장기연수시험에 합격했다. 그리고 1997년 7월부터 1998년 7월까지 약 1년 간 캐나다 오타와대학교에 방문학자의 자격으로 로스쿨에서 형사법을 연구했다.

유학을 다녀온 검사들은 법무부로 가거나 검찰청의 기획검사로 배치되어 일선 수사로부터 한 발짝 물러서는 것이 통상적인 관례였다. 그런 보직들은 인사권자의 눈에 띄기가 쉽고 경력관리에도 유리해서 한 번 그런 보직을 얻게 되면 추후로도 비슷한 보직을 얻게 될 확률이 높았고, 따라서 검사라면 누구나 그런 자리로 가기를 희망했다.

그러나 나는 생각이 달랐다. 오타와에서 공부하며 검사로서의 진로에 대해 다시 한 번 생각했지만, 나의 결론은 역시 '마이웨이'였다. 그런 보직을 차지하기에는 능력이 부족한 탓도 있었겠지만, 무엇보다도 나는 계속해서 정통 수사검사, 그것도 수사기관의 가장 기본적 임무인 치안질서를 확립하는 강력검사와 조직폭력 전담검사의 길을 걷고 싶었다. 그것이 바로 내가 검찰에 적을 두고 있는 이유이기 때문이었다.

나는 해외연수 중 의정부지방검찰청으로 발령을 받고, 연수가 끝난 뒤 곧장 그곳으로 부임했다. 당시 의정부지방검찰청에는 형사부와 특수부만 설치되어 있고 강력부는 따로 설치되지 않았는데, 강력사건과 조직폭력사건은 형사부에서 통할했다. 마침 강력사건과 조직폭력 사건을 담당해 온 검사가 다른 보직으로 발령이 났기에 나는 주저 없이 그 자리를 자원했다.

당시 의정부지방검찰청의 관할구역은 전국에서 가장 넓었다. 의정부는 물론 인근의 동두천, 고양, 파주, 문산, 포천, 가평, 철원 등지에 이르기까지 경기 북부지역 전체를 관할했다. 그러다보니 경기 북부지역에서는 치안상태가 여타 지역에 비해 상대적으로 불안하여 살인, 강도, 강간, 납치 등 강력사건들이 빈번히 발생했고, 내가 배속된 형사부는 일선 경찰서들로부터 송치되는 사건들을 처리하느라 정신없이 돌아가고 있었다.

나도 부임하자마자 홀로 현장을 뛰어다니며 관내에서 발생된 거의 모든 강력사건들을 지휘하고 송치받아 처리하느라 눈코 뜰 새 없이 분주한 나날을 보내야만 했다. 얼마 가지 않아 일반 직원들 사이에서 홍경령 검사실이 기피대상 제1호로 낙인이 찍혔을 정도였다. 너무 힘들다는 이유로.

바쁜 와중에서도 정보망을 최대한 가동하여 관내 조직폭력배들의 동향과 주민들의 여론을 점검해보니 주민들 사이에 조직폭력배들에 대한 원성이 자자했다. 1990년 범죄와의 전쟁 당시 대대적으로 조직폭력배들을 단속한 이후로 이렇다 할 단속이 이루어지지 않았던 탓으로, 지역마다 토착 조직폭력배들이 견고하게 똬리를 튼 채 온갖 불법적인 수단으로 사람들을 괴롭히고 있었다.

그들은 끼리끼리 세력권(속칭 '나와바리')을 설정해놓고 유흥업소들을 직접 경영하거나 업소들을 돌아다니며 금품을 갈취하고 시민들을 폭행하는 등 전형적인 조직폭력배들의 패악들을 일삼고 있었다. 그들은 속칭 '논두렁 깡패'라고 불리는데, 서울 등 대도시의 조직폭력배들이 보다 세련되고 기업적인 범죄형태를 취한다면 이들은 무지막지한 전형적인 조직폭력배들의 행태를 그대로 보여주고 있었다(그래서 일반 시민들에게는 그런 '논두렁 깡패'들이 훨씬 더 두려운 존재들로 다가오는 것이다).

시급한 단속이 요구되었지만 조직폭력배들을 수사하는 데는 신중해야 했다. 부임 후 첫 수사이니만큼 공권력의 위력을 확실히 보여주어야 했고, 그러려면 먼저 궤멸적인 타격을 가할 수 있는 대상부터 잘 선택해야만 했다. 내가 면밀한 내사를 거쳐 맨 먼저 수사에 착수하기로 결정한 대상은 바로 동두천 T파였다.

수사에 착수하기 전 나는 지역적 특성을 먼저 알아보기 위해 동두천 T파의 근거지인 동두천을 몇 차례나 찾아갔다. 여느 생물들과 마찬가지로 사람은 환경의 지배를 받는다. 사람들은 자신이 거주하는 지역을 중심으로 생활할 수밖에 없기 때문에 그 지역의 사회경제적 조건으로부터 많은 영향을 받으며 살아간다. 동두천의 주민들 역시 예외가 아니었다.

동두천은 원래 미군부대를 중심으로 형성된 도시로 크고 작은 미군부대들을 축으로 삼아 지역경제가 돌아가고 있었다. 생연동을 중심으로 미군들을 위한 클럽들이 즐비하게 늘어서 있었고, 그 뒤편으로 사창가와 유흥주점들이 난립해 있었다. 미군들을 상대로 한 소비도시일 뿐 제조업 등 고용효과가 높은 산업들이 뿌리를 내리지 못하다 보니 전반적인 지역경제 여건이나 교육환경이 그다지 좋은 편이 못되었다.

청소년들은 교육환경도 열악하고 가정형편들도 넉넉지 못해 대학에 진학하기가 힘들었고, 학업을 마치더라도 지역 내에서 마땅한 일자리를 구하기 어려웠다. 그래서 많은 청소년 및 젊은이들이 중학교나 고등학교를 졸업한 뒤 유흥업소에 취직하거나 일정한 직업 없이 또래들과 어울려 다니며 건달로 지내고 있었다. 그리고 동두천 지역은 미군들과 그들을 상대로 영업하는 지역주민들 간에 크고 작은 마찰들이 끊이지 않았고, 치안의 손길도 원활하게 미치지 못하고 있었다.

그런 여러 요인들이 복합적으로 작용하여 동두천 지역에는 건달들이 자연스럽게 세력을 형성하며 활개를 치고 다녔다. 그들은 미군들의 횡포를 막아준다는 명목으로 엇비슷한 연배들끼리 '나와바리'를 정해놓고 조직을 형성했다. 그리고 합숙을 위해 마련한 월세 방 등에서 숙식을 함께하며 무리를 지어 몰려다녔다. 건달들 간에 패싸움이 일어나기 일쑤였고 좁은 지역 내에서도 학연과 지연에 따라 친소관계가 작용했다. 이런 과정을 거치며 그들은 배타적인 토착 조직폭력세력으로 성장했고, 다른 지역 출신의 조직폭력배들에게는 극단적인 폭력행사도 서슴지 않았다.

나는 현지를 답사하면서 내가 동원할 수 있는 수사인력부터 점검해보았다. 조직폭력배 인지수사는 검사 혼자만의 힘으로는 진행할 수 없으며, 손발이 잘 맞는 유능한 수사관들이 반드시 필요했다. 당시 나와 함께 일하던 김 계장은 법대 출신으로 한때 사법시험 준비도 한 적이 있어 법률지식이 해박했다. 그는 온화하고 차분한 성격의 소유자로 화를 내는 일이 거의 없었고, 미혼 남성에다 정의감도

투철했으며, 넘쳐나는 사건들과 씨름하며 거의 매일 야근을 해도 짜증내는 법이 없었다. 그렇듯 유능하고도 성실한 수사관인 김 계장을 나는 몹시 신뢰했지만, 수십 명의 조직폭력배들을 수사하기 위해서는 추가로 인력을 보강해야만 할 것 같았다.

나는 관내 조직폭력배들의 동향에 밝고 수사능력이 뛰어난 경찰관들을 물색했다. 경찰에서 송치한 강력사건 수사기록들을 검토하며 마땅한 인재를 찾다 보니 고양경찰서의 안 형사와 의정부경찰서의 임 형사가 눈에 띄었다. 수사기록으로 미루어 그들의 수사 및 정보수집 능력이 탁월할 것 같아 소속 경찰서에 알아보니, 동료 경찰관들의 평판도 좋고 정의감과 업무능력도 뛰어난 것으로 파악되었다. 나는 상부에 보고하고 소속 경찰서의 협조를 얻어 두 사람을 파견받아 수사인력을 보강했다.

나는 매일 아침 김 계장과 파견나온 두 형사와 함께 동두천 T파를 궤멸시킬 방안을 논의했다. 하지만 아무리 셈을 해보아도 수십 명의 폭력배들을 일망타진하기에는 인력이 턱없이 부족했다. 매일같이 밀려드는 송치사건들을 처리하기도 벅찬 마당에 동두천 T파를 범죄단체로 묶어 한꺼번에 잡아들인다는 건 수사여건상 도저히 불가능한 일이었다.

어떻게 할 것인가? 고민 끝에 내가 내린 결론은 동두천 T파의 조직원들을 한 사람씩 각개격파 식으로 검거하는 것이었다. 소수의 수사인력으로 그들을 궤멸시킬 수 있는 보다 현실적인 방법이었지만, 그것은 동시에 꽤나 발품을 팔고 다녀야만 하는 고달픈 작업이기도 했다. 조직폭력배들을 각개격파하려면 먼저 그들의 범죄사실을 하나씩 찾아내는 수밖에 없기 때문이었다.

나는 동두천 T파에 대한 과거의 수사기록들을 모두 대출받아 살살이 검토하는 한편, 파견 형사들로 하여금 관련 유흥업소 등지를 돌아다니며 탐문수사를 벌이도록 지시했다. 관련 수사기록에는 분명한 범죄사실이 있었음에도 불구하고 확실하게 수사가 이루어지지 않은 부분들도 있었고, 충분히 범죄요건이 성립되는데도 입건처리되지 않은 부분들도 있었다. 탐문수사 과정에서도 동두천 T파 조직원들이 자행한 여러 범죄사실들이 추가로 확인되었다.

"이놈들은 동두천 시내에 사설 도박장을 차려놓고 판돈을 갈취하고, 항의하는 도박꾼들을 폭행하고, 도박자금을 빌려주며 고리대금업자 행세까지 했습니다."

"이놈은 그냥 쳐다본다는 이유로 선량한 행인들을 마구 두들겨 팼습니다."

"이놈은 뒤를 봐주는데 상납하지 않는다며 유흥업소 종사자들에게 폭력을 휘둘렀습니다." …

경찰에서 파견된 안 형사와 임 형사가 속속 동두천 T파 조직원들의 범죄사실을 탐문하여 보고했다. 나는 범죄사실이 하나씩 드러나는 대로 가차 없이 관련 조직원들을 검거하여 구속영장을 청구했다. 물론 검거된 조직원들을 신문하는 과정에서 새로운 범죄사실을 추가로 찾아내어 관련 피의자들을 모두 검거하기도 했다.

당시 동두천 T파의 두목은 김재희라는 자였는데, 그는 필로폰 상습 투약 혐의로 실형을 선고받고 교도소에 수감되어 있었다. 그때까지만 해도 조직폭력배들이 마약에 직접 손을 대는 경우는 드물었는데, 그것은 '약쟁이'로 밝혀지는 순간 조직원들로부터 신망을 잃게 되기 때문이었다. 그런데도 김재희는 '약쟁이'가 되어 처벌을 받았고, 하부조직원들만 활발하게 움직이고 있었다.

동두천 T파의 부두목인 김우철은 몇 가지 범죄사실들이 밝혀졌지만, 소재를 몰라 신병을 확보할 수 없었다. 전국에 지명수배를 해놓고 파견 형사들이 몇 달 동안 열심히 추적했지만 성과가 없어 나는 은근히 조바심이 일었다. 조직폭력배들은 두목급을 잡아넣지 않으면 금세 조직이 재건되기 때문이었다.

그러던 어느 날 우연히도 김우철과 관련된 진정서 한 통이 검사실로 날아들었다.

검사님, 김우철이 얼마 전 동두천의 모 파출소에서 불심검문에 걸려 검거되었습니다. 그런데 어찌된 일인지 경찰관이 그냥 풀어주었습니다. 김우철은 기소중지된 걸로 알고 있는데 어떻게 경찰관이 기소중지된 사람을 잡아서 검찰에 송치도 안 하고 그냥 풀어줍니까? 이래서야 어디 선량한 시민들이 겁이 나서 살겠습니까. 모쪼록 전후 사정을 잘 살펴서 다시는 이런 일이 일어나지 않도록 조처해 주시기 바랍니다.

나는 진정서 내용을 확인하고 아연실색했다.

기소중지자가 검거되면 기소중지처분을 내린 해당 관서에 신병을 인도하도록 되어 있었다. 그런데 어떤 경찰관이 내가 기소중지처분을 해 놓은 김우철을 검거하고도 나에게는 일언반구도 없이 그냥 풀어주었다니, 그것이 어디 말이나 될 법한 이야기던가. 진정서에 담긴 내용이 사실이라면, 그것은 도저히 묵과할 수 없는 일이었다.

나는 즉각 해당 파출소에 전화를 걸어 사실관계를 확인했다. 참으로 어처구니없는 일이었지만, 모두가 사실이었던 것으로 밝혀졌다.

당시만 하더라도 동두천은 인구의 유출입이 그다지 많지 않은 지역의 작은 도시였다. 그러다보니 비록 경찰관과 범죄자라는 서로 다른 길들을 걷게 되었더라도, 어릴 적부터 한동네에서 더불어 성장한 경우가 많았다. 경찰관과 범죄자가 혈연, 학연, 인맥 등으로 서로 얽혀 있는 경우도 적지 않았고, 때로는 검찰과 경찰이 공조하여 진행하는 수사의 정보가 피의자들에게 새어 나가기도 했다. 지역사회의 조직폭력배 수사가 힘든 것도, 내가 조직폭력배 수사에 직접 나선 것도 다 그런 이유들 때문이었다.

나는 모 파출소에서 순경으로 근무하던 그 경찰관의 인적사항을 확인했지만, 그를 곧장 소환하지는 않았다. 그보다는 김우철을 검거하는 일이 급선무였고, 김우철을 검거해야만 그 순경의 책임도 물을 수 있을 것이기 때문이었다.

며칠 후 어떤 아주머니가 나를 찾아왔다.

"검사님, 제가 급한 일이 있어 아는 사람한테 사채를 빌려 썼는데, 처음 보는 남자가 찾아와 당장 빚을 갚지 않으면 가만 두지 않겠다며 협박하고 갔습니다. 무서워 죽겠습니다."

"어떤 사람이 협박합디까? 아는 대로 말씀해보세요."

"도대체 당신이 누구냐? 어떤 식으로 돈을 갚으란 말이냐? 제가 그렇게 물었더니 그 사람이 자기 이름은 김우철이고, 돈은 통장으로 보내라고 했습니다."

"뭐, 김우철이오?"

"네. 분명히 김우철이라고 했습니다."

"김우철이라. 그럼 혹 이 사람이 아니었습니까?"

내가 캐비닛에서 수사기록을 꺼내어 김우철의 사진을 보여주자

아주머니는 그 사람이 틀림없다고 확인해주었다.

행방이 묘연하다던 김우철은 멀리 도망친 것이 아니라 여전히 동두천 바닥을 누비며 범죄를 일삼고 있었다. 나는 파견형사들에게 잠복근무를 지시했다. 그리고 파견형사들이 며칠 동안 낮에는 김우철의 행적을 탐문하고 밤이면 김우철의 집 주위에서 잠복근무하던 끝에 마침내 그를 검거할 수 있었다.

나는 김우철에게 밝혀진 범죄사실과 여죄를 추궁한 뒤 문제의 진정서 건에 대하여 물어보았다.

"최근에 모 파출소에서 불심검문으로 검거되었다가 그냥 풀려난 적이 있지요?"

"아, 네. 알고 계셨군요?"

김우철이 순순히 시인했다.

"경찰관이 지명수배 중인 당신을 왜 풀어줍디까? 돈을 줬습니까?"

"아, 아닙니다. 가난한 제가 짭새한테 줄 돈이 어디 있습니까. 그냥, 재수 없이 불심검문에 걸려 파출소에 잡혀 있다가, 제가 '내 솔직하게, 남자 대 남자로 부탁 한번 합시다. 화끈하게 한번 봐주십쇼'라고 했더니, 그 순경이 저를 빤히 쳐다보더니 '알았어' 하면서 풀어주더군요."

김우철이 자기가 생각해도 우습다는 듯 피식 웃음을 흘렸다.

기가 찰 노릇이었다. 무슨 혈연이나 학연으로 엮인 관계도 아니었고, 하다못해 한 번쯤 조기축구회에서 마주쳤던 사람들도 아니었다.

나는 그 이튿날로 당장 문제의 그 순경을 소환했다. 30대 초반의 순경이 순순히 사실관계를 인정하며 용서를 빌었다.

"제가 남자 대 남자로서 부탁한다는 말에, 얄팍한 소영웅심이 발동해서 그만…. 검사님, 잘못했습니다. 용서해주십시오. 다음 달에 결혼 날짜를 잡아놓았는데, 한 번만 선처해주시면 다시는 그런 일이 없도록 하겠습니다."

나는 새로운 고민거리를 놓고 며칠을 끙끙 앓다시피 했다. 현직 경찰관이 지명수배된 피의자를 풀어준 건 당장 구속감이었다. 비록 증거는 없다지만 그 순경과 김우철 사이에 약간의 사례금이 오갔을 가능성도 영 배제할 수는 없었다. 만약 그것이 사실이라면 그 순경은 앞으로 더욱 큰 비리를 저지를 가능성이 농후했다. 그리고 개인적으로도, 검사가 비리 경찰관을 구속하면 수사성과를 높이 평가받을 수 있었다.

그런데 문제는 그가 현직 경찰관이라는 점이었다. 나는 검사로 재직하면서 가능한 한 경찰관들은 건드리지 않으려 했고, 힘이 닿는 한 그들이 열심히 수사할 수 있도록 도와주려 애썼다. 더러 물의를 일으키는 사람들도 있지만, 박봉에 시달리면서도 나름대로 정의감을 가지고 열심히 근무하는 경찰관들이 대부분이기 때문이었다. 더구나 결혼을 앞둔 예비가장을 구치소에 집어넣는다는 건 인간적으로 몹쓸 짓임이 분명했다. 하지만 그렇다고 해서 그런 일을 모른 척하고 넘어갈 수도 없는 노릇이었다.

내가 결론을 못 내린 채 고민만 거듭하고 있자니 어느 날 관할 경찰서의 형사과장이 찾아와 어렵게 입을 열었다.

"성 순경 건으로 고심하고 계시다는 말을 듣고 찾아뵈었습니다. 일선 파출소를 지휘하는 입장에서 입이 열 개라도 드릴 말씀이 없겠습니다만, 결혼을 목전에 둔 성 순경의 처지가 하도 딱해보여서 이렇게 염치를 무릅쓰고 부탁드립니다. 검사님, 저희가 성 순경의 사표를 받아낼 테니 한 번만 선처해주실 수 없겠습니까?"

해당 경찰서의 입장이나 나의 입장이나 곤혹스럽기는 마찬가지였다. 그러나 나는 어떤 식으로든 결론을 내려야만 했다.

"알겠습니다. 과장님께서 책임지고 사표를 받아주세요. 그러면 저도 그 정도 선에서 마무리 짓겠습니다."

며칠 후 성 순경은 사표를 제출했고, 나는 그 선에서 사건을 매듭지었다.

조직폭력배는 감옥으로

조직폭력배들을 궤멸시키려면 일차적으로 그들을 모두 검거하여 사회와 격리시키는 것이 최선의 방법일 것이다. 형기를 마치고 출소한 후에도 과거의 악행을 되풀이하는 자들 역시 조속히 검거하여 교도소로 보낸다면, 그만큼 폭력조직의 재건을 방지할 수 있고 선량한 시민들을 폭력으로부터 보호할 수 있을 것이다. 나는 그런 신념으로 토착폭력조직들과의 싸움을 시작했다.

 그러나 동두천 T파의 뿌리가 워낙 깊고도 넓게 퍼져 있어 필로폰 투약 혐의로 이미 수감 중이던 두목 김재희에 이어 부두목 김우철까지 교도소에 가두었지만 조직은 쉽사리 와해되지 않았다. 그것은 핵심 행동대장 겸 실질적 조직 관리자인 박태식을 검거하지 못했기 때문이었다. 두목 김재희가 수감된 이후로 동두천 T파를 이끌어온 자가 외관상으로는 부두목 김우철인 것처럼 비쳐져 왔지만, 검거된 조직원들을 추궁한 결과 실질적으로 조직을 관리해온 자는 김우철이 아니라 행동대장 박태식이었던 것으로 밝혀졌다.

 나는 박태식을 검거하기 위해 동두천 T파의 사건기록을 검토하던 중 한 가지 이상한 점을 발견했다. 수년 전 호남의 조직폭력배들이 동두천에 있는 모 호텔로 들이닥쳐 두 조직 간에 충돌이 일어난 것으로 기록되어 있었지만, 아무리 찾아보아도 그 사건을 조사한 기록은 찾아볼 수 없었다.

"어찌된 겁니까? 그 사건을 조사했던 수사기록을 보내주세요."

내가 관할 경찰서로 전화를 걸어 관련 수사기록을 요청하자, 무슨 까닭인지 관할 경찰서에서 난색을 표하더니 며칠 후 관련 수사기록이 보존되어 있지 않다고 보고했다.

"아니, 조폭들 간에 패싸움이 벌어졌는데 수사기록이 없다는 게 말이 됩니까? 오래된 파일들까지 샅샅이 뒤져보세요."

나는 언성을 높이며 전화를 끊었다.

며칠 후 관할 경찰서의 형사과장이 찾아와 어렵게 입을 떼었다.

"검사님, 죄송합니다. 아무리 찾아봐도 그 사건을 조사했던 기록이 남아 있지 않습니다. 아마도 당시 수사를 맡았던 경찰관이 없애 버린 것 같습니다."

"네? 아니 수사기록을 없애다니, 그게 무슨 말입니까? 그 경찰관은 지금 어디 있습니까?"

"여러 가지 사정이 있어 몇 해 전에 퇴직했습니다."

담당 경찰관이 수사기록을 없애고 퇴직했다니 기가 찰 노릇이었다.

"당장 그 사람을 소환해서 검찰청으로 데려오세요. 그리고 관할 경찰서가 책임지고 그 사건을 다시 수사하도록 하세요."

단단히 일러서 형사과장을 돌려보냈더니 한 달쯤 뒤에 관할 경찰서에서 당시 그 사건에 연루되었던 동두천 T파의 조직원 몇 사람을 구속하여 송치하고, 문제의 전직 경찰관도 데리고 왔다.

나는 문제의 전직 경찰관부터 추궁했다.

"그토록 중요한 수사기록을 없앤 이유가 뭡니까?"

"죄송합니다. 그 사건을 수사하기 위해 한동안 기록을 챙기고 다녔는데, 사건도 제대로 해결이 안 되고 해서, 계속 갖고 있으면 질책당할 것 같아 집에 놔뒀더니, 어디에 휩쓸려 나갔는지 나중에 찾아보니 없습디다."

황당하기가 짝이 없는 대답이었다.

담당 경찰관이 수사기록을 없애다니. 도저히 그냥 넘어갈 사안이 아니었고, '전직'이므로 입건하더라도 경찰에 부담이 없을 것 같았다. 나는 그 전직 경찰관을 불구속기소하여 집행유예를 선고받도록 조치했다.

관할 경찰서에서 송치한 기록을 보니 그 사건은 이미 검거된 부두목 김우철과 행동대장 박태식이 주도한 것으로 조사되어 있었다. 그들은 대낮에 도심에서 정글도, 낫, 쇠파이프 등으로 무장하고 호남 조직폭력배들과 패싸움을 벌여 상당수의 폭력배들이 병원으로 실려가는 등 큰 물의를 일으켰던 것으로 기록되어 있었다.

나는 관할 경찰서로부터 송치되어온 동두천 T파의 조직원들을 한 사람씩 따로 불러 추궁했다.

"이 사건을 주도했던 박태식은 지금 어디 있습니까? 당신이 수사에 협조해준다면 나도 당신을 선처할 용의가 있습니다."

"저는 모릅니다. 워낙 신출귀몰한 분이라서 그분의 거처를 알고 있는 사람이 아무도 없습니다."

조직원들의 대답이 한결같았다.

기다려라, 박태식. 내 반드시 너를 검거하여 동두천 T파의 조직을 궤멸시키고야 말겠다. 나는 작심하고 가능한 모든 수사력을 총동원하여 박태식 검거에 나섰다. 그러나 속칭 '잠수'를 타버린 박태식의 행방은 여전히 오리무중이었다. 용의자가 마음먹고 꼭꼭 숨어버리면 검거하기가 쉬운 일이 아니므로 방법을 바꿀 필요가 있을 것 같았다. 그런 경우 성과 없이 수사력만 허비할 것이 아니라 일정 기간 동안 수사를 중단한 채 시간이 흐르기를 기다리는 것도 한 가지 방법이었다. 그러면 용의자가 수사기관의 관심이 멀어진 것으로 판단하고 다시 수면 위로 떠오를 확률이 높았다.

나는 검거작업을 일단 중지시키고, 다른 사건들을 처리하며 시간이 흐르기를 기다렸다. 그렇게 2개월이 지난 뒤 나는 다시 파견형사들을 검사실로 불렀다.

"이제 수면 위로 고개를 내밀 때도 된 것 같으니 박태식을 한번 찾아보세요."

"네, 알겠습니다."

그날부터 파견형사들이 은밀히 박태식의 행적을 추적했지만 그의 행방은 쉬 드러나지 않았다. 어떻게 하면 박태식을 검거할 수 있을까? 나는 여러 날 동안 출퇴근하는 승용차 안에서 박태식을 검거할 궁리를 하며 차를 몰았다.

그러던 어느 날이었다. 나는 야근을 하고 새벽에 귀가해서 잠시 눈을 붙이다가 이상한 꿈을 꾸게 되었다. 꿈속에서 내가 잠자리에 누워 있는데 누군가가 곁으로 다가와 떡하니 반가부좌를 틀고 앉았다. 그리고 내가 깜짝 놀라 누구냐고 물었더니, 그가 큰 소리로 "내가 바로 박태식입니다"라고 대답했다. 나는 그 소리를 듣고 잠에서 깨어나 꿈속에서 본 박태식의 얼굴을 애써 떠올려보았다. 그러나 아무리 기억해내려 해도 실루엣처럼 희미한 윤곽만 그려질 뿐 이목구비는 좀체 떠오르지 않았다.

왜 내 꿈속에 박태식이 나타났을까? 그날 아침 고개를 갸웃거리며 출근했더니 책상 앞에 앉기가 무섭게 전화벨이 울렸다.
수화기를 들자 파견 경찰관 임 형사의 달뜬 목소리가 귀를 때렸다.
"검사님, 박태식을 잡았습니다!"
"아, 그래요? 어떻게 검거했습니까? 박태식이 어디에 숨어 있습디까?"
"안 형사랑 밤새 그놈의 행적을 탐문하며 동두천 시내를 누비고 다니는데 어느 음식점 앞에 눈에 익은 그랜저 한 대가 서 있지 뭡니까. 딱 보니 그놈이 타고 다니던 차번호더군요."
"아, 그래서 음식점 안에서 검거했군요?"
"네. 해장국집에서 해장하고 있는 놈을 바로 체포해서 경찰서 유치장에 끌어다 놨습니다."
"수고하셨습니다. 정말 수고 많으셨습니다."
나는 꿈속에서 만난 실루엣과 경찰서 유치장에 인치해 놓았다는 박태식의 모습을 번갈아 그려보며 수화기를 내렸다.
아, 사람의 집념이란 것이 이토록 무서운 것이던가? 반드시 검거하고야 말겠다는 생시의 생각이 꿈속으로까지 이어지는 것일까? 나는 비로소 그 꿈의 의미를 알 것 같았다.
동두천 T파의 사건기록을 검토하다 보니 웃지 못 할 사건들도 많이 있었다. 그 중에는 수년 전 도박장에서 돈을 빌려간 사람이 빚을 갚지 않자 조직원들이 손도끼로 그의 손가락을 잘라버린 사건도 들어 있었다. 이제 서울 등 대도시의 조직폭력배들 사이에는 옛 이야기가 되다시피 했다지만 지방의 '논두렁 깡패'들 사이에서는 아직도 보복수단 또는 조직의 기강을 확립하는 차원에서 사람의 손가락을 자르는 일이 가끔씩 일어나고 있다.

어렵사리 박태식을 검거하고 나니 몇 달 후 두목 김재희가 형기를 마치고 출소했다. 두목이 출소하면 구심점이 생겨 조직이 활기를 되찾게 된다. 조직을 와해시키기 위해서는 김재희를 다시 잡아들여야만 하겠는데, 이미 확보해둔 도박사건만으로는 충분치 못해 새로운 범죄사실을 찾아낼 필요가 있었다.

나는 나의 수사지휘를 받던 경기지방경찰청 소속의 경찰관들을 검사실로 불렀다.

"동두천 T파의 두목 김재희가 출소했으니 조직원들이 다시 움직일 것입니다. 김재희의 동향을 감시하다가 범죄사실이 확인되면 바로 구속시키세요."

나의 지시를 받은 경찰관들이 은밀히 김재희의 뒤를 캐기 시작했다. 그리고 출소한 지 한 달이 채 못 되어 김재희를 필로폰 투약 혐의 등으로 다시 검거했다. 김재희의 주택과 승용차 안에서 손도끼, 목검 등이 발견되었고, 나는 종전에 확보해둔 도박, 감금 등의 범죄사실을 함께 엮어서 김재희를 구속기소했다. 그런데 조사과정에서 김재희가 자진해서 생뚱한 정보를 흘렸다.

"제가 경찰에 쫓겨 다닐 때 동두천에서 국회의원 출마를 준비하던 몇몇 인사들로부터 연락이 왔습니다. 선거에서 도와주면 기소중지도 풀어주고 지금 문제가 되는 사건들도 없었던 것으로 해주겠다면서요."

"흠, 국회의원이 무슨 권한으로 기소중지를 풀어주고 있었던 범죄사실을 없었던 것으로 해준다는 말입니까. 그 사람들 정신 나간 사람들 아닙니까? 그런데? 그래서요?"

"아니 뭐, 그냥, 그런 일이 있었다는 말입니다."

김재희가 멋쩍은 웃음을 지으며 말꼬리를 흐렸다.

나는 김재희가 그때 무슨 의도로 그런 말을 했는지 모른다. 어쩌면 그가 자신의 힘을 과시하며 수사에 영향을 끼치려고 거짓말을 지어냈는지도 모른다. 그러나 만에 하나 김재희의 말이 사실이었다면 그런 정신 나간 사람들은 국회의원에 출마할 자격조차 없는 사람들이라고 나는 생각한다.

그렇게 동두천 T파의 간부들을 모두 잡아들이고 나니 나머지 조직원들은 일사천리로 검거할 수 있었다.

어떤 조직원은 2년 6개월을 복역하고 출소한 지 한 달 만에 동두천의 모 유흥주점에서 술을 마시다가 행패를 부렸다. 그 주점의 업주는 광주에서 올라온 호남 조직폭력배였는데, 사건 발생 당시 폭력 혐의로 나에게 쫓기던 자였다. 아무튼 동두천 T파의 그 조직원은 일종의 텃세를 부리며 호남 조직폭력배가 운영하던 술집에서 술을 마신 뒤 술값을 내지 않고 행패를 부리다가, 주방에서 식칼을 들고 나와 항의하던 지배인의 복부를 찌르려 했다. 다급한 상황에서 지배인은 두 손으로 칼날 부분을 꽉 잡으며 자신의 복부를 방어했지만 손바닥이 길게 찢어지며 양손의 인대가 모두 잘리고 말았다.

결국 기겁을 한 여종업원의 신고로 경찰관들이 출동해 그 조직원을 파출소로 연행했다. 그런데 파출소는 피해자가 처벌을 원치 않는다는 이유로 간단히 훈방만 한 뒤 그를 풀어주었다. 아마도 나에게 쫓기던 주점 업주의 만류로 지배인이 마지못해 그렇게 처벌을 원하지 않는다고 진술한 모양이었다.

사실관계를 확인한 나는 그냥 넘어가지 않았다. 식칼로 사람의 복부를 찌르다가 방어하던 사람의 양손 인대가 모두 잘리도록 만들다니, 그것은 피해자가 처벌을 원하지 않는다는 이유로 형사입건조차 하지 않은 채 훈방조치나 하고 말 사안이 결코 아니었다. 그것은 너무나 중대하고도 명백한 범죄행위로 마땅히 구속되어야만 할 사안이었다. 더구나 그 조직원은 출소한 지 한 달 만에 또다시 폭력범죄를 저지른 누범으로 응당 가중처벌을 받아야만 할 사람이었다.

당장 그 지배인을 소환해 피해사실을 조사하니 후환을 두려워한 지배인이 일체의 진술을 거부했다. 하지만 상해사건은 친고죄가 아니기 때문에 피해자의 진술이 절대적으로 필요한 것은 아니었다. 나는 그 지배인을 치료해준 병원으로부터 진단서를 발부받아 뒤를 쫓다가 한 달 만에 그 조직원을 검거하여 구속했다. 비록 피해자의 진술은 없었지만, 여종업원이 112로 신고했던 사실과 피해자의 진단서를 들이대며 추궁하자 그 조직원이 범행 일체를 시인했다. 결국 그 조직원은 출소한 지 두 달 만에 다시 구속되어 2년 6개월의 징역형을 다시 선고받았다.

그런 과정들을 거쳐 동두천 T파는 궤멸되었다. 간부급은 물론 대부분의 하부조직원들까지 구속되었고, 구속기소된 자들의 숫자만도 20여 명에 이르렀다. 조직폭력배들을 처음으로 인지수사하면서 상당한 성과를 거둔 셈이었고, 나는 그것을 계기로 조직폭력배 수사에 자신감을 갖게 되었다.

뿌리 깊은 조직

내가 검사로 재직하면서 지켜온 원칙들 가운데 하나는 항상 내가 먼저 청렴하고 깨끗해야 한다는 것이었다. 그렇지 않고서는 업무에 당당하게 임할 수 없기 때문인데, 특히 조직폭력배들을 상대할 때에는 그런 점에 더욱 신경을 써야만 했다. 조직폭력배들은 틈만 있으면 담당검사를 음해하려고 혈안이 되어 있기에 나는 아주 사소한 일이라도 꼬투리를 잡히지 않도록 자신과 주변을 철저히 관리했다.

조직폭력배들을 수사하다 보니 이런저런 경로를 통해 심심찮게 청탁이 들어왔다. 상대방은 청탁의 대상자가 조직폭력배인 줄도 모르고 청탁하는 경우가 대부분이었다. 그들에게 청탁 대상자가 조직폭력배임을 설명하면 대부분이 수긍했지만, 간혹 자신만의 논리로 청탁 대상자를 건실한 사람이라 강변하다가 끝내 청탁을 들어주지 않으면 인간적으로 섭섭하다고 말하는 사람들도 없지 않았.

그런 일을 몇 차례 겪고 나서 나는 조직폭력배들과 관련된 청탁을 원천적으로 봉쇄하기 위해 친구들이나 이런저런 일로 알게 된 사람들을 일절 만나지 않기로 작정했다. 그리고 오직 집과 검찰청만을 오가며 지내다보니 주변사람들로부터 인간적인 원망과 오해를 많이 받게 되었고, 급기야는 인간관계가 거의 단절되다시피 되고 말았다.

친구 등 지인들을 만나지 않는 대신 나는 월말이 되면 직원들 및 파견 형사들과 함께 소주와 삼겹살로 정을 나누며 그들의 노고를 위로해주곤 했다. 박봉을 쪼개어 수사비로 사용해야 하는 처지라 직원들을 보다 자주, 보다 좋은 곳으로 데리고 갈 수는 없었다. 비록 소주와 삼겹살이 전부였지만 우리는 정의감과 자부심, 그리고 할 수 있다는 자신감으로 충만해 있었다. 우리는 어느 누구도 부러워하지 않았고, 스스로를 사뭇 자랑스럽게 여겼다.

조직폭력배를 수사하는 것은 개인적으로 많은 불편과 위험을 감수해야 하는 일이기도 했다. 나는 조직폭력배들을 수사하면서 수시로 주위를 살피는 버릇이 생겼다. 혹여 그들이 보복해올지도 모른다는 생각 때문이었다. 당시 나는 고양시 덕양구의 작은 아파트에 전세를 들어 살면서 낡은 엘란트라 승용차로 출퇴근하고 있었는데, 퇴근길이면 곧장 집으로 향하지 않고 아파트 단지를 돌며 뒤따라오는 사람이 없음을 확인하고 나서야 집으로 들어가곤 했다. 그리고 기회가 있을 때마다 아내에게 혹시라도 아이들에게 무슨 일이 생길지 모르니 항상 주의하라고 신신당부하곤 했다.

동두천 T파를 소탕하는 과정에서 곁가지로 정리된 것이 양주군 덕계리에서 활동하던 7~8명의 폭력배들이었다. 그들은 아직 폭력조직까지 결성한 상태는 아니었지만, 나름대로 '나와바리'를 정해놓고 인접한 동두천 및 의정부 지역의 조직폭력배들과 활발히 교류하고 있었다. 이처럼 조직폭력 범죄를 수사하다 보면 인근 지역의 폭력배들이 연루되어 있는 경우가 많았다.

동두천 T파를 궤멸시킨 뒤, 우리 수사팀의 칼끝은 의정부에서 암약하던 S파를 겨냥했다. 의정부 S파는 조직원들이 1995년에 대거 구속되었다가 1998년경에 대거 출소하면서 다시 주민들의 원성의 대상으로 부상하고 있었다. 과거의 수사기록들을 살펴보니 의정부 S파의 기원은 일제 강점기인 1920년대로 거슬러 올라갈 만큼 뿌리가 깊었다. 당초 의정부 지역의 동갑내기 유지들 7명이 모여 지역을 위해 좋은 일을 해보자는 취지로 S클럽이라는 친목단체를 결성하고, 매년 자신들의 나이보다 한 살이 적은 사람들을 신규로 가입시키며 모임을 키워나갔다. 그렇게 이어져오던 과정에서 차츰 단순한 친목모임이 아닌 일종의 토착 폭력조직 비슷한 단체로 변질되어 오다가, 1990년 범죄와의 전쟁이 선포되면서 S클럽은 검찰에 의해 의정부 S파라는 범죄단체로 분류되어 조직원들이 대거 구속되기에 이르렀다.

범죄와의 전쟁 당시 의정부 S파의 두목은 박성철이라는 자였다. 그는 회칼로 사람을 잔인하게 살해한 혐의로 구속되어 재판을 받고 있었는데, 어느 날 법정에서 그에게 불리한 증언을 했던 사람의 아들이 자신의 집 앞에서 회칼로 무참하게 살해되었다. 범인이 애당초 그 증인에게 심적 고통을 안겨주려고 그의 아들을 택했던 것인지, 아니면 범행과정에서 아버지를 닮은 아들을 증인으로 오인했던 것인지는 알 수 없지만, 어쨌든 그 사건은 범인을 찾지 못한 채 미제로 처리되었고 그 사건을 계기로 의정부 S파는 시민들에게 공포의 대상으로 부각되었다.

박성철이 구속되어 무기징역형을 선고받은 후 중간보스 급의 김성태라는 자가 잠시 두목행세를 했지만, 조직을 잘 다스리지 못했던 모양이었다. 김성태가 조직원들로부터 신망을 얻지 못하자 1995년에 하부의 행동책들이 그를 공원으로 유인해 쇠파이프 등의 흉기로 폭행을 가하며 하극상을 일으켰고, 그 후 하극상을 일으킨 조직원들을 중심으로 신S파가 결성되었다.

그때의 하극상 사건을 계기로 경기지방경찰청이 의정부 S파를 대대적으로 단속했는데, 당시에 대거 구속되었던 조직원들이 1997년부터 출소하기 시작해서 1998년에는 조직을 정비하고 본격적인 활동을 재개했다. 그때부터 그들은 나이트클럽의 영업부장 자리를 폭력으로 탈취하고, 무고한 시민들을 폭행하고, 유흥주점들로 몰려가 기물을 파손하고 협박하며 금품을 갈취하는 등 물의를 빚기 시작했다.

나는 동두천 T파를 궤멸시킨 각개격파 방식을 의정부 S파에도 그대로 적용키로 했다. 파견 형사들을 통해 은밀히 내사해보니 그들의 범죄사실은 차고 넘칠 만큼 많았다.

"이놈은 폭력으로 H 나이트클럽의 영업부장 자리를 꿰차고, 출근도 하지 않으면서 꼬박꼬박 월급을 챙겨왔습니다."

"이놈은 술집에서 만난 대학생들에게 시비를 걸어 깨진 유리병으로 학생들의 얼굴을 마구 찔렀습니다."

"또, 이놈은 Y 룸살롱 업주에게 가게를 통째로 넘기라고 협박하며 가게의 기물들을 때려 부쉈습니다."

"그리고 이자는 관리비를 상납하지 않는다며 카페 하나를 박살냈고, 이자는 요금이 많이 나왔다며 60대 택시기사를 때려서 전치 6주의 상해를 입혔습니다." …

안 형사와 임 형사가 부지런히 T파 조직원들의 범죄사실을 탐문하여 나에게 보고했다. 그들이 그토록 많은 악행들을 저질러왔다는 것도 놀라웠지만, 나를 더욱 놀라게 한 건 그런 사실들이 수사기관에 전혀 신고가 되지 않았다는 점과 그 결과 관련된 조직폭력배들이 아무런 제재도 받지 않은 채 백주대로를 활보해왔다는 사실이었다.

나는 범죄사실이 확인된 의정부 S파 조직원들을 하나하나 차례로 검거하기 시작했다. 관할 경찰서에도 의정부 S파를 엄중히 단속하고 매월의 조직폭력배 검거실적을 보고하도록 지시했다. 몇 달이 안 되어 10여 명의 의정부 S파 조직원들이 구속되었는데, 그들은 대부분 출소한 지 1년도 채 되지 않은 누범들이었다. 한편으로 나는 출소를 앞두고 있던 의정부 S파 조직원들에 대해서도 확인된 과거의 범죄사실로 추가 기소하여 조기에 출소하지 못하도록 조치했다.

그런 일련의 과정들을 통해 의정부 S파는 궤멸되었고, 어느 날인가부터 의정부 시내에서 조직폭력배들이 행패를 부린다는 소리를 더 이상 들어볼 수 없게 되었다.

조직폭력배 수사에서 가장 얻어내기 어려운 것이 피해자의 진술이다. 의정부 S파 조직원들의 범죄사실을 조사하면서, 나는 피해자들을 일일이 소환하여 피해사실을 확인했다. 그러자 대부분의 피해자들이 그러한 일이 없다며 피해사실을 극구 부인했다. 보복이 두려워 수사기관에 신고조차 하지 못한 사람들로부터 피해를 보았다는 진술을 받아내기란 결코 쉬운 일이 아니었다.

"보복이 두렵습니다. 이미 당한 일이야 당한 일이고, 앞으로 또 다른 피해를 입을까봐 겁이 납니다."

피해자들은 대부분 그렇게 말했다.

"걱정 마십시오. 저는 믿어도 좋은 사람입니다. 그놈들이 또 위협하거든 즉각 검사실이나 파견형사들에게 연락하십시오. 그러면 바로 조치해드릴 테니 안심하고 말씀해보세요."

나는 그들에게 수사기관을 믿고 의지할 수 있도록 확신을 심어주며 검사실과 파견형사들의 연락처를 알려주었다. 하지만 그들이 막상 증인으로 법정에 나오게 되면 피해당한 사실이 없다며 진술을 번복하기가 일쑤였다. 의정부 S파의 두목 박성철을 재판할 당시 법정 증인의 아들이 무참히 살해된 적도 있는데다, 방청석에서 피고인과 관련된 자들이 두 눈을 부릅뜨고 지켜보고 있었으니 그들의 심정이 오죽이나 했겠는가.

조직폭력배들을 수사하면서 나도 여러 차례 협박을 받았다.

"홍 검사, 당신 배에는 회칼이 안 들어가는지 어디 한번 두고 보자. 밤길 조심해라."

정체불명의 인사들이 전화를 걸어 그렇게 협박하곤 했다. 그렇다고 해서 기가 죽을 내가 아니었다. 그럴수록 나의 기는 더욱 살아났고, 그들을 반드시 척결하고야 말겠다는 의지가 더욱 공고해져갔다.

"그래. 내 배에도 회칼이 잘 들어온다. 자신 있으면 어디 한번 찔러봐라. 그 대신 너는 그날로 인생을 종칠 각오해라. 내가 지구 끝까지 따라가서 반드시 네놈을 응징하고야 말 테니까. 어디 한번 마음대로 해봐라."

나는 그렇게 맞대어서 엄포를 놓곤 했다.

다행히 내가 근무하는 동안 나나 피해자들이 보복당하는 일은 없었다. 어쩌면 내가 그렇듯 서슬이 퍼렇게 엄포를 놓고 다녔기 때문인지도 모른다. 그러나 피해자들 중에는 결국 보복이 두려워 생업을 포기한 채 멀리 이사 간 사람들도 있었다.

조직폭력배들을 수사하면서 나는 참으로 이해하기 힘든 사람들도 많이 보았다. 강력사건 및 조직폭력 사건 담당검사로 일하다보니 주로 대하는 사람들이 중범죄자들이거나 조직폭력배들이었다. 그런 사람들과 대화해 보면 심성 자체가 선천적으로 악한 사람은 아니라는 생각이 들 때도 적지 않았다. 처벌을 낮추어보려고 쇼를 했던 것인지도 모르지만, 아예 계도할 여지조차 없는 철저한 악인으로 판단되는 사람은 그리 많지 않았다. 하지만 그들이 막상 죗값을 치르고 나오면 완전히 다른 사람이 되어 있곤 했다.

나는 모든 사건을 검사라는 직업적 관점에서 처리했다. 강력범 및 조직폭력배는 이 사회에 해악을 끼치는 자들이고, 그런 자들을 척결하는 것이 곧 검사의 직분이다. 나는 그러한 나의 직분에 충실하려 했을 뿐, 개인적인 호불호의 감정을 앞세워 그들을 상대하지는 않았다고 감히 자부할 수 있을 것 같다.

조직폭력배들이 범행대상으로 삼는 사람들은 주로 '돈 없고, 빽 없는' 사람들이다. 조직폭력배들은 잘나고 잘사는 사람들을 해코지하지 않고, 꼭 먹고살기 힘든 사람들을 상대로 금품을 갈취하고, 폭력을 행사하고, 영업을 방해한다. 어디 한 곳 호소할 데도 없는 사람들, 보복이 두려워 신고할 엄두조차 내지 못한 채 참고 살아갈 수밖에 없는 피해자들이 너무 많았다. 나는 그렇듯 '돈 없고, 빽 없는' 시민들이 안심하고 생업에 종사할 수 있도록 신명을 바쳐 치안질서를 확립하고 싶었다.

그 무렵에 조직폭력배들을 수사하면서 여러 가지 웃지 못 할 일들도 많이 보았는데, 그 중에서 가장 황당했던 이야기를 하나 소개하고자 한다.

어느 날 나이트클럽 폭력사건으로 조직폭력배 하나를 구속했는데, 조사하면서 살펴보니 왼쪽 새끼손가락이 없었다.

"새끼손가락은 왜 그리 됐습니까?"

"아, 그냥, 다쳤습니다."

피의자가 그렇게 얼버무리며 더 이상 입을 열지 않았다.

나는 혹 다른 사건에 연루되었을지 몰라 그와 관련된 옛 기록들을 들춰보았다. 그리고 나는 그만 실소를 터뜨리고 말았다.

그에게는 친하게 지내던 같은 조직원 친구가 하나 있었는데, 그가 그 친구를 워낙 좋아했던 나머지 우정의 표시로 자신의 새끼손가락을 잘라서 선물로 주었다는 것이었다. 더욱 가관인 것은 그 손가락을 선물로 받은 자의 행태였다. 너무나 감동했던 그는 눈물을 흘리며 감사의 뜻을 표한 뒤, 방부액으로 채워진 병 속에 그 손가락을 넣어 늘 소지하고 다니다가, 어느 날 그만 술에 취해서 그 병을 잃어버리고 말았다고 기록되어 있었다. 건달이라고 하는 자들이 하는 짓이란 게 고작 그런 것이었다. 어쩌면 그런 단순성이 그들의 죄의식을 마비시키는 것인지도 모른다.

집단으로 손가락을 자른 폭력배들

서울지방경찰청이 남양주 지역의 조직폭력배 '단지파'의 조직원 6명을 검거했습니다. 이들은 조직에 대한 충성심을 보여주기 위해 집단으로 자신들의 손가락을 잘라낸 흉악범들이었습니다.

어느 날 저녁 나는 TV를 보며 식사하다가 나도 모르게 숟가락을 떨어뜨리고 말았다. 아니 서울지방경찰청이 관할도 아닌 남양주에서 담당검사인 나도 모르게 수사했다고? 그것도 생면부지의 단지파라는 폭력조직을? 나는 몹시 화가 났다. 담당검사에게 일언반구도 없이 남의 관할구역을 헤집고 다닌 서울지방경찰청의 처신을 도무지 이해할 수 없었다.

언론들은 뉴스뿐만 아니라 시사프로그램까지 동원하여 그 사건을 대대적으로 보도했다. 크게 자존심이 상한 나는 관할 경찰서의 형사과장을 불러 호되게 질책했다.

"내가 매월 조직폭력배 수사실적을 보고하라고 했지요?"

"네."

"그런데 당신들은 계속해서 관할구역 내에 특별한 조직폭력배들의 움직임은 탐지되지 않는다고 보고해왔지요?"

"네."

"그럼 어제의 그 뉴스는 뭡니까? 서울지방경찰청이 남양주까지 치고 들어와 단지파인지 뭔지 하는 조직폭력배들을 검거했다고 난리던데, 당신들은 도대체 뭘 했습니까? 지금까지 나한테 허위보고를 한 겁니까?"

"면목 없습니다. 다시는 이런 일이 없도록 각별히 주의하겠습니다."

관할 경찰서의 형사과장이 정중히 사과했다.

"혹 잔존세력이 남아 있을지도 모르니 엄중히 수사하세요."

내가 단단히 주의를 주어서 돌려보냈더니 며칠 후 그 형사과장이 유선으로 이렇게 보고했다.

"이미 서울지방경찰청에서 관련자들을 모두 검거하고 수사를 종료했기 때문에 별도의 잔존세력은 찾아낼 수 없었습니다."

나는 수사기관과 법원이 그들 '단지파' 조직원들을 어떻게 처리하는지 예의주시했다. 서울지방경찰청은 그들을 폭력행위 등 처벌에 관한 법률상의 범죄단체로 의율하여 송치했지만, 서울중앙지방검찰청은 그들이 범죄단체로서의 요건은 갖추지 못한 것으로 보아 개별 폭력범죄로만 기소했고, 법원은 그들에게 각각 징역 10개월을 선고했다. 서울지방경찰청이 언론에 대대적으로 홍보한 것과는 달리 충실한 수사가 이루어지지 못했거나 과대홍보를 했던 것임에 틀림없었다.

어찌되었든 나는 그 일로 인해 상처받았던 자존심을 회복할 필요가 있었다. 그러나 당시 나는 여러 조직폭력배들의 뒤를 쫓으며 경찰 송치 사건들까지 처리하고 있었기에 남양주의 폭력배들에게까지 수사를 확대할 여력이 없었다.

어떡하면 좋을까? 한동안 고민하던 끝에, 나는 나의 수사지휘를 받던 경기지방경찰청 소속의 경찰관들을 불렀다.

"서울지방경찰청이 단속한 '단지파' 사건은 다들 알고 계시죠? 남양주에서 토착 조직폭력배들이 활동하는 것 같으니 경기지방경찰청에서 직접 한번 수사해보세요."

"그렇지 않아도 저희들이 구리와 남양주를 무대로 활동하는 조직폭력배들을 내사해왔습니다. 확인한 바로는 단지파는 구리, 남양주에서 활동하는 조직폭력배들의 하부조직인 것 같습니다."

"아시다시피 단지파 조직원들은 범죄단체로 기소되지 않았고, 법원에서도 가벼운 형만 선고받았습니다. 내가 힘이 닿는 한 모든 지원을 아끼지 않을 테니 이번에는 꼭 범죄단체로 엮을 수 있도록 충실히 내사해 보세요."

나는 경찰관들에게 그렇게 당부했다.

검찰과 경찰은 상호 대립적인 관계가 아니라 서로 협력하고 보완하는 관계다. 검찰이 하지 못하는 일을 경찰이 할 수 있고, 경찰이 하기 어려운 일을 검찰이 할 수 있는 것이다. 그리고 반드시 검사가 직접 수사해야만 좋은 성과를 얻을 수 있는 것도 아니기 때문에 검사가 꼭 자기 이름으로 인지수사를 하려는 욕심도 부려서는 안 된다. 적절한 방법으로 수사역량을 동원하여 범죄세력을 소탕할 수만 있다면 그것으로 족하지 않겠는가.

몇 달 뒤 경기지방경찰청의 경찰관들이 내사기록을 가지고 왔는데, 그 내용이 매우 충실했다. 나는 담당 경찰관들로부터 수시로 보고받으며 D-Day를 정해 검거작전에 돌입했다. 그리고 경기지방경찰청과 관할 경찰서를 지휘하며 10여 명의 조직폭력배들을 일시에 검거하는 데 성공했다.

그들을 검거하던 날부터 나는 이런저런 청탁전화에 시달리기 싫어서 직속상관인 부장검사와 차장검사, 그리고 지청장의 전화를 제외한 일체의 전화에 대한 수신을 거부했다. 검사실 직원들에게도 다른 데서 나를 찾는 전화가 오면 업무관계로 출장하여 연락이 닿지 않는다고 대답하도록 지시했다.

나는 경찰관들이 검거한 조직폭력배들에 대하여 구속영장을 청구했다. 경찰에서 가담 사실이 미약하다는 이유로 불구속 지휘를 올린 자들까지 모두 영장을 청구하여 10여 명의 조직폭력배들을 한꺼번에 구속시켰다. 그리고 구속되어 송치된 조직폭력배들을 상대로 본격적인 수사에 착수했다. 수사해보니 단지파는 경기지방경찰청 경찰관들의 말대로 구리와 남양주에서 암약하는 훨씬 더 큰 조직의 하부조직이었다. 결국 서울지방경찰청은 상부조직에는 손도 못 댄 채 하부조직의 말단 조직원들 6명만 검거해서 언론에 대대적으로 선전했던 것이었다.

문제의 조직뿌리는 자유당 정권이 몰락한 직후인 1960년대까지 거슬러 올라갔다. 자유당 시절 정치깡패로 악명을 떨쳤던 '동대문 사단'의 유지광 휘하에 일명 '낙화유수'로 통하던 김태련이라는 자가 있었다. 그는 유지광이 몰락한 직후 서울을 떠나 구리에 둥지를 틀었는데, 건달 세계에서 일세를 풍미했던 '낙화유수'가 구리에 터를 잡자 지역의 건달들이 하나 둘 주변으로 모여들기 시작했다. 처음부터 조직체계를 갖춘 것은 아니었다. 연배에 따라 대강 서열만 정한 채 30여 년을 지내오던 건달들이 1990년대 중반에 주도권을 건 내부투쟁 과정을 거쳐 본격적인 조직체계를 갖추면서, 급속히 발전한 남양주와 구리를 '나와바리'로 삼은 토착 폭력조직이 등장하게 된 것이었다.

조사해 보니 그들 조직의 하부조직인 단지파가 서울지방경찰청에 검거된 경위는 대강 이러했던 것으로 드러났다.

1999년 당시 남양주에는 호남의 조직폭력배들과 관련이 있는 사람이 운영하는 주점이 하나 있었다. 어느 날 단지파 조직원들이 자기들의 세를 과시할 요량으로 그 주점으로 몰려가 술을 마시고 행패를 부리자, 화가 난 업주가 광주로 연락해 호남의 조직폭력배들을 불러들였다. 관광버스를 대절하여 남양주로 올라온 수십 명의 호남 조직폭력배들이 그들을 잡으려 시내로 몰려다니다가, 다급히 세력을 규합한 구리의 조직폭력배들과 도심 한복판에서 맞닥뜨리게 되었다. 쌍방을 합쳐 70~80명에 이르는 건장한 체격의 건달들이 대낮에 각종 흉기들을 들고 대치하자, 주민들의 신고로 경찰관들이 출동하는 등 난리법석이 일었지만, 다행히 조직들 간에 '전쟁'은 벌어지지 않았다.

일촉즉발의 순간에 싸움을 멈추게 한 자는 구리 조직폭력배들의 행동대장 이성재였다.

"경찰까지 출동한 마당에 더 이상 전쟁을 하다가는 너희들이나 우리나 조직이 완전히 아작 나고 말 것이다. 좋은 게 좋으니 이 정도 선에서 싸움을 끝내도록 하자."

이성재가 제안하자 호남 조직폭력배들이 구수회의를 거쳐 이렇게 역제안을 했다.

"좋다. 싸움을 끝내되 조건이 있다. 우리가 여기까지 와서 그냥 돌아갈 수는 없으니 그 주점에서 행패를 부렸던 놈들의 손가락을 하나씩 잘라 오너라."

그 말을 듣고 이성재가 단지파 조직원들에게 명령했다.

"할 수 없다. 너희들이 손가락을 잘라라. 안 그러면 전쟁이 벌어지고, 경찰관들 앞에서 전쟁이 벌어지면 우리 조직이 다 죽는다."

결국 주점에서 난동을 부린 단지파 조직원들 6명 중 4명이 새끼손가락을 잘라 호남 조직폭력배들에게 건네주면서 조직들 간의 싸움이 끝을 맺었다.

나는 수사를 종결하면서 단지파를 포함한 구리의 토착 조직폭력배들을 '구리 G파'로 명명하여 폭력조직 계보에 추가했다. 구리 G파에 대한 대대적인 수사와 추가 검거작업을 통해 두목과 행동대장, 고문 등 20여 명의 조직폭력배들을 범죄단체 조직 및 각종 폭력행위 혐의로 구속기소했다.

그런데 한 가지 문제가 발생했다. 어렵사리 구리 G파를 검거하여 기소하고 나니 서울지방경찰청에 의해 검거되었던 단지파 조직원들의 출소날짜가 어느덧 10여 일 앞으로 성큼 다가와 있었다. 구리 G파의 하부조직인 단지파 조직원들이 출소하면 전체 조직이 재건될 우려가 있으므로 그들을 다시 구속시킬 필요가 있었다.

어떻게 하면 좋을까? 나는 묘안을 찾다가 서울구치소에서 출소할 날만 손꼽아 기다리던 단지파 조직원들을 모조리 의정부교도소로 이감시켰다. 그리고 그들이 출소하는 날 범죄단체 조직 혐의로 구속영장을 발부받아 고스란히 다시 잡아들였다.

"미안하다. 너희들 또 재판 받아야겠다."

나는 그날 의정부교도소의 교도관에게 영장을 건네주며 단지파 조직원들을 향해 그렇게 말했다.

재판을 통해 그들에게 각각 2년가량의 형량이 추가되었다. 그들이 얼마나 나를 원망했을지 짐작하기란 그리 어려운 일이 아니었다. 고통스레 형기를 채우고 막 출소하려는 순간에 구속영장을 불쑥 내밀며 다시 쇠고랑을 채웠으니 그 원성이 하늘을 찌르고도 남았으리라. 하지만 어찌하겠는가. 그들은 사회를 어지럽히는 조직폭력배였고, 나는 그런 조직폭력배들을 청소하는 일을 업으로 삼는 검사였으니.

구리 G파를 검거한 공로를 인정받아 경기지방경찰청의 담당 경찰관들이 각각 한 계급씩 특진했다. 그들은 검사실로 찾아와 고맙다며 인사를 건넸고, 나는 그들의 공을 치하하며 함께 기뻐했다. 검찰과 경찰이 서로 믿고 협력한 결과였다.

그렇게 동두천과 덕계, 의정부, 구리 및 남양주 등지에서 활동하던 조직폭력배들과 가평, 파주, 고양 등지에서 활동하던 조직폭력배들을 잇달아 검거하여 수십 명을 구속시키다보니 엉뚱한 곳에서 불평이 흘러나오기도 했다. 의정부교도소 소속 교도관들의 원성이 곧잘 나의 귀에까지 들려오곤 했던 것이었다. 의정부교도소는 구치소와 나란히 붙어 있었는데, 내가 잡아들인 조직폭력배들로 구치소가 넘쳐날 지경이었으니 그럴 만도 했다. 조직폭력배들은 다른 조직의 폭력배들과 분리하여 수용하도록 되어 있어 그들을 수용할 시설이 절대적으로 부족했을 뿐 아니라, 조직폭력배들이 사소한 일로 꼬투리를 잡아 동료 재소자들을 괴롭히기 일쑤였고, 교도관들의 지시에도 잘 따르지 않았으니 교도관들의 고충이 이만저만하지 않았을 것이다.

이렇듯 나의 의정부지검 생활은 조직폭력배들과의 전쟁으로 날이 새고 밤이 깊었던 나날들의 연속이었다. 당시 의정부지검의 조직폭력배 단속 실적은 강력부가 별도로 설치되어 있던 웬만한 지방검찰청보다도 훨씬 높았다. 대검찰청에서도 그것을 높이 평가했고, 나는 모범검사로 선정되어 검찰총장으로부터 표창을 받았다.

검사직을 건 싸움

다음으로 내가 주목한 곳은 신흥도시로 각광받던 고양시 일산 지역이었다. 당시 일산지역은 정부의 주택정책에 따라 대규모 신도시가 들어서는 바람에 천문학적 토지보상금이 풀려 흥청거리고 있었다. 대규모 나이트클럽과 유흥주점들이 줄줄이 들어서면서 이권을 노린 폭력배들이 전국 각지로부터 몰려들었다. 그런 와중에서 우후죽순처럼 생겨난 것이 불법 사행성 오락실들이었다.

불법 사행성 오락실은 특별한 기술 없이도 쉽게 손댈 수 있는 업종이었고, 승률조작을 통해 막대한 이익을 얻을 수 있는 알짜배기 사업(?)이었다. 한편으로 그것은 경찰의 단속을 피해가며 은밀하게 영업해야 하며, 돈을 잃은 고객들의 항의도 무마시켜야 하는 고달픈 직업이기도 했다. 그런저런 이유들로 인해 불법 사행성 오락실은 조직폭력배들의 새로운 수익원으로 부상하고 있었다.

따라서 일산지역의 조직폭력배들을 소탕하기 위해서는 불법 사행성 오락실들을 단속하는 것이 급선무일 것 같았다. 그리고 그렇게 함으로써 조직폭력배들의 자금줄도 죄고, 그들의 활동상황도 파악하는 일석이조의 효과를 거둘 수 있을 것 같았다.

나는 은밀한 내사를 통해 일산지역에서 활동하는 조직폭력배들의 정보를 수집했다. 대규모 나이트클럽의 영업부장 자리를 꿰차고 있던 조직폭력배들과 안마시술소에서 무단취식하며 그림을 강매하던 조직폭력배들의 범죄사실 등이 속속 드러났다. 나는 그들을 개별적으로 검거하여 구속시키는 한편, 관할 경찰서 및 경기지방경찰청에도 일산지역 조직폭력배들을 엄중히 수사하도록 지시하여 많은 조직폭력배들을 구속시켰다.

나는 그들의 자금줄을 차단하기 위해 주기적으로 일산지역의 불법 사행성 오락실을 직접 단속하여 관련자들을 구속했고, 관할 경찰서에도 불법 사행성 오락실을 단속하고 주기적으로 보고하도록 지시했다. 나는 야간에 혼자서 일산의 번화가나 뒷골목을 누비며 불법 사행성 오락실들의 영업실태를 직접 확인하기도 했다.

그렇게 몇 달을 보내고 나니 여러 경로를 통해 비난과 원성이 쏟아지기 시작했다. 이런저런 사람들이 시도 때도 없이 전화를 걸어 다짜고짜 욕설을 퍼붓는 것쯤은 아무것도 아니었다. 나를 가장 분노하게 만든 것은 '정도껏, 적당히 하라'는 투로 비아냥대는 말이었다. 대체 무엇을 어떻게 적당히 하라는 건가? 조직폭력배들이 불법으로 선량한 시민들의 돈을 앗아가는 광경을 가만히 바라보고만 있으라는 말인가? '적당히 하라'는 말은 나의 가슴에 수사에 더욱 매진하도록 불을 지펴주는 촉매제이자, 각성제에 지나지 않았다.

불법 사행성 오락실과 관련하여 나를 가장 실망시켰던 것은 업주들에게 선고되는 법원의 형량이었다. 2006년경 '바다이야기'라는 오락게임이 심각한 중독성과 사행성으로 인해 커다란 사회적 문제로 대두된 이후에는 달라졌지만, 그 전까지는 불법 사행성 오락실을 운영하다 구속된 사람들에게 법원은 기껏해야 집행유예나 벌금형을 선고하는 것이 고작이었다. 사행성 오락의 위험성과 중독성, 그리고 불법 사행성 오락실이 조직폭력배들의 중요한 자금원이라는 사실 등을 간과한 듯한 법원의 태도에 나는 크게 실망하지 않을 수 없었다. 그러나 비록 경미한 형을 선고받을지라도 그들이 일단 구속되거나 재판을 받게 되면 상당한 기간 동안은 오락실을 운영할 수 없기 때문에 그들에게 재정적으로 큰 타격을 입힐 수는 있었다.

어쨌든 단속의 효과는 컸다. 검찰과 경찰이 합동으로 집중단속을 벌이며 법을 어긴 업주들을 모두 구속시키자 일산지역에 소재하던 대부분의 성인오락실들이 감히 불법영업을 지속할 엄두를 내지 못했다. 많은 불법 사행성 오락실들이 문을 닫거나 업주들이 가게를 처분하고 일산지역으로부터 자취를 감추었다.

그 즈음의 어느 날 대검찰청으로부터 범죄첩보 한 건이 하달되었다. 최일남이라는 호남 출신의 조직폭력배가 일산지역의 유력한 신흥 조직폭력배로 떠오르며 각종 이권에 개입하고 있다는 내용의 첩보였지만, 나는 이미 그 전부터 호남향우회의 간부라던 최일남을 주목하며 뒤를 캐고 있었다.

당시 서울의 모 건설업체가 일산의 나환자촌을 개발하여 대규모 아파트단지를 건설하려고 했는데, 그 건설업체 회장의 먼 친척이 최일남이었다. 그는 아무런 실적도 없는 작은 건설업체 하나를 인수하여 스스로 회장이라 으스대며 서울 모 건설업체의 대리인 자격으로 주민들과 토지보상 문제를 협의하고 있었다. 조직폭력배가 개입하면 정상적인 토지보상이 이루어지기 어려운 것이 통례였기에 나는 최일남을 주시하며 관련된 범죄정보들을 수집해나갔다. 그리고 최일남이 일산에서 2개의 불법 사행성 오락실을 운영하고 있다는 정보를 입수하고 해당 오락실들을 단속할 시기를 저울질하던 차에 대검찰청으로부터 범죄첩보를 접수하게 되었던 것이었다.

얼마나 구린내가 진동했으면 대검찰청에서 이런 첩보가 다 내려올까? 나는 그렇게 생각하며 일단 최일남이 운영하던 불법 사행성 오락실 두 곳부터 단속하기로 했다. 그러나 직원들과 함께 문제의 오락실들을 덮치고 보니 공교롭게도 최일남이 한 달 전에 그 오락실들을 다른 사람들에게 양도하고 떠난 뒤였다. 허탈했지만, 그렇다고 해서 있었던 그의 범죄사실이 어디로 사라져버린 것은 아니었다. 최일남은 그 불법 사행성 오락실들을 오랫동안 운영했을 뿐 아니라, 그 전에도 불법 사행성 오락실을 운영하다가 집행유예를 선고받은 전력을 갖고 있었다. 불법 사행성 오락실 건으로 집행유예를 선고받은 자가 또 다시 2개의 불법 사행성 오락실들을 운영했다는 것은 가히 구속을 피할 수 없는 사안이었다.

나는 최일남으로부터 불법 사행성 오락실을 양수하여 운영하던 업주 2명부터 구속하고 나서 최일남을 소환했다. 토지보상 문제에 개입하며 일산지역에서 세력을 확장하던 최일남을 좌시할 수 없었기에, 그가 출석하는 대로 바로 구속영장을 청구할 요량이었다.

그런데 최일남이 출석하기로 예정된 날 오전에 대검찰청의 모 고위 간부로부터 전화가 왔다.

"홍 검사, 최일남이라는 사람을 소환한 이유가 뭐지요?"

"최일남은 일산의 신흥 조직폭력 세력의 일원으로, 불법 사행성 오락실도 두 곳이나 운영했고, 대검찰청에서 그와 관련된 범죄첩보도 내려왔습니다. 이런 조직폭력 세력은 몸집이 더 커지기 전에 와해시키는 것이 최선의 방법입니다."

"아니 지금 무슨 말을 하는 겁니까, 홍 검사? 그 사람은 건실한 사업가지 절대로 조직폭력배가 아닙니다. 건설업에 종사하는 선량한 사업가를 조직폭력배로 몰다니, 너무 심한 것 아닙니까?"

"대검찰청에서도 최일남이 신흥 조직폭력배라며 범죄첩보를 내려 보냈는데, 무슨 말씀입니까?"

"그 첩보란 것도 잘못된 겁니다. 그토록 건실한 사업가를 두고 범죄 첩보라니 말이 됩니까, 그게?"

기가 찰 노릇이었다. 대검찰청이 스스로 범죄첩보를 보내줘 놓고 그것이 잘못된 것이라고 스스로 부정한다는 것이 말이나 될 법한 소리이던가. 잘못된 것이 사실이라면 정식으로 취소공문을 보내면 될 일이지, 왜 변두리 검찰청에까지 전화를 걸어 특정인을 비호하려 든다는 말인가. 도저히 납득할 수 없는 말이었지만 검찰조직의 위계질서 때문에 그 고위간부의 말을 영 무시해버릴 수도 없었다.

"알겠습니다. 최일남을 조사하고 나서 일단 귀가시키겠습니다. 구속 여부는 추후에 보고드리겠습니다."

"그래요, 홍 검사. 너무 심하게 다루진 마세요."

모 고위간부가 노골적으로 압력을 가하며 전화를 끊었다.

그날 오후 최일남이 출석했다. 그는 혐의사실을 모두 시인했고, 나는 일단 그를 귀가시켰다. 내가 구속할 요량으로 소환했는데 곱게 검사실을 걸어서 나간 사람은 최일남이 처음이었.

며칠 후 대검찰청의 모 고위간부가 다시 전화를 걸어왔다.

"홍 검사, 더 이상 최일남을 소환하지 않으면 어떻겠습니까. 그 사람은 절대로 조직폭력배가 아닙니다."

황당하기가 짝이 없는 말이었지만 나는 일단 시간을 두고 생각하기로 했다.

　대체 일산의 일개 조직폭력배가 어떻게 대검찰청의 모 고위간부의 마음을 움직일 수 있었을까? 나는 여러 경로를 통해 두 사람의 관계를 알아보았다. 결국 일산에서 나환자촌 개발을 추진하던 서울의 모 건설회사의 회장이자 최일남의 먼 친척이라는 자가 최일남으로부터 부탁을 받고 동향 출신인 대검찰청의 모 고위간부에게 청탁했던 것으로 추정되었다.

　공교롭게도 당시 최일남은 내가 전세로 살던 아파트와 같은 아파트단지에서 살고 있었다. 어느 날 나는 마트에 장을 보러 갔다가 그와 정면으로 맞닥뜨렸는데, 우리는 황급히 반대방향으로 고개를 돌리며 서로의 옆을 지나쳐 갔다. 꼭 어느 영화 속의 한 장면처럼 공권력의 대변자인 검사와 그로부터 조사받는 오만방자한 피의자가 똑같이 상대방을 외면한 채 스쳐 지나갔던 것이었다.

　최일남의 오만방자한 행태는 그 뿐만이 아니었다.

　"검사님, 주말에 최일남이 일산의 모 뷔페에서 아이의 돌잔치를 한답니다."

　어느 날인가 파견 경찰관 안 형사가 그런 정보를 수집해 왔다.

　"뭐라고요? 검찰로부터 조사받는 처지에 자숙하기는커녕 보란 듯이 돌잔치를 벌인다고요?"

　공개적으로 공권력을 비웃는 듯한 최일남의 처신이 몹시 불쾌하고, 괘씸했다.

　"네, 제법 크게 판을 벌이나 봅디다."

　"으음, 그럼 안 형사께서 돌잔치 현장을 한번 살펴보고 오세요. 어떤 사람들이 모여서 얼마나 거창하게 잔치판을 벌이는지."

나는 안 형사에게 그렇게 지시한 뒤 다른 일에 몰두하느라 최일남을 잠시 잊고 있었다.

다음 주 월요일 아침 안 형사가 검사실을 찾았다.

"한꺼번에 2백 명 넘게 수용한다는 뷔페에 빈자리가 없습니다. 모습으로 보아 대부분의 하객들이 조폭들인 것 같았고요. 그리고 관할 경찰서의 경찰관들도 여럿 온 걸 보니 최일남이 경찰서로 초대장을 돌린 모양입니다."

"아니, 검찰에 쫓기는 자가 버젓이 초대장까지 돌려요? 그것도 관할 경찰서 경찰관들한테?"

참으로 어처구니가 없었다. 돌잔치 하는 것 자체가 잘못되었다는 뜻이 아니다. 비록 검찰로부터 수사받는 입장일지라도 가족들끼리 모여서 조촐하게 돌잔치를 벌이는 것이야 누가 무어라 하겠는가. 문제는 최일남이 대형 뷔페를 빌려서 조직폭력배들과 심지어 관내 경찰관들까지 초대해서 자신의 세를 한껏 과시하려 했다는 점이었다. 최일남은 대검찰청 모 고위간부의 힘을 믿고 공권력의 대변자인 나를 완전히 비웃고 있었음에 틀림없었다.

최일남을 어떻게 할 것인가? 나는 두 달이 넘도록 고민하던 끝에 마침내 결론을 내렸다. 일개 조직폭력배가 대검찰청의 모 고위간부를 통해 담당검사에게 압력을 가했다는 사실을 도저히 묵과할 수 없었다. 노골적으로 특정 피의자를 비호하며 더 이상 소환하지 말라고까지 하던 대검찰청의 모 고위간부의 행태도 납득할 수 없었다. 게다가 최일남이라는 피의자는 공권력의 대변자인 나를 공공연히 비웃고 있었다. 내가 그런 꼴을 보자고 조직폭력 전담 검사를 자원했던 것이 아니었고, 검찰이 정녕 그런 조직이라면 더 이상 내가 몸담고 있을 이유도 없었다. 나는 최일남을 구속시키든지, 내가 검찰을 떠나든지 양단간에 끝장을 보기로 결심했다.

나는 아내에게 그 동안 있었던 일들을 소상히 들려주며 나의 결심을 전했다.

"내 손으로 최일남을 구속시키지 못한다면 내가 검찰을 떠나는 게 옳다고 생각하오. 마음의 준비를 하는 것이 좋을 것 같소."

"나는 한 번도 당신이 출세해주기를 바란 적이 없습니다. 나는 그저 당신이 검사로 활동하는 동안 양심에 부끄럽지 않게 행동해주기만 바랄 뿐입니다."

아내는 흔쾌히 동의해주었다.

이제 최일남을 어떻게 구속시키느냐 하는 문제만 남았다. 정면으로 부딪쳐서 공권력을 우습게 여기는 최일남의 기를 꺾어놓아야 할 것 같았지만, 대검찰청의 모 고위간부가 소환조차 못하도록 막고 있으니 난감하기가 짝이 없었다.

어느 날 나는 아무도 모르게 최일남의 휴대폰으로 전화를 걸어 거칠게 퍼부었다.

"잘 들어라. 당신이 서울의 모 건설업체 회장을 통해 대검찰청 모 고위간부에게 청탁해서 구속하지 못하도록 한 걸 다 알고 있다. 나는 당신을 반드시 구속시킬 거다. 만약 당신을 구속시키지 못한다면 내가 사표를 던지고 기자회견을 열어 모든 사실을 폭로할 거다. 당신과 당신을 도와주는 모 건설업체 회장과 대검찰청의 모 고위간부까지, 모조리 모가지를 날려버릴 거다. 어차피 나는 지방으로만 떠도는 별 볼일 없는 검사다. 내일 당장 사표를 던져도 아쉬울 것 하나도 없는 사람이다. 순순히 구속될 테냐, 아니면 끝장을 볼 테냐? 당신이 알아서 선택해라."

수화기 저편에서 한동안 침묵이 흘렀다.

"알았습니다."

이윽고 최일남이 무겁게 한마디를 던지며 전화를 끊었다.

됐다. 내가 확실한 액션을 취해줬으니 저쪽에서도 분명히 답이 있을 것이다. 그러면 그 답에 따라서 나의 행동을 결정하면 그만이다. 나는 그렇게 생각하며 편안한 마음으로 최일남의 대답을 기다렸다.

며칠 후 최일남으로부터 전화가 왔다.

"좋습니다. 구속영장을 청구해도 좋습니다."

"알았습니다."

더 이상의 긴말이 필요 없었다.

나는 수화기를 내리자마자 곧장 대검찰청의 모 고위간부에게 전화를 걸었다.

"본인이 구속영장을 청구해도 좋다는데 안 할 이유가 없습니다. 곧바로 구속영장을 청구하겠습니다."

"아니, 그게 무슨 소립니까? 내가 알아보고 연락할 테니 기다리세요."

상대방이 잔뜩 볼 부은 목소리를 토해낸 뒤 전화를 끊었다.

그리고 또 며칠이 지나갔다. 조직폭력배 하나를 두고 구속영장을 청구하는 일이 그토록 어렵기는 처음이었다.

마침내 대검찰청의 모 고위간부가 구속영장을 청구해도 좋다는 연락을 취해왔다. 그 순간 나는 내심 쾌재를 불렀다. 내가 의도했던 대로, 최일남에게 엄포를 놓았던 말이 고스란히 모 건설회사 회장과 대검찰청의 모 고위간부의 귀에 들어간 것이 틀림없었다. 약삭빠른 사람들이 나를 계속 막다가는 무슨 일이 터질지 몰라서 일단 한 발짝 물러서기로 한 것이 분명했다. 나는 최일남을 소환하여 구속영장을 청구할 날짜를 저울질하기 시작했다.

그러던 어느 날이었다. 느닷없이 검찰 출신의 선배 변호사 한 분이 나를 찾아왔다. 검찰 내부에서 강력검사 및 조직폭력 전담검사의 전설처럼 알려진 분이었는데, 한 번도 만난 적은 없지만 나와는 인맥으로 연결된 그리고 평소 내가 마음속으로 존경하던 분이었다. 나는 화들짝 달려 나가 그분을 소파로 안내했다.

"아니 선배님, 무슨 일로 서초동에서 이 외진 곳까지 찾아오셨습니까?"

"홍 검사가 수사하는 사건들 중에 최일남이라는 사람이 있지?"

"네, 있습니다."

"최일남의 구속영장 말인데…, 꼭 청구해야 되겠나?"

의외의 말에 나는 잠시 천장을 쳐다보며 생각을 가다듬었다. 짧은 시간 동안 잡다한 상념들이 다투어 뇌리를 스쳐갔다.

"선배님께서 저보다 조직폭력배를 훨씬 잘 아시지 않습니다. 최일남은 건설 관련 조직폭력배가 맞습니다. 저는 그 사람을 기필코 잡아넣어야겠습니다. 최일남이 선배님을 변호사로 선임했다면 사임하시고 차라리 저를 좀 도와주십시오. 저는 무슨 일이 있어도 구속할 생각입니다."

나는 상대방의 귀에 다소 무례하게 들렸을지도 모를 만큼 분명하게 나의 뜻을 밝혔다.

"이야기를 들어 보니 오락실을 단속했을 때 최일남은 이미 오락실을 그만뒀었다면서? 홍 검사가 단속한 날로부터 벌써 몇 달이 흘렀는데 지금 영장을 청구한들 법원에서 발부해주겠어? 내가 보기에는 구속영장이 기각될 가능성이 많아. 저쪽에서 얼마 전에 개업한 부장판사 출신 변호사까지 선임해 놓았으니 청구해 봤자 기각될 게 뻔해. 청구했다가 기각당하면 망신 아니야? 그러니 다시 한 번 잘 생각해봐, 알았지?"

선배가 그렇게 말하며 나의 팔을 두드렸다.

선배를 배웅한 뒤 나는 이를 악물었다. 그 선배야 변호사로서 의뢰인의 이익을 위해 최선을 다해야겠지만, 최일남은 생각할수록 괘씸하기가 짝이 없었다. 자기 입으로 분명히 구속영장을 청구해도 좋다고 말해놓고 이제 와서 이런 식으로 영장청구를 방해하려 들다니. 그것은 결국 자신의 말을 뒤집으며 나의 뒤통수를 치는 짓이었다. 나는 반드시 그를 구속시키고야 말겠다고 다시 한 번 다짐했다.

나는 일단 구속영장부터 청구해놓고, 부지런히 전략을 짜기 시작했다. 최일남이 부장판사 출신 변호사를 선임했다면 어떤 식으로든 영장실질심사를 담당하는 판사에게 로비가 들어갈 것이다. 그것을 무력화시키자면 영장실질심사를 담당하는 판사에게 나의 뜻을 강력히 전달해야만 한다. 어떤 방법이 좋을까? … 나는 결국 적법한 절차에 따라 영장실질심사를 진행하는 법정으로 들어가 담당판사에게 나의 뜻을 직접 전달하는 방법을 택했다.

내가 법원으로 달려가 영장실질심사 법정에 들어서자 최일남은 물론 변호사와 담당판사까지 깜짝 놀라는 기색이 역력했다. 통상 불법 사행성 오락실 단속 정도의 사안으로 담당검사가 직접 영장실질심사 법정에 나와 의견을 진술하는 경우가 없었으니 그럴 만도 했을 터였다. 당시에는 영장실질심사 법정에서 심리가 비공개로 진행되고 조서도 작성되지 않았기 때문에, 나는 담당판사에게 하고 싶은 말을 여과 없이 전달할 수 있었다. 시쳇말로 입에 거품을 물고 열변을 토했지만, 나의 말의 요지는 대략 이러했다.

최일남이 어떻게 빽을 썼는지는 모르겠으나 대검찰청의 모 고위간부까지 동원하는 바람에 수사검사인 저는 사표를 써야 할 상황으로까지 내몰렸습니다. 지역의 일개 건달이 얼마나 힘이 세기에 수사검사인 제가 사표를 다 내야 한단 말입니까. 그런 점을 감안해서 꼭 구속영장을 발부해주십시오.

의견을 개진하는 동안 담당판사가 그만하라며 몇 번이나 만류하기에 나는 마지못해 그만하는 척하며 그 자리를 빠져나왔다.

법정을 나서면서 나는 남몰래 회심의 미소를 지었다. 내가 그런 행동을 취한 건 담당판사에게 그 사건에 대한 나의 의지를 확실하게 보여주기 위한 일종의 '액션'이었기 때문이었다.

나는 법정을 나와 검사실에서 영장실질심사 결과를 기다리며 대기했다. 그러나 오전에 영장실질심사를 한 다른 사건들은 모두 결과가 나왔는데도, 최일남 관련 사건만은 퇴근시간이 지나도록 결과가 나오지 않았다. 당시에는 지금처럼 영장실질심사를 전담하는 재판부가 따로 있지 않고 판사들이 돌아가며 영장실질심사를 담당했는데, 오후 6시가 지나면 그날의 당직판사에게 영장심리가 넘어가게 되어 있었다. 나는 최일남이 법원에 또 다른 방법으로 영향력을 행사했을지도 모른다는 생각에 내심 긴장했지만, 결국 오후 9시가 되이시아 구속영장이 떨어졌다.

그런데 구속영장을 발부한 판사는 오전에 영장실질심사를 담당했던 판사가 아니라 당직판사였다. 결과를 놓고 보면, 나만의 억측인지는 몰라도 오전에 영장실질심사를 담당했던 판사에게 모종의 로비가 작용했던 것 같았다. 그래서 담당판사는 내가 법정에 뛰어들어가 난리를 치는 바람에 차마 구속영장을 기각할 수는 없었고, 그렇다고 로비를 받은 입장에서 영장을 발부해줄 형편도 못되어 시간을 끌다가, 당직판사에게 넘겨주며 그 사건에서 손을 뗐던 것 같았다.

우여곡절 끝에 나는 최일남을 구속기소할 수 있었다. 그러나 구속한 지 한 달이 채 못 되어, 그것도 재판이 시작되기도 전에 느닷없이 법원에 보석이 신청되었다. 검사가 직접 구속기소한 사건에 대하여 그동안 어떠한 사정도 변경된 것이 없는데, 재판을 시작하기도 전에 보석을 신청한다는 건 있을 수 없는 일이었다. 최일남이 또 술수를 부리며 빠져나가려 하고 있음에 틀림없었다. 나는 가능한 모든 말과 논리를 총동원하여 절대로 보석을 허가해서는 안 된다는 뜻을 강력히 담아 법원에 의견서를 제출했다. 결국 보석신청은 기각되었다.

그러나 한숨을 돌린 것도 잠시였을 뿐, 보석신청이 기각된 지 1주일 만에 다시 보석이 신청되었다. 나는 또 온갖 말과 논리로써 보석을 허가해서는 안 된다는 뜻을 담아 의견서를 제출했다. 불과 1주일 전에 보석신청이 기각되었고 그 후로 아무런 사정 변경이 없었으므로 나는 당연히 보석신청이 기각될 줄로 알았다. 그러나 이튿날 출근해보니 전날 담당 재판부는 현금 1억 원의 보석보증금을 납부하는 조건으로 보석을 허가했고, 최일남은 그날 저녁 보석보증금을 현금으로 납부한 뒤 바로 석방되었다는 것이었다.

그럴 수는 없었다. 동일한 재판부가 동일한 사건에 대하여 불과 1주일 전에는 보석신청을 기각해놓고, 아무런 사정의 변경도 없었는데 1주일 만에 보석을 허가했다는 것은 그야말로 어불성설이었다. 또 보석을 허가할 때는 현금 대신 보증보험증권으로 보석보증금을 납부할 수 있도록 하는 것이 통례인데, 무슨 영문인지 담당판사는 보석보증금으로 현금 1억 원을 납부하도록 결정했고, 최일남은 불과 몇 시간 만에 거액의 보석보증금을 현금으로 납부한 뒤 유유히 구치소를 빠져나갔던 것이었다.

틀림없이 담당판사에게 무슨 로비가 작용한 것만 같았다. 여러 경로를 통해 알아본 결과, 담당판사는 최일남의 고등학교 동문이었고, 최일남은 고등학교 인맥을 통해 연결된 모 검사를 통해 법원에 로비를 했던 것으로 확인되었다. 내가 추측하기로, 담당판사는 불과 1주일 전에 자기 손으로 보석신청을 기각한 사건에 대해서 아무런 사정변경도 없이 1주일 만에 보석을 허가하자니 무언가 핑계거리가 필요할 것 같아서, 1억 원이라는 거액의 보석보증금을 현금으로 납부하라는 면피성 조건을 붙여서 보석을 허가한 것 같았다.

한편으로는 허탈하고, 한편으로는 부아가 치밀었다. 나는 최일남이 재판받던 날 직접 법정에 나가 1백 개 항목이 넘는 신문사항을 들고 2시간이 넘도록 최일남을 신문했다. 그리고 담당 재판부에 피고인에 대한 강력한 처벌을 원한다는 내용의 의견서를 제출했다. 표현은 비록 정중했지만, 의견서의 요지는 이러했다.

피고인이 도대체 어떤 사람이기에 수사검사가 사표를 쓸 각오까지 하지 않으면 안 되었습니까? 도대체 어떤 사유로 재판부가 보석을 기각한 지 1주일 만에 아무런 사정변경도 없이 보석을 허가해줄 수 있었습니까? 이는 도저히 있을 수 없는 일입니다. 사실인지는 모르겠으나 들리는 말로는 재판장님이 피고인의 고등학교 동문인 점을 이용하여, 피고인이 고등학교 인맥을 통해 재판부에 어떤 로비를 했다고 합니다. 어찌 이럴 수가 있습니까. 이는 법조인으로서 지녀야 할 최소한의 양심에 관한 문제입니다. 피고인은 동일한 전과가 있는 자로서, 일산에서 활동하는 조직폭력배임에 틀림없으니 반드시 실형을 선고해 주시기 바랍니다.

나의 의견서를 본 담당판사의 표정이 어떠했을지 짐작하기란 그리 어려운 일이 아니었다. 나의 의견서를 보고 담당판사가 충격을 받은 나머지 스스로 재판을 회피하고 다른 재판부에 재배당하려 한다는 이야기까지 들려왔다. 나는 모종의 경로를 통해 판결만 제대로 내린다면 문제 삼지 않겠다는 뜻을 담당판사에게 전했다.

담당 판사는 결국 최일남에게 징역 10개월의 실형을 선고하면서도 법정구속은 하지 않는 판결을 내렸다. 지금은 사정이 많이 달라졌지만, 당시만 해도 판사들은 자신이 보석을 허가한 사건에 대해서는 실형을 선고하지 않는 것이 통례였다. 그것을 뒤집어 생각하면 그 판사가 보석을 허가할 때는 최일남에게 집행유예나 벌금형 정도를 선고하려 했을 것이라는 추론도 가능했다. 그런데 내가 워낙 강하게 나가자 자신이 직접 보석을 허가한 사람이라 차마 자기 손으로 구속은 할 수 없어서 실형을 선고하면서도 법정구속만큼은 피했던 것 같았다. 나는 최일남에게 실형이 선고된 데 만족하며 항소는 하지 않았다.

몇 개월 후 의정부지방검찰청의 최 수사과장이 나를 찾아왔다.

"홍 검사님, 최일남이라는 사람을 아시지요?"

"네. 그런데, 최 과장님이 그 사람을 어떻게 아십니까?"

"범죄첩보가 들어왔는데, 최일남이 작은 건설업체를 경영하면서 관할 경찰서의 부속건물 신축공사를 수의계약으로 따냈다고 합니다. 다른 경찰 간부들이 모두 반대하는데 경찰서장이 독단적으로 계약을 체결했다고 합니다."

"관급공사는 경쟁입찰을 통해 시공업자를 선정하도록 되어 있지 않습니까?"

"그러게 말입니다."

"관할 경찰서장이 최일남과 어떤 관계인데요?"

"최일남과 동향 출신인데, 경찰서장이 최일남을 자신의 스폰서로 삼고 술자리를 하면 꼭 최일남을 불러 술값을 내도록 했답니다. 그 경찰서장은 며칠 전 다른 곳으로 발령이 났습니다. 저도 그 양반과 아는 사이라서 환송회에 참석해 달라는 연락을 받고 음식점을 찾아갔더니 여러 사람이 와 있었는데, 그 중에는 최일남도 끼어 있었습니다. 그래서 최일남과 인사도 나누었는데, 홍 검사님이 그 사람을 구속시켰다는 말을 나중에야 들었습니다. 홍 검사님이 수사하지 않겠다면 제가 한번 최일남을 수사해 볼까 합니다."

당시 최일남은 1심에서 법정구속이 되지 않은 상태에서 항소했기 때문에 자유롭게 활동하고 있었는데, 최 과장의 말을 듣고 나니 은근히 부아가 치밀었다. 내가 최일남을 구속했다는 것은 관할 경찰서 경찰관이라면 누구나 알고 있는 사실이거늘, 그 서장이라는 자가 나를 비웃듯이 최일남을 스폰서로 삼아 온갖 접대를 받고 혜택을 주었더란 말인가?

나는 다시 최일남을 수사할 것인지를 두고 며칠간 고민하다가, 결국 추가 수사는 하지 않기로 했다. 이미 그 경찰서장이 다른 곳으로 발령 났고, 나도 인사이동을 앞두고 있었으며, 자칫하면 표적수사라는 오해를 받게 될 우려도 없지 않았기 때문이었다.

"최 과장님, 지금 최일남의 항소심 재판이 진행 중이니 저는 그 재판의 결과만 지켜보겠습니다. 그 범죄첩보를 수사해볼 것인지 여부는 최 과장님이 결정하십시오."

나는 최 과장에게 그렇게 말한 후로 최일남을 깨끗이 잊어버렸다.

곧이어 나는 서울중앙지방검찰청 강력부로 자리를 옮겼다. 나중에 소식을 들어보니 최일남은 내가 기소한 사건으로 항소심에서 징역 6월을 선고받고 법정구속이 되었다고 했다.

그 사건을 계기로 나에게 붙여진 별명이 '핏불'(Pit Bull) 이었다. 한 번 물면 절대로 놓지 않는다는 사냥개 핏불. 세계에서 가장 위험한 개 1위로 손꼽히는 미국 원산의 독종 개 핏불.

한동안은 나에게 그런 별명이 붙은 줄도 몰랐다. 서울중앙지방검찰청으로 자리를 옮기고 나서야 그런 이야기가 들려왔다. 아마도 조직폭력배들이 나라는 사람과 최일남 관련 사건을 그만큼 잘 알고 있다는 의미였으리라.

제3장
파사현정(破邪顯正), 계속된 질주

일망타진

야쿠자와 재벌의 커넥션

건설현장의 조직폭력배들

집요한 추적

활개 치며 살아가는 살인범들

무고한 살인 용의자

일망타진

2000년 9월 초순 어느 날 오후, 나는 검사실에서 책상 하나를 사이에 두고 용모가 단정한 30대 후반의 여성 피의자와 얼굴을 마주하고 있었다.

"당신은 소위 A회라는 사이비 종교단체에서 간부로 일한 적이 있지요?"

"저는 A회의 간부로 일한 적은 있지만, 사이비 종교단체에 몸을 담은 적은 없습니다."

"그래요? 좋습니다. 당신은 그 종교단체 교주 부부의 명을 따라서 수십 차례에 걸쳐 수많은 신도들에게 서로 간에 맞보증을 서는 방식으로 금융기관에서 신용대출을 받아 그 대출금을 성전 건립자금으로 헌금하라고 꼬드긴 적이 있지요?"

"……."

"그런 적이 있습니까, 없습니까?"

내가 재차 물었지만 피의자는 고개를 숙인 채 손톱만 만지작거리고 있었다.

"왜 대답이 없습니까? 진술을 거부하는 겁니까?"

"아, 아닙니다. 아닙니다, 검사님. 그런 적이 있습니다. 모든 혐의를 다 인정할 테니 저를 꼭 구속해주십시오. 저를 꼭 교도소로 보내주십시오. 천부님과 천모님이 계시는 그곳에서 그분들을 모시고 살아갈 수 있도록 저를 꼭 ⋯ . "

 피의자가 갑자기 손바닥을 비비며 울음 섞인 목소리를 토해내는 바람에 나는 어안이 벙벙해졌다.

 "아니, 아직도 천부인지 천모인지 하는 자들을 믿습니까? 수많은 피해자들이, 아니 세상 사람들이 다 천하의 사기꾼들이라 욕하고 있는데도?"

 "네? 아니, 사기꾼이라니. 사기꾼이라니. 대체 우리 천부님, 천모님께서 무슨 사기를 쳤다고 그러시는 겁니까?"

 이번에는 피의자가 매섭게 눈을 부라리며 언성을 높였다.

 "이미 특정경제범죄가중처벌법상의 사기혐의로 구속되어 언론에 대서특필된 사람들이라서 한 말인데, 귀에 거슬렸다면 사기꾼이라는 표현은 취소하겠습니다. 하지만 시한부 종말론으로 신도들을 현혹하여 전 재산을 헌납케 한다든지, 어차피 종말이 오면 대출금을 갚을 일도 없을 테니 최대한 대출을 내어 성전에 바치라고 꼬드긴 건 분명히 거짓말이지 않았습니까?"

 "아니, 그것이 왜 거짓말입니까? 헌금을 모아 성전을 크게 지어야만 보다 많은 신도들이 구원을 받을 수 있을 것 아닙니까."

 "금년 1월 15일에 아무 일도 일어나지 않았잖습니까. 그토록 장담하고, 고대하던 종말이 오지 않았지 않습니까. 그게 거짓말이 아니고 뭐란 말입니까?"

 "그게 왜 거짓말입니까? 그저 하늘의 시계와 이 세상의 시계 사이에 약간의 시차가 작용했을 뿐이지. 검사님도 한번 생각해보세요."

 피의자가 좋은 포교 대상자라도 만난 양 자기들만의 교리를 주절

주절 늘어놓을 기세였다.

"아, 됐습니다. 됐습니다. A회의 교리는 대충 알고 있는데, 아직도 그걸 믿고 있다는 말이죠?"

"그럼요. 진리니까요."

"흠, 전직 교사라 했지요?"

"네."

"왜 전직입니까? 왜 교직을 그만두었습니까?"

"……."

"가족관계는 어떻게 됩니까?"

"……."

"현재 거주하는 곳은 어딥니까?"

"검사님, 모든 혐의를 다 인정할 테니 제발 그딴 것 좀 묻지 말고 저를 교도소로 보내주세요. 우리 천부님과 천모님이 계시는 그곳으로 저를 꼭…."

피의자가 고개를 꺾으며 다시 울음 섞인 목소리를 흘리기 시작했다.

2000년 8월 나는 서울중앙지방검찰청으로 전보되어 강력부에 적을 두게 되었다. 서울중앙지방검찰청 강력부는 1990년 범죄와의 전쟁 당시 창설된 이래 전국의 주요 조직폭력단체들을 붕괴시키는 데 결정적 역할을 하면서 조직폭력배들 사이에 대단한 위명(威名)을 떨쳐왔다. 그런 만큼 나는 강력검사, 조직폭력 전담검사의 뜻을 세운 이후로 줄곧 서울중앙지방검찰청 강력부에서 근무해보기를 희망해왔으며, 8년 동안 지방만 전전하던 끝에 의정부지검에서의 수사 실적을 인정받아 마침내 기회를 잡을 수 있었다.

그때 내가 전임검사로부터 인수한 사건들 중에는 세상을 떠들썩하게 했던 흥미로운 사건이 한 건 있었다. 그것은 바로 6개월의 수사기간을 거쳐 내가 부임하기 한 달 전에 교주 등 42명의 피의자들을 특정경제범죄가중처벌법상의 사기 등의 혐의로 구속기소하고, 교단 간부 등 113명을 지명수배 해놓은 속칭 'A회'라는 사이비 종교단체 관련 사건이었다. A회는 당초 기(氣) 수련 단체로 출발했으나 차츰 천존(天尊)이라는 천상의 절대자를 받드는 종교 단체로 변질되면서, 천존의 대리인인 교주를 천부(天父), 교주의 아내를 천모(天母)로 추앙하며 신격화해왔다.

A회의 교주 부부와 간부들은 허황된 종말론을 퍼뜨리며 신도들에게 재산을 헌납하거나 맞보증 방식으로 5천여 금융기관들로부터 대출을 받아 헌금을 내도록 강요하여 수백억 원의 자금을 긁어모았다. 2000년 모월 모일이 되면 지구상의 기가 고갈되어 대부분의 사람들이 죽게 되지만, A회의 신도들만은 헌금으로 건립한 성전에다 기로 방어벽을 침으로써 온전히 구원받을 수 있다는 것이 그들이 부르짖던 종말론의 요지였다. 그들은 어차피 종말의 시간이 다가오므로 원리금을 갚을 필요가 없다는 등의 허황된 말로 신도들을 현혹하며 이 금융기관 저 금융기관에서 최대한으로 대출을 받도록 부추겼고, 그들의 술수에 넘어간 신도들은 결국 전 재산을 교단에 헌납하거나 성전 건립자금으로 사용한 대출금의 원리금을 갚지 못해 신용불량자로 전락하면서 가정과 직장을 잃은 채 거리로 내쫓겨야만 했다.

사회심리학 용어 중에 인지부조화 이론이라는 것이 있다. 내면에 상호 모순되는 인지요소들이 병존하면 인지적 불균형 상태가 되어 심리적 갈등을 유발하게 되므로, 사람들은 스스로 그런 불균형 상태를 해소함으로써 심리적 안정을 찾고자 한다는 내용의 이론이다. 가령 종말론 맹신자들은 예정된 날에 지구에 종말이 오지 않더라도 자신들이 속았다는 사실을 인정하지 않고 종말론을 유포한 교주에게 더욱 깊은 신뢰를 보냄으로써 심리적 안정을 찾으려 한다는 것이다.

종말론을 믿고 모든 것을 다 버린 사람들이 자신의 잘못을 인정하는 순간 너무도 고통스러운 인지부조화 상태에 빠지게 되어 견딜 수가 없을 터이므로, 차라리 자신의 결정을 극단적으로 합리화하는 방향으로 나아가려 한다는 것이다.

그날 내가 신문하던 여성 피의자의 심리가 꼭 그러했을 것 같았다. 그녀는 A회의 마수에 걸려들어 모든 것을 다 잃고 말았다. 거액의 대출금, 원리금을 갚지 못해 신용불량자로 전락했고, 종교 및 경제적 갈등을 이기지 못해 남편과 이혼해야 했으며, 불미스런 소문이 퍼지면서 마침내 직장까지 잃어야 했다. 인생을 송두리째 망쳐버린 상황에서 어찌 스스로의 잘못을 인정할 수 있었겠는가. 아마도 속았다는 사실을 인정하는 순간 그녀는 미쳐버리거나 스스로 죽음의 길을 택하지 않고서는 도저히 견딜 수가 없었을지도 모른다.

그 후로 지명수배된 A회 간부들이 수시로 검거되어 왔는데, 그들 중의 상당수가 그날의 전직 여교사처럼 자신의 행동을 극단적으로 합리화하며 천부님과 천모님이 계신 교도소로 보내 달라고 애원했다. 지명수배된 A회 간부들 중에는 중앙부처 공무원, 교사, 은행원, 의사, 건축사 등 안정된 직업을 가진 사람들도 적지 않았다. 나는 가급적 진실을 알려주려고 애썼지만 그들은 한사코 외면하려고만 들었다. 논리로 믿음을 이길 수 없었다. 나는 결국 그들의 생각을 조서에 그대로 옮겨 적을 수밖에 없었고, 그것들은 각기 생생한 인지부조화의 현장 보고서가 되고 말았다.

그렇게 A회 사건의 뒤처리를 하던 어느 날 김보경이라는 30대 남자가 서울중앙검찰청 강력부 범죄신고센터를 찾아왔다. 그는 충청남도 대천지역에서 활동하는 '신 T회'라는 폭력조직의 조직원이라며 자신의 신분을 스스로 밝혔다.

나는 여러 해 전 홍성지청에서 근무할 당시 대천 T회의 두목 김관석을 도박사건으로 지명수배한 적이 있었다. 당시 김관석은 어떤 지역 유지를 도박판으로 유인해 2억여 원의 빚을 지게 만든 후 그 빚을 갚으라며 공갈, 협박하다가 상대방의 신고로 검찰의 추적을 받게 되었다. 나는 백방으로 김관석의 뒤를 쫓다가 결국 검거하지 못한 채 대구지방검찰청으로 자리를 옮겼는데, 나중에 들리는 이야기로 김관석은 결국 피해자로부터 합의서를 받아내어 자수함으로써 벌금형을 받게 되었다고 했다.

나는 그때의 기억을 되살리며 김보경에게 물었다.

"대천의 T회라면, 김관석이라는 자가 이끄는 폭력조직 아니오?"

"네, 맞습니다. 그런데 그 관석이 큰형님이 얼마 전에 그만 칼침을 맞고 죽었습니다. 관할 경찰서는 믿을 수가 없어서 이렇게 찾아뵈었으니 제발 서울중앙지검 강력부에서 저희 큰형님의 원한을 좀 풀어주십시오."

김보경이 머리를 조아린 뒤 사건의 자초지종을 풀어나갔다.

T회는 1988년경부터 대천지역을 '나와바리'로 삼아 유흥업소들로부터 금품을 갈취하고 지역 주민들에게 폭력을 휘둘러온 일종의 '논

두렁 깡패' 조직이었다. 그리고 1994년경 두목 격이던 김성룡과 김관석이 조직의 주도권을 두고 알력을 빚다가 결국 김관석이 상당수의 조직원들을 데리고 독립하여 '신T회'를 결성하면서 두 조직 간에 치열한 세력 다툼이 벌어지게 되었다.

그 후 두 조직이 대립하는 과정에서 차츰 신T회 쪽으로 세력이 기울어가자 '구T회' 측이 신T회를 제거하는 수단들 중의 하나로 경찰력을 이용하게 되었다. 즉, 구T회가 관할 경찰서에 신T회의 범죄사실을 제보하며 조직원들을 하나 둘 구속시켜 나갔던 것이었다. 시쳇말로 손 안 대고 코 푸는 격이었지만, 그런 방법에는 한계가 있을 수밖에 없었다. 좁은 바닥에서 누가 어떻게 제보했는지가 금방 알려질 수밖에 없었으며, 경찰 또한 언제까지고 그들의 장단대로만 놀아줄 리 만무했다.

결국 조직들 간의 알력이 극단으로 치달으면서 구T회의 두목 김성룡이 부하 조직원들에게 신T회의 두목 김관석을 살해하라는 명령을 하달하기에 이르렀다.

통상 폭력조직의 두목급 간부들은 언제 들이닥칠지 모를 적들의 기습에 대비하기 위해 평소 몸에 방어용 복대를 찬 채 이곳저곳 잠자리를 옮겨 다니며 생활한다. 김관석도 예외가 아니었는데, 구T회의 조직원들이 끈질긴 추적 끝에 마침내 김관석이 대천 시내 어느 모텔에 투숙하는 광경을 목격하게 되었다. 그리고 그날 밤 각종 흉기들로 무장한 구T회 조직원들이 그 모텔을 포위하고, 행동대장 하나가 객실로 난입해 등산용 칼로 김관석을 무자비하게 난자했다.

"범인은 검거되었습니까?"

심보경의 이야기를 듣고 나서 내가 물었다.

"검거되기는요. 큰형님을 찌른 놈은 잠수해버렸고, 지령을 내렸던 김성룡 이하 다른 조직원들은 떵떵거리며 백주대로를 활보하고 있는 걸요. 관할 경찰서까지 한통속이 된 건지 직접 찌른 놈만 지명 수배해 놓고는 나 몰라라 하고 있습니다."

"김관석이 이끌던 신T회 조직원들은 어찌되었습니까?"

"저놈들에게 언제 횟감이 될지 몰라 뿔뿔이 흩어져 제 갈 길을 찾아갔습니다. 겁이 나서 당최 살 수가 있어야지요. 그러니 제발…."

김보경이 눈물까지 글썽이며 다시 한 번 '큰형님'의 원한을 풀어달라고 애원했다.

며칠 후 서울중앙지검 강력부의 조직폭력 담당 4개 검사실의 인력이 총동원되어 대천으로 내려갔다. 그리고 관할 검찰청 및 경찰서의 지원을 받아 모 나이트클럽 등 구T회의 아지트들을 급습하여 하룻밤 사이에 20여 명의 조직폭력배들을 검거했다. 일망타진. 그야말로 한 번의 그물질로 모든 고기들을 다 잡아들인 전광석화(電光石火)와도 같은 폭력조직 궤멸작전이었다.

서울중앙지방검찰청 강력부는 치밀한 조사를 거쳐 그들을 범죄단체 구성 및 살인교사 등의 혐의로 전원 구속기소했고, 법원은 그들에게 중형을 선고했다. 그것으로써 오래도록 대천지역에서 할거하던 폭력조직을 온전히 와해시킬 수 있었다.

소설이나 영화 속에서는 조직폭력배들이 의리를 중시하는 사나이들로 묘사되는 경우가 많다. 하지만 현실은 전혀 그러하지 않다. 내가 겪어본 바로 그들은 철저하게 자신들의 이익에 충실한 인간들일 뿐이다. 그들은 자신들에게 이익이 되는 일이라면 어떤 일도 마다하지 않는다. 자신의 이익에 방해가 된다 싶으면 수십 년을 형님 아우 하며 지내온 사람들에게도 언제든지 칼을 들이댈 수 있는 사람들이 바로 그들이다. 그들은 지극히 단순한 사고체계를 지니고 있어 자신의 행동이 어떤 결과를 초래할 것인지 깊이 생각하지 않고 즉흥적으로 기분에 따라 행동한다. 따라서 그들의 행동은 몹시 잔혹하며, 그 결과는 사뭇 비참하다.

혹여 독자들 중에 조직폭력배들에 대하여 막연한 동경심을 가진 사람이 있다면 그것은 실로 위험천만한 착각이라 아니할 수 없다. 언제 '칼침'을 맞을지 몰라 전전긍긍하며, 복대를 찬 채 거리를 떠돌지 않고서는 생명을 부지해갈 수 없는 존재들이 바로 그들이요, 그렇듯 저주받은 삶이 곧 그들의 서글픈 인생이다. 사람은 모름지기 정당한 노동의 대가로써 살아갈 때에만 행복할 수 있는 법이다.

야쿠자와 재벌의 커넥션

어느 날 어떤 사업자로부터 피해신고가 접수되었다. 그가 박 모라는 사람과 동업으로 모 농수산물시장을 경영했는데, 그 사업체가 부도가 나자 박 모가 자신이 출자했던 자금을 갚아 달라, 갚아주지 않으면 일본에서 야쿠자들을 데려와 혼내주겠다고 협박하며 폭력을 휘둘렀다는 내용이었다. 상대방이 야쿠자를 들먹이자 그 사업자가 겁에 질린 나머지 서울중앙지방검찰청 강력부를 찾아와 직접 신고한 것이었다.

국내 폭력조직들이 일본의 야쿠자와 연계되어 있다거나 일본 야쿠자의 자금이 국내로 흘러들어왔다는 이야기는 오래전부터 들려왔었다. 실제로 1988년에는 부산 칠성파의 두목이 오사카로 건너가 재일교포 야쿠자 조직인 가네야마구미(金山組)의 두목 가네야마 고사부로(金山耕三朗, 한국명 김재학)와 결연식을 갖고 의형제를 맺은 사실도 있었다(이 사실은 〈범죄와의 전쟁: 나쁜 놈들의 전성시대〉라는 영화에서 소개되기도 했다).

야쿠자 자금은 주로 부동산 투자나 서민들을 상대로 영업하는 대부업체 등을 통해 들어오는 것으로 추정되지만, 합법적인 형태로 들어오기 때문에 수사기관이 단지 야쿠자 자금이라는 이유 하나만으로 단속할 수도 없는 실정이다. 어쨌든 그 사업자의 신고로 나는 야쿠자와 관련된 것으로 추정되는 자금을 수사하게 되었다.

나는 신고인을 협박했다는 박 모의 인적사항을 파악하여 그의 행방을 쫓는 한편 그가 모 농수산물시장을 인수하고 운영하는 데 사용한 자금의 흐름을 추적했다. 그런데 관련 자금을 추적하다 보니 이상한 점이 발견되었다. 박 모가 모 농수산물시장을 운영하면서 IMF 위기 이후에 천문학적인 공적자금이 투입되었던 A그룹의 모 계열사가 발행한 15억 원짜리 당좌수표를 사용한 적이 있었던 것이었다. 왜 A그룹의 돈이 박 모에게로 흘러갔을까? 그 궁금증을 풀기 위해서라도 박 모를 조속히 검거할 필요가 있었다.

수사관들이 한 달 동안 뒤를 쫓던 끝에 남양주에 숨어 있던 박 모를 검거했다. 일단 폭력혐의로 그를 구속한 뒤 자금의 정체를 추궁했다.

"당신이 그 농수산물시장을 인수할 때 사용한 10억 원의 자금은 어디서 나왔습니까?"

"일본에서 얻어왔습니다."

"일본에서요? 빌린 것도 아니고 그냥 얻어왔다고요?"

"네."

"일본에서 누가 그토록 큰돈을 거저 줍디까?"

"그러니까, 그것이, 음⋯."

박 모가 더듬거리며 들려준 말을 정리하면 대강 이러했다.

박 모의 생모는 20대 초반에 결혼한 직후 이혼하고 아들을 낳았다. 그녀는 결혼한 전력을 숨기기 위해 아들을 자신의 동생으로 입적시킨 뒤 일본으로 건너가 허영중이라는 재일교포를 만나 다시 결혼했다.

오사카에서 태어나 부동산과 주식으로 거금을 모은 허영중은 60여 개의 사업체를 경영하던 거물급 실업가로 제5공화국 시절 오사카 민단의 추천을 받아 2년 동안 민주평화통일자문회의의 자문위원으로 활동하기도 했다.

허영중은 또한 1990년경 오사카에 본점을 둔 이토만상사라는 중견 무역회사의 경영진과 공모하여 그림 2백여 점을 시세보다 높은 가격으로 강매함으로써 이토만상사에게 약 260억 엔의 손실을 입히고, 이토만상사로부터 융자받은 약 90억 엔의 차입금을 상환하지 않는 등의 술수를 부려 당시 일본에서 전후 최대의 경제사건으로 치부된 바 있는 이른바 '이토만 사건'을 주도했던 장본인이기도 했다. 알려진 바로는 일본 야쿠자 중 최대 조직인 야마구치구미(山口組)와 깊은 관련이 있는 허영중이 야마구치구미의 위세를 등에 업고 그런 대형 경제사건을 일으켰던 것이라고 했다.

하여튼 박 모는 문제의 농수산물시장을 인수하기 전에 생모를 만나러 일본에 갔다가 생모와 함께 있던 허영중에게 인사했고, 그러자 허영중이 사업자금으로 쓰라며 1억 엔의 현금을 선뜻 건네주었다. 횡재를 하고 귀국한 박 모는 지인들의 권유로 모 농수산물시장을 인수하는 데 동참했지만, 사업체가 부도가 나자 동업자들에게 야쿠자를 들먹이며 폭력을 행사하게 되었다.

박 모의 말을 듣고 나는 다시 한 번 다그쳐 물었다.

"허영중이 제아무리 잘나가는 실업가지만 설마 그토록 많은 돈을 아무런 이유도 없이 주었겠습니까? 바른 대로 말하세요. 그 돈은 야쿠자가 당신을 통해 한국에 투자하려 했던 돈이지요?"

"아닙니다. 저는 그저 그분이 선뜻 내주기에 받아왔을 뿐이지, 그 돈이 어떤 돈인지는 모릅니다."

"여보세요. 그런데 왜 동업자들에게 야쿠자 운운하며 협박했습니까? 야쿠자가 투자한 돈이라서 그랬던 것 아닙니까?"

"아, 아닙니다. 그냥 겁을 주려고 해본 소리였지, 절대로 다른 이유는 없었습니다."

박 모가 야쿠자와의 관계를 완강히 부인했다.

"흠, 좋습니다. 그럼 그건 그렇다 치고, 당신이 농수산물시장을 운영하며 사용했던 자금을 추적해보니 A그룹 계열사가 발행한 15억짜리 수표가 있던데, 어찌된 겁니까?"

"제가 세상물정도 모르고 사업경험도 별로 없는데, 주위 사람들의 권유로 농수산물시장 인수에 덜컥 대들었다가 그만 부도위기에 몰리고 말았습니다. 하는 수 없이 허영중 씨에게 도움을 청했더니, 허영중 씨가 A그룹 계열사의 모 사장에게 부탁해 놓을 테니 한번 찾아가보라고 하더군요. 그래서 모 사장에게 연락하고 회사로 찾아갔더니 며칠 뒤에 바로 15억 원을 빌려주었습니다."

"아니, 유명 대기업의 사장이란 사람이 15억이나 되는 돈을 이유도 없이 선뜻 빌려줘요?"

"아니, 이유가 없었던 게 아니라, 제가 그분께 우리 농수산물시장에서 저장창고를 지을 예정인데 그 공사를 그분 회사에 맡길 테니 사업자금을 좀 융통해 달라고 부탁했습니다."

"그랬더니 바로 수표를 끊어줍디까?"

"아니, 제가 가져간 사업계획서를 보시고 저희 농수산물시장의 주식을 담보로 달라기에, 갖다 주었더니 바로 … ."

"담보로 제공한 주식의 액면가가 얼마였습니까?"

"50억이었습니다."

"그 사업계획서라는 건 지금 어디 있습니까?"

"저희 사무실에 있습니다."

나는 즉시 모 농수산물시장 관리소로 수사관을 보내 문제의 사업계획서의 사본을 한 부 받아오도록 했다.

그런데 문제의 사업계획서를 보니 저장창고가 들어설 부지부터가 군사시설보호구역 내에 위치하여 건축허가가 원천적으로 불가능한 땅이었다. A그룹을 대표하는 종합건설회사의 사장이라는 사람이 어찌하여 그따위 허무맹랑한 사업계획서를 믿고 돈을 빌려주었다는 것인지 도무지 이해할 수가 없었다.

그리고 보니 담보로 제공했다는 주식이란 것도 의문스럽기가 짝이 없었다. 건설회사가 공사수주를 조건으로 거래처에 자금을 빌려주는 경우야 왕왕 볼 수 있는 일이라 하더라도, 그런 경우 건설회사는 반드시 부동산 등 담보가치가 확실한 물건을 담보로 취득하는 법이거늘, 부도위기에 몰려 있는 영세업체의 비상장주식을 담보로 취득했다는 점이 도대체 석연치가 않았다.

나는 다시 박 모를 추궁했다.

"당신이 A그룹의 모 사장으로부터 빌린 돈은 어디에 썼습니까?"

"회사 운영자금으로 모두 날렸습니다."

"짓기로 한 창고는 어찌되었습니까?"

"돈이 없어서 못 지었습니다."

"그 돈을 빌린 지도 2년이 넘었는데, 그 동안 갚은 원리금은 얼마나 됩니까?"

"한 푼도 갚지 못했습니다."

"이자도 낸 적이 없습니까?"

"네. 처음에는 몇 번 이자독촉을 받았지만 돈이 없어서 못 줬고, 그 뒤로는 연락이 없기에 그냥 지내왔습니다."

"흠, 그 많은 돈이 고스란히 그 A그룹 계열사의 손실로 돌아갔고, 그 손실을 결국 국민들의 피땀으로 조성된 공적자금으로 메워주게 되었다, 그런 말이지요?"

"…….."

"할 말이 없습니까? A그룹 계열사의 모 사장과 허영중은 어떤 관계입니까?"

"모릅니다. 저는 그저 허영중 씨가 그 사장님께 연락해 놓았으니 찾아가면 도와줄 거라는 말만 듣고 그분을 만나 돈을 빌렸을 뿐입니다."

"돈을 빌릴 때까지 그 사장을 몇 번이나 만났습니까?"

"그날, 돈을 빌리러 가던 날, 처음 만났습니다."

"여보세요 박 사장님, 그게 말이나 되는 소립니까? 국내 굴지의 대기업의 사장이란 사람이 생전 처음 보는 당신에게 그따위 엉터리 사업계획서와 언제 휴지조각으로 변할지도 모를 비상장주식을 믿고 15억 원이라는 거금을 선뜻 빌려준다는 게 상식적으로 있을 수 있는 일입니까? 그 사장이 허영중과 특별한 관계에 있지 않고서야 어찌 그런 얼빠진 짓을 했겠습니까?"

"모르겠습니다. 두 사람이 어떤 관계인지 저는 정말 모릅니다."

박 모의 표정과 태도로 미루어 모르는 것이 사실인 듯했다.

나는 박 모를 폭력혐의로 기수한 뒤 A그룹의 모 사장을 소환하여 허영중과의 관계 및 박 모에게 돈을 빌려주게 된 경위를 추궁했다.

"비상장주식을 담보로 취득한 건 부동산 등의 다른 담보가 없었기 때문이었고, 사업계획서 문제는 워낙 바쁘다 보니 꼼꼼하게 체크하지 못했던 탓이지, 절대로 다른 이유가 있었던 건 아닙니다. 허영중은 일본에서 사업관계로 몇 번 만났을 뿐 그 이상의 특별한 관계는 가졌던 바 없습니다."

A그룹의 모 사장은 허영중과의 특별한 커넥션을 극구 부인했다. 그렇다고 해서 내가 직접 일본으로 날아가 허영중을 조사할 수도 없는 노릇이었다. 나는 결국 모 사장과 허영중의 관계 및 박 모가 허영중으로부터 얻어왔다는 돈이 야쿠자의 투자자금인지 여부를 밝혀내지 못한 채 모 사장만을 업무상 배임혐의로 구속하여 기소하는 것으로 만족해야만 했다.

그런데 내가 박 모에 대하여 청구한 구속영장 청구서의 범죄사실에 야쿠자 이야기가 나오자 그것을 본 기자들이 서울중앙지방검찰청 강력부가 일본 야쿠자 자금을 조사 중이라고 크게 보도했고, 주요 일간지 사설에도 그 소식이 등장했다. 나는 한동안 일본 야쿠자 자금에 대한 수사가 어떻게 진행되느냐는 기자들의 질문으로 많이 시달렸지만, 결국 아무 것도 밝혀내지 못한 채 수사를 종결하고 말았다.

당시 대검찰청 중앙수사부가 몇 달 전부터 특별수사본부를 설치하고 A그룹에 대하여 집중적으로 수사를 진행했는데, 내가 먼저 범죄사실을 밝혀 문제의 A그룹 계열사 사장을 구속하자 대검찰청 중앙수사부가 상당히 자극받은 것 같았다. 나는 정식 지휘계통인 대검찰청 강력부는 물론 대검찰청 중앙수사부에도 수사의 진행상황을 일일이 보고해야만 했다. 그렇듯 작은 폭력신고 사건을 따라가다 보니 뜻밖에도 일본 야쿠자와 국내 굴지의 재벌그룹으로까지 그 끈이 이어졌다. 그래서 수사업무 종사자들이 '수사는 살아 있는 생물이다'라는 말을 종종 입에 올리는 것인지도 모른다.

건설현장의 조직폭력배들

"어제 건설 관련 피해신고가 접수되었습니다."

어느 날 아침 조 계장이 나에게 보고했다.

"어떤 사건입니까?"

"구로구의 모 아파트 재건축 공사현장에서 도급업체와 하청업체 간에 분쟁이 일어났습니다. 도급업체가 공사비를 제대로 지급하지 않았기 때문이죠. 적은 돈이 아니라서 쉽게 합의보지 못하자 결국 하청업체가 유치권을 행사하며 공사현장을 점거하게 되었습니다. 밀린 공사비를 지불하지 않으면 공사를 진행하지 못하도록 하겠다는 뜻이었죠."

"그런데요?"

"그런데 어느 날인가부터 도급업체 직원이라는 자들이 하청업체 직원들의 공사장 출입을 완력으로 막기 시작했습니다. 하청업체 직원들이 공사장으로 들어가려고 하면 험상궂게 생긴 10여 명의 도급업체 직원들이 온갖 욕설을 퍼붓고 몸싸움을 하며 공사장 밖으로 밀어냈습니다. 신체가 건장한 깍두기 머리의 청년들이 한눈에 보아도 조직폭력배들임이 분명한 것 같아서 하청업체 측에서 경찰에 신고했지만, 경찰관들이 현장에 출동했다가는 그냥 철수해버렸습니다. 아마도 그것이 일단 두 회사 간의 민사적 분쟁이고, 공사장 출입을 통제하던 사람들도 도급업체가 정식으로 월급을 지급하고 4대 보험까지 보장하는 정규 직원들임에 틀림없다는 판단 때문이었던 것 같습니다."

"그래서 어찌됐습니까?"

"경찰관들이 다녀간 뒤로도 1개월가량을 몸싸움만 하다가 어제 오후 하청업체 대표자가 서울중앙지검 강력부를 찾아와 건설현장에 침투한 조직폭력배들을 몰아내 달라고 하소연하고 갔습니다."

"흠, 그래요? 아무래도 도급업체 측에서 조직폭력배들에게 폭력을 청부하면서 그들을 정식 직원들로 위장 채용한 것 같으니 일단 조 계장께서 수사관들을 두어 명 데리고 나가 현장상황부터 한번 확인해보세요."

"네, 알겠습니다. 바쁜 일부터 처리하고, 오후에 짬을 내어 잠깐 다녀오도록 하겠습니다."

그렇게 보고를 마치고 돌아간 조 계장이 오후 늦게 허탈한 표정으로 다시 검사실을 찾아왔다.

"검사님, 허탕치고 말았습니다. 아파트 재건축 공사현장으로 달려가 보니 신체 건장한 깍두기 머리라고는 눈을 닦고 찾아봐도 한 놈도 보이지 않았습니다. 도급업체 측에 물어보니 최근에 인사이동이 있어서 일부 직원들이 다른 공사장으로 전보되었다고 합디다."

"공사현장을 관리하는 직원들이 갑자기 전보되다니, 수사관들이 출동한다는 정보가 새어나간 것 아닙니까?"

"글쎄요. 설마 누가 … ? 하여튼, 귀신같은 놈들이 어떻게 냄새를 맡고 도망친 모양입니다."

"으음, 그럼 하청업체에 연락해서 혹 그 조직폭력배같이 생겼다는 사람들의 얼굴을 사진으로 찍어놓은 게 있는지 한번 알아보세요."

내가 그렇게 지시하자, 이튿날 아침 조 계장이 하청업체에서 촬영해둔 몇 장의 사진들을 들고 왔다.

과연 사진으로 보기에도 조직폭력배의 냄새가 물씬 풍겨나는 인상들이었다. 나는 조 계장을 통해 수사기관에 보관된 전국의 조직폭력배들의 사진과 하청업체가 제출한 사진들을 일일이 대조하던 끝에 그들이 모두 호남 B파의 조직원들임을 확인할 수 있었다. 물론 그들의 인적사항도 수사기관의 컴퓨터 파일에 고스란히 저장되어 있었다. 나는 곧장 그들의 뒤를 쫓기 시작했다. 그러나 몇 달 동안 추적해보아도 그들의 꼬리는 쉬 드러나지 않았다.

그러던 어느 날 조 계장이 환한 얼굴로 검사실을 찾았다.

"검사님, 찾았습니다. 건설현장에서 행패를 부린 호남 B파 조직원들의 아지트를 알아냈습니다."

"아, 그래요? 어디 있습디까?"

"그 동안 송파구 문정동에서 합숙하며 숨어 있었나 봅니다. 합숙소로 사용하는 다세대주택의 위치까지 제가 직접 확인했습니다."

"수고했습니다. 도망치기 전에 덮쳐야 할 텐데, 언제가 좋을까요?"

"관할 경찰서에 지원도 청해야 하고, 우리 직원들도 시간을 맞춰 봐야 하니 D-Day는 따로 상의드리겠습니다."

"아, 네. 그렇게 하시지요."

그리하여 우리는 결국 4일 후, 월요일 밤에 그들의 합숙소를 급습하기로 결정했다. 그런데 D-Day로 정한 월요일 저녁 9시경에 조 계장으로부터 전화가 왔다. 그는 새벽 1시로 예정된 작전개시 시각보다 일찍 현장에 나가 피의자들의 동정을 살피고 있던 중이었다.

"검사님, 작전을 중지해 주십시오. 이놈들이 모두 도망쳤습니다."

"네? 그게 무슨 말입니까?"

"멀리서 지켜보니 이상하게 한 놈도 현관을 출입하는 놈이 없고, 방에 불도 꺼져 있고 해서 주위 사람들에게 알아봤더니 일요일, 그러니까 바로 어제 오후에 놈들이 집을 비워주고 떠났답니다."

"아니, 또 정보가 흘러나갔단 말입니까?"

"글쎄요. 설마…? 아, 네. 어쩌면 관할 경찰서 쪽에서 새어나갔을지도 모르긴 하겠군요."

"알았습니다. 철수하세요. 수고했습니다."

만반의 태세를 갖추고 출동시각만 기다리던 나는 온몸의 힘이 쭉 빠지고 말았다.

도대체 검사실의 출동정보가 어떻게 새어나갔다는 말인가? 꼭 영화의 한 장면을 보는 것만 같았다. 정보누설 문제로 직원들도 서로를 믿지 못하겠다는 듯한 눈치들이었지만, 그보다 중요한 건 놈들을 조속히 검거하는 일이었다.

"설마 우리 검사실에서 정보가 새어나간 건 아니겠지요? 다 지나간 일이니 잊어버리고, 다시 수사력을 모아 놈들을 쫓도록 합시다."

나는 직원들을 모아놓고 그렇게 밀하며 철저히 기밀을 유지해줄 것을 다시 한 번 완곡히 당부했다.

나와 직원들이 백방으로 알아보았지만 놈들의 행방은 묘연하기만 했다. 어떻게 하면 놈들을 체포할 수 있을까? 나는 약 두 달 동안 궁리에 궁리를 거듭하던 끝에 마침내 그 해답을 찾을 수 있었다.

어느 날 오후 나는 직원들을 검사실로 불렀다.

"추석연휴가 1주일 앞으로 다가왔습니다. 놈들이 지금까지는 어디엔가 꼭꼭 숨어 있었지만 최소한 명절에는 다는 몰라도 적어도 몇 명쯤은 반드시 고향을 찾을 것 같습니다. 수고스럽더라도 추석연휴가 시작되기 하루 전에 놈들의 고향으로 내려가 그들의 부모가 거주하는 집 부근에 잠복해주세요. 관할 검찰청과 경찰서에는 내가 연락해서 지원을 요청해 놓겠습니다."

나는 그렇게 협조를 청한 뒤 추석연휴 전일에 직원들을 모두 호남의 모 지역으로 내려 보냈다.

나의 계산은 적중했다. 설마 추석 연휴에 고향으로까지 수사관들이 들이닥칠까 하고 방심한 조직폭력배들이 여유롭게 고향집을 찾아갔고, 관할 검찰청과 경찰서로부터 수사인력을 지원받은 우리 직원들이 그들을 한 명씩 검거하는 데 성공했다. 그날 검거한 용의자들만도 6명이나 되었다.

아무리 흉악한 조직폭력배기로서니 감히 검찰청에서까지 난동을 부리기야 할까? 어떤 독자들은 그렇게 지레짐작할는지도 모른다. 그러나 그것은 빗나간 추측이다. 수사를 하다보면 조직폭력배들이 검찰청에서 난동을 부리는 광경을 종종 목격할 수 있다.

그들은 검사와 수사관들의 기를 꺾어놓기 위해 곧잘 난동을 부리곤 한다. 그래서 조직폭력배 수사는 자칫하면 인사사고가 따를 수 있는 위험천만한 업무이기도 하다.

그날 우리 수사관들이 호남 B파의 조직원들을 검거하여 서울로 호송하려 하자 지원을 나온 관할 경찰서의 경찰관들이 조심하라고 신신당부했다. 검거된 용의자들은 수사관들의 기를 꺾을 요량으로 조사를 시작하기도 전에 벽에 머리를 들이받는 등 자해를 하며 난동을 부리기 때문에 수사 초기에 각별한 주의를 기울여야 한다는 것이다.

경찰관들의 충고는 정확히 과녁을 꿰뚫었다. 그들은 호송하는 승용차 안에서는 얌전히 있었지만 검찰청 조사실로 분산시켜 신문하려고 들자 마구 난동을 부리기 시작했다. 양손에 수갑을 채워놓았지만 아랑곳하지 않고 고래고래 고함을 질러댔다. 어떤 자는 머리로 책상을 들이받고, 어떤 자는 벌떡 일어나 창문으로 뛰어들어 유리를 깨뜨리고, 심지어는 창틀 아래 설치된 난방용 라디에이터 위로 올라가 다이빙하듯 곤두박질치며 바닥에 머리를 내리꽂는 자도 있었다.

아수라장이 따로 없었다. 조사실의 모든 방들이 얼굴이 찢어진 자, 머리가 깨어진 자, 코뼈가 부러진 자 등이 얼굴에 피를 줄줄 흘리며 질러대는 고함소리와 악다구니들로 바글거렸다. 참으로 기가 막히고 어처구니없는 광경이었다. 지극히 단순한 사고방식의 소유자들이 수사관들의 기선을 제압하겠다는 지극히 단순한 목적을 달성하기 위해 그런 짓거리들을 하는 것이다.

용의자 하나가 그렇게 난동을 부리면 수사관 두셋이 달려들어도 곧장 제압하기가 어렵다. 전 직원이 달려들어 가까스로 그들을 제지한 뒤 담배도 주고 커피도 권하면서 애써 달래야만 했다. 그렇게 몇 시간이 흐르고 나서야 비로소 그들이 잠잠해졌다. 검찰청에서조차 이렇게 난동을 부리는 자들이 일반 시민들에게는 어떻게 행동했을까? 충분히 짐작하고도 남을 것 같았다.

어렵사리 그들을 검거하여 구속기소하고 나니 더욱 황당한 일이 나를 기다리고 있었다. 그들을 기소한 지 한 달도 채 되지 않아서 별

건 추가범죄가 있던 2명을 제외한 나머지 피고인들이 모두 법원으로부터 집행유예 판결을 받고 풀려났다. 한편으로는 허탈하고 부아가 치밀었다. 나는 즉각 항소했다. 너무도 화가 나서 항소이유서에 법리내용뿐 아니라 수사기관의 고충까지도 가감 없이 적었다.

법원은 건설현장에 개입하여 청부폭력을 휘두르는 조직폭력배들의 위험성을 제대로 알고나 있느냐. 담당검사와 수사관들이 6개월 동안이나 추적하던 끝에 추석연휴마저 반납해가며 가까스로 검거하여 구속기소한 흉악한 조직폭력배들을 법원이 한 달도 안 되어 집행유예로 풀어주면 어떡하느냐. 이건 아예 수사하지 말라는 뜻이지 않느냐. 정히 이런 식으로 판결을 내린다면 앞으로 다시는 이런 수사를 하지 않겠다.

대략 그런 요지의 글을 항소이유서에 추가로 담았다. 그러나 항소는 기각되고 말았다. 나는 재판결과에 크게 낙담했다. 추석연휴까지 반납한 채 조직폭력배 타도에 나섰던 수사관들에게도 면목이 없었다. 수사관들과 함께 삼겹살과 소주로 끓는 속을 달래며 한껏 법원을 성토해보았지만 쓰라린 가슴이 오래도록 달래지지 않았다.

집요한 추적

호남의 폭력조직 D파가 악명을 떨치며 세간의 주목을 받게 된 건 1990년대 초에 일어난 서울동부지방법원 법정증인 살해사건 덕분이었다. 그것은 범죄조직으로부터 피해를 본 피해자가 법정에 증인으로 출석하여 피고인이던 D파 조직원에게 불리한 증언을 했다는 이유로 폭력배들에 의해 법원 바로 앞에서 무자비하게 칼에 찔려 살해된 사건이었다.

사법질서의 근본을 뒤흔든 법정증인 살해사건으로 인해 호남 D파의 조직원들이 대거 구속되었는데, 그때 주모자급으로 지목된 자가 강 모였다. 당시 호남 D파는 호남 남부지역의 폭력배들과 광주지역의 일부 폭력배들이 연합하여 만든 다소 느슨한 조직으로 일사불란한 범죄조직의 체계를 갖추고 있지는 않았다. 하지만 그 사건의 파장이 워낙 컸던 탓으로 서울동부지방검찰청이 사건에 연루된 폭력배들을 모조리 범죄단체로 엮어서 엄중히 처벌했다.

그런데 호남 D파의 범죄형태는 기존 조직폭력배들의 그것과는 다소 다른 양상을 보여주고 있었다. 그들의 특기는 부도난 상가건물을 헐값에 인수하여 갖은 수단으로 상인들을 몰아낸 뒤 높은 가격으로 전매하거나, 경매로 나온 대지 및 건물의 대지만을 싸게 낙찰받은 뒤 건물 주인을 협박하거나 건물 주위에서 피켓시위를 하며 겁을 주는 등의 방법을 통해 건물을 헐값으로 인수하는 것이었다.

　어느 날 등촌동의 모 상인자치회가 서울중앙지방검찰청 강력부에 진정을 내어서 내가 그 사건을 담당하게 되었다. 나는 진정서를 꼼꼼히 읽어본 뒤 그 상인자치회의 대표를 소환하여 사건의 자초지종을 알아보았다.

　"수십 개의 상점들과 식당들이 세 들어 영업하던 건물의 소유자이자 관리인이던 회사가 부도나서 대표자가 미국으로 도망쳐버렸습니다. 그래서 세 들었던 상인들이 상인자치회를 만들어 스스로 건물을 관리하고 있었지요. 그런데 어느 날 갑자기 험상궂게 생긴 사람들이 들이닥치더니 미국으로 도망간 사장으로부터 빌딩 관리권을 위임받았다며 앞으로 자기들이 빌딩을 관리하겠다는 겁니다. 위임장인가 뭔가 하는 종이 쪼가리만 하나 달랑 들고 와서 빌딩 관리권을 통째로 먹겠다는 겁니다. 그래서 무슨 소리냐며 상인들이 펄쩍 뛰었죠. 그랬더니 깡패 새끼들이 우르르 몰려와 장사도 못하게 행패를 부리고 협박하고 해서 겁이 나서 살 수가 있어야지요."

　"그럼 경찰에 신고해야지요."

　"당연히 신고야 했죠. 놈들이 무슨 얘기를 어떻게 했는지 경찰이 덜컥 무혐의 결정을 내려버려서 그렇지."

　"그래서 다시 검찰청에 진정을 내게 된 겁니까?"

　"네, 그렇습니다."

　나는 상인자치회 대표를 돌려보내고, 덜컥 무혐의 결정을 내렸다는 관할 경찰서의 형사과장에게 전화를 걸었다.

　"관련된 폭력배들이 어떤 자들입니까?"

　"호남 D파라고 전에 법정증인을 법원 앞에서 살해해서 물의를 빚었던 애들입니다."

"호남 D파라면 강 모라는 자가 몸담고 있는 조직 아닙니까?"

"맞습니다. 그때 그 사건으로 형을 살고 나와 지금은 D파의 두목급으로 활동하고 있는데, 이번에 등촌동 상가의 관리권 문제로 상인들과 마찰을 빚은 사건도 그놈이 주도했습니다."

"강 모라…. 그런데 왜 무혐의로 처리되었죠?"

"위임장도 있고, 협박했다는 확실한 증거도 없고, 그랬거든요."

나는 통화를 마치고 무혐의로 처리된 기존의 수사기록을 찾았다.

이튿날부터 본격적인 재수사가 시작되었다. 나는 기존의 수사기록과 상인들의 진술을 토대로 폭력배들을 한 명씩 차례로 검거해나갔다. 그런데 약 한 달에 걸쳐 7~8명의 조직원들을 구속기소했지만 정작 우두머리격인 강 모를 검거할 수 없었다. 수사에 워낙 단련된 자라서 그런지는 몰라도 검거하려고 하면 귀신같이 도망치는 바람에 수사관들이 번번이 허탕을 치고 말았다.

몇 개월을 추적하던 중 크리스마스 이브에 강 모의 것으로 추정되는 휴대폰의 위치가 확인되었다. 송파구의 어느 모텔 밀집지역에 소재한 기지국에서 문제의 휴대폰 위치가 잡혔던 것이었다.

나는 수사관들을 급파하여 포위망을 좁혀가다가, 그가 투숙해있을 것으로 강력히 추정되는 5층짜리 모텔 하나를 찾아냈다.

"두 사람은 종업원들이 손님들에게 연락을 취하지 못하도록 막으면서 카운터에 대기하고 있다가, 강 모가 내려오면 바로 검거하도록 하세요. 나머지 두 사람은 임시검문을 가장하여 투숙자들을 확인하되 한 사람은 맨 위층에서부터 확인해 내려오고, 한 사람은 맨 아래층에서부터 확인해 올라가도록 하세요."

나는 가장 베테랑 수사관인 이 수사관으로부터 전화보고를 받고 그렇게 지시한 뒤 두근거리는 가슴을 안고 검사실을 서성거렸다.

얼마나 시간이 흘렀을까. 이 수사관이 다시 보고해왔다.

"검사님, 죄송합니다. 놓쳤습니다."

"네? 아니, 어찌된 겁니까?"

이 수사관이 분해서 죽겠다는 듯한 목소리로 들려준 현장의 상황은 대강 이러했다.

이 수사관이 모텔 3층의 어느 객실 문을 두드리니 이상하게도 인기척이 없었다. 그를 수상히 여긴 이 수사관이 끈질기게 문을 두드리자 잠시 후 어떤 남자가 마지못해 문을 열었다. 욕실에서 나왔는지 발가벗은 몸에 얼굴에는 면도용 비누거품이 잔뜩 발려 있었다. 비누거품 때문에 남자의 얼굴은 확인할 수 없었고, 방안에는 30대쯤의 여자 하나가 침대 끝에 걸터앉아 담배를 피우고 있었다.

"검찰에서 나왔습니다. 임시검문 중이니 신분증을 좀 보여주시겠습니까?"

"신분증이오? 아 네, 잠깐만 기다리세요."

남자가 황급히 문을 닫는가 싶더니 찰칵 하고 문 잠그는 소리가 들려왔다. 그 순간 이 수사관은 그가 강 모임을 직감했다.

"여보세요! 문 열어요, 문!"

이 수사관이 다급하게 문을 두드렸지만 닫힌 문은 꿈쩍도 하지 않았다. 이 수사관이 총총히 카운터로 내려가 그곳에 보관 중이던 열쇠를 들고 비호처럼 3층으로 날아올랐다.

급히 문을 열고 들어가 보니 여자 혼자만 우두커니 침대 위에 앉아있을 뿐 남자의 모습은 찾아볼 수 없었다.

"강 모, 강 모는 어디 갔어요?"

"저, 저기, 창문으로, 뛰어내렸어요."

겁에 질린 여자가 침대 맞은편 벽을 가리키며 그렇게 더듬거렸다.

침대 맞은편 벽에는 어른 하나가 겨우 빠져나갈 수 있을까 말까한 작은 창문이 활짝 열려 있었다. 이 수사관이 황급히 다가가 창밖을 내려다보았지만 아무런 기척도 들리지 않았다. 그 모텔의 벽과 이웃한 건물의 벽 사이에는 1m쯤 폭의 공간이 있었고, 방안에는 남자의 속옷과 신발이 그대로 남아 있었다. 아마도 시간에 쫓겨 속옷도 못 입고 신발도 못 신은 채 허겁지겁 뛰어내린 모양이었다.

"당신은 뭐하는 사람입니까? 이름은 뭐고, 연락처는 어찌됩니까?"

이 수사관은 여자의 이름과 휴대폰 번호를 수첩에 적은 뒤 황급히 카운터로 뛰어 내려갔다.

4명의 수사관들이 사방으로 흩어져 모텔 주위를 돌아보았지만 어디에서도 강 모의 모습은 찾아볼 수 없었다.

수사관들이 낙심한 얼굴로 돌아왔을 때 나는 그들을 조금도 질책하지 않았다.

"수고들 많았습니다. 아직은 강 모가 우리한테 잡힐 운이 아닌 것 같습니다. 시간이 더 필요한 모양이니 낙심들 마시고 나가서 소주나 한잔 합시다."

나는 수사관들을 데리고 나가 삼겹살을 구우며 그들의 분한 마음을 다독거려주었다.

범인을 검거하는 데에는 끈기가 필요하다. 한 번 놓쳤다고 해서 접고 말 일이 아니라 시간을 두고 계속 관심을 가지다 보면 잠수했던 범

제 3 장 파사현정(破邪顯正), 계속된 질주   175

인이 반드시 다시 수면 위로 떠오르게 되어 있다. 이제 우리에게 필요한 건 끈기였고, 나는 끈기에 관한 한 누구보다도 자신이 있었다.

내가 누구인가? 한번 수사망에 걸렸다 하면 지구 끝까지라도 쫓아가는 '핏불'이 아니던가.

한 번 놓친 범인은 계속 쫓지 않고 가만히 내버려두는 것이 수사의 요령이다. 공연히 찾아다니면 더욱 깊숙이 잠수해버릴 가능성이 높기 때문이다. 나는 몇 달 동안 가만히 있기로 했다.

"검사님, 폭력배들 사이에 강 모가 그때 모텔에서 뛰어 내리다가 다리가 부러졌고, 나중에 풍까지 맞아 얼굴이 마비되었다는 소문이 파다합디다."

한동안 강 모를 잊고 지내자니 어느 날 이 수사관이 어디서 그런 정보를 물어왔다.

몇 달 후 나는 이 수사관과 김 수사관을 검사실로 불렀다.

"이제 슬슬 나서볼 때가 된 것 같으니 누구에게도 알리지 말고 은밀히 강 모의 행방을 추적해서 검거하도록 하세요."

"알겠습니다. 그때 강 모가 도주하던 날 함께 모텔에 투숙했던 30대 여인의 뒤를 밟으면 뭔가가 나올 것 같습니다. 제가 그날 그 여인의 전화번호도 수첩에 적어놨습니다."

이 수사관이 말했다.

"그 여인은 뭣 하는 사람이죠?"

"술집 마담입니다. 연락하면 쉽게 만날 수도, 거처하는 집을 알아낼 수도 있을 것 같습니다."

"잘 됐군요. 미행하든지 집 주위에 잠복하든지 요령껏 잘해보세요."

"네, 알겠습니다."

수사관들이 자신에 찬 얼굴로 크게 고개를 끄덕였다.

두 수사관이 그 여인의 집을 알아내어 며칠째 잠복해 있자니 마침내 강 모가 모습을 드러냈다.

"아이고 이거 강 모 씨 아닙니까? 안녕하세요? 그 동안 어떻게 지냈습니까?"

수사관들이 싱글싱글 웃으며 다가가 순간적으로 어리둥절해하는 강 모의 손에 잽싸게 수갑을 채웠다. 나의 끈기가 마침내 결실을 거두는 순간이었다.

나는 검찰청에 인치된 강 모에게 물어보았다.

"소문에 당신이 그때 모텔에서 뛰어 내리다가 발목이 부러졌다던데, 사실입니까?"

"네. 발목이 부러져 치료를 받았는데 아직도 다리에 감각이 없습니다. 담뱃불로 지져도 아무런 느낌이 없습니다."

"풍을 맞았다던데, 그것도 사실입니까?"

"네. 풍으로 얼굴 반쪽이 마비가 되어 침을 맞았는데, 아직도 완전히 회복되지는 않았습니다."

"대체 왜 그리 무모한 짓을 했습니까? 그러다가 큰일이라도 나면 어떡하려고요?"

"글쎄 왜 그랬는지 저도 모르겠습니다. 그냥 순간적으로 도망쳐야 한다는 생각밖에 없었습니다."

"아무리 그래도 그렇지. 50을 코앞에 둔 나이에 3층에서 맨발로 뛰어내리다니 심했던 것 아닙니까?"

"그러게 말입니다. 내가 어쩌다가⋯."

강 모가 쓴웃음을 흘리며 천장을 쳐다보았다.

참으로 무모한 사람이었다. 나는 그를 폭력 등의 혐의로 구속기소했고, 그는 법정에서 실형을 선고받았다. 그런 수사과정을 겪으면서 나는 검사라기보다 차라리 형사반장 같은 느낌이 들 때가 많았다. 탐문수사를 벌이고, 범인을 잡으러 다니면서 몇 개월씩을 보내야만 했으니 말이다.

활개 치며 살아가는 살인범들

2001년 여름이었다. 어느 날 나는 장안동의 J파로부터 피해를 입은 업소들이 많다는 첩보를 접수하고, 그 실태를 파악하기 위해 수사관들을 현장으로 보냈다.

수년 전 '성매매와의 전쟁'이 시작된 이후로 많이 달라졌다고는 하지만, 당시만 해도 서울 장안동은 이른바 '퇴폐이발소'들이 밀집했던 지역이었다. 장안동의 퇴폐이발소들은 일본과 중국의 남성 관광객이라면 누구나 한 번쯤은 거쳐야 할 필수코스로 통할 만큼 널리 해외에까지도 그 명성(?)을 떨치고 있었다.

퇴폐이발소가 불법적인 영업형태인데다 음성적인 자금까지 넘쳐나는 지역이다 보니 조직폭력배들이 기생하는 건 당연한 일이었고 금품 갈취와 폭력 등의 범죄도 빈번히 발생했다. 그래서 검찰과 경찰이 수차례에 걸쳐 그 지역의 조직폭력배들을 집중적으로 단속했지만, 검거된 조직폭력배들이 출소하고 나면 또 다시 그곳에 똬리를 틀고 폭력을 휘두르곤 했다.

현장에서 탐문수사를 하던 수사관들이 속속 J파 조직원들의 범죄사실을 수집해왔다. 피해자들의 진술에 의해 J파 조직원들이 퇴폐이발소의 집기들을 때려 부수며 금품을 갈취하고, 유흥주점에서 술을 마신 뒤 술값을 내지 않고, 업주들을 폭행하여 상해를 가하고,

불법 오락실 업주를 겁박하며 정기적으로 상납을 받아오는 등 범죄 행위를 일삼아온 사실들이 하나둘 드러나기 시작했다. 불법영업이라는 약점을 안고 있는 피해자들은 폭력배들로부터 그런 피해를 당하고도 경찰에 신고조차 하지 못한 채 전전긍긍하고만 있었다.

나는 그런 탐문수사의 결과를 하나씩 확인하며 관련 조직폭력배들을 차례로 검거해 조사한 뒤 구속기소했다. 의정부지검에서부터 내가 즐겨 사용해오던 '각개격파 전술'이었다.

그렇게 J파 조직원들의 범죄사실들을 확인하며 그들이 과거에 처벌받았던 수시기록들을 살펴보다가 나는 묘하게도 눈길을 사로잡는 판결문 하나를 발견하게 되었다.

1998년에 일어난 살인과 관련된 사건이었는데, 나의 관심이 유독 그 판결문에 꽂히게 된 건 순전히 우연이었다.

사건 당일 장안동 J파 조직원들이 화양동에서 난동을 부리던 중 조직폭력배 하나가 칼에 찔려 즉사했는데, 범인이 검거되기는커녕 판결문에 범인의 인적사항조차 적시되지 않고 '성명 불상자'라고만 기재되어 있었다. 한 사람이 죽고, 현장에 있던 J파 조직원들이 자수하여 처벌을 받았는데도 정작 피해자를 칼로 찌른 살인범은 검거하지 못했다? 잡기는 고사하고 범인의 인적사항조차 알아내지 못했다? 무언가 수상쩍은 냄새가 물씬 풍겼다.

그것은 상식적으로 납득할 수 없는 일이었다. 아무래도 J파가 조직적으로 범죄를 은폐하고 조작한 것만 같았다. 나는 곧장 그 사건과 관련된 수사기록들을 꺼내어 꼼꼼히 체크했다. 수사기록에 담겨 있는 사건의 개요는 대략 이러했다.

1998년의 어느 가을날 밤이었다. 교도소에서 갓 출소한 몇몇 J파의 하부조직원들이 장안동의 어느 룸살롱에서 술을 마시며 출소기념 파티를 열었다. 그런데 그 주점은 화양동 건달 출신의 업주가 운영하던 곳으로, 평소 J파 조직원들이 손을 봐주려고 벼르던 업소였다. 다른 지역 출신의 건달이 자기들 구역에 들어와 영업하고 있다는 이른바 '나와바리 침범'이 그 이유였다.

그래서 그날 J파 조직원들은 의도적으로 그 주점으로 몰려가 술을 진탕 마신 뒤 술값도 지불하지 않은 채 여종업원들을 끼고 모텔로 가버렸다. 이에 화가 난 업주가 화양동으로 연락하자 화양동의 건달들이 우르르 장안동으로 몰려와 문제의 J파 조직원들을 찾아내어 실컷 두들겨주고는 화양동으로 돌아갔다.

자신들의 '나와바리'에서 다른 지역 건달들에게 폭행을 당하고도 얌전히 참고 있을 J파가 아니었다.

"전쟁이다. 전원 출동한다."

이튿날 밤 J파 조직원들이 각기 회칼, 정글도, 쇠파이프 등으로 무장한 채 여러 대의 승용차에 분승하여 화양동의 유흥업소 밀집지역으로 달려갔다. 복수심으로 가득 찬 그들은 보복할 대상자들에 대한 정확한 정보도 없이 마구잡이로 행패를 부리기 시작했다. 유흥주점이든, 일반 음식점이든, 모텔이든 닥치는 대로 몰려 들어가 난동을 부리고 심지어는 길거리에 나와 있던 일반 시민들에게도 폭언과 폭행을 퍼붓기를 마다하지 않았다.

그렇게 한바탕 분풀이를 하고 나서 J파 조직원들이 다시 승용차에 올라 장안동으로 막 돌아가려고 할 때였다. 돌연 기골이 장대한 남자 하나가 불쑥 나타나 J파의 승용차들 앞을 가로막았다.

"야 이 개새끼들아, 어디로 도망치려는 거야? 내려! 내려 이 씨팔 놈들아!"

J파 조직원들의 분풀이의 제물이 되었던 피해자들 중의 한 사람인 것 같았다.

"뭐야 이거? 안 비켜 이 새끼야?"

"이 새끼가 오늘 꼭 죽고 싶어서 환장한 모양이구나, 이거."

승용차에 타고 있던 J파 조직원들 둘이 밖으로 나와 남자 앞으로 다가갔다. 곧장 싸움이 벌어졌다. 그리고 J파 조직원들 중 어느 하나가 칼을 꺼내어 남자를 찔렀고 한칼에 심장이 뚫린 남자는 비명도 지르지 못한 채 즉사하고 말았다.

경찰이 즉각 수사에 착수하자 당시 현장에 있었던 몇몇 J파 조직원들이 자수해 왔다.

"저는 운전대를 잡고 있었습니다. 뒷좌석에서 누군가 두 사람이 내려서 싸움을 했고, 그 중에 하나가 칼을 썼습니다."

"저는 조수석에 타고 있었습니다. 뒷좌석에서 두 사람이 내렸는데, 그게 누구였는지 모르겠습니다. 그날 처음 만난 사람들이고 이름도 모두 가명을 쓰고 있었거든요."

문제의 승용차에 타고 있었다는 조직원 둘도 자수했는데, 그들은 경찰과 검찰에서 줄곧 그렇게만 진술했다.

당시의 수사검사는 그들을 살인죄로 기소하며 징역 15년을 구형했다. 아마도 높은 구형량 때문에라도 그들이 공판과정에서 진범의 정체를 밝히도록 유도하려 했던 모양인데, 그들은 재판정에서도 일관되게 뒷좌석에서 내린 자들의 신원을 모른다고 진술했다. 재판이 진행되는 동안 J파 조직은 피해자의 유족들과 합의를 보았고, 항소심에서 살인죄가 아닌 상해치사죄로 공소장이 바뀌면서 그들에게는 각각 징역 7년의 형이 확정되었다.

판결문을 검토하던 중 나의 시선이 확 빨려든 대목도 바로 그 부분이었다. 아직까지도 진범의 신원을 알아내지 못했다. 몇몇 피라미들은 자수하여 비교적 가벼운 형을 선고받았지만, 정작 피해자를 칼로 찔러 살해한 자는 처벌을 면한 채 백주대로를 마음껏 활보하고 있다는 이야기였다.

나는 창밖을 내다보며 잠시 생각을 정리했다. 아니 너무나도 당연한 일을 두고 생각을 정리하고 말고 할 것도 없었다. 범인들을 꼭 잡아야 한다. 그리하여 반드시 응분의 대가를 치르도록 해야만 한다. 나는 주먹을 불끈 쥐며 자리를 박차고 일어났다.

나는 교도소에 수감 중이던 그 사건의 공범들부터 소환하며 재조사에 착수했다.

"가족들에게 살인범의 가족이라는 멍에를 벗겨주고, 당신들 스스로도 살인범이라는 누명만은 면해야 하지 않겠습니까? 또 당신들에게 억울한 점이 있다면 지금이라도 재심을 통해 바로잡아야 하지 않겠습니까? 바른 대로만 말하면 내가 당신들 편에 서서 최대한 좋은 길을 열어주겠습니다. 그날 사건현장에서 승용차 뒷좌석에 타고 있었던 자들이 누굽니까?"

며칠 동안 그들을 소환해서 반복하여 설득하자 공범 중의 하나가 입맛을 다시며 거래를 제의했다.

"저를 지방이 아닌 수도권의 교도소로 이감해서 가석방되도록 해주십시오. 그러면 검사님께서 원하시는 답을 드리겠습니다."

나는 단호히 거부했다. 어떤 경우라도 조직 폭력배들과 타협하는 일은 있을 수 없다는 것이 나의 원칙이기 때문이었다.

공범 중 다른 하나는 나에게 거칠게 항의하며 이렇게 말했다.

"이미 재판이 끝나서 형을 받는 사람을 왜 자꾸 소환하는 겁니까? 나는 그 사건에 대하여 더 이상 할 말이 없습니다. 지금부터 일체의 진술을 거부할 테니 더 이상 나를 소환하지도 마세요."

그는 교도소로 돌아가 법무부에 나를 겨냥한 진정서까지 제출했다. 이미 재판이 끝난 사람을 소환해서 조사하는 것은 행형법에 위배되는 처사라는 것이 그의 주장이었다.

그들을 통해서는 더 이상 사건의 진실에 접근할 수 없었다. J파의 조직과 기율이 그만큼 견고하고 악랄했기 때문이었다. 나는 다른 방법을 택해보기로 했다. 앞에서도 언급했듯이 말로는 의리를 주절대지만 이해가 엇갈리는 순간 바로 안면을 바꿔버리는 것이 조직폭력배들의 생리다. 그런 만큼 적절한 방법으로 J파 조직원들이 서로 반목하도록 유도해 볼 필요가 있을 것 같았다.

나는 J파의 부두목격 실세이던 김현식을 주목하고 내사했으나, 경미한 범죄사실들만 확인될 뿐 그를 구속시킬 수 있을 만한 범죄사실은 드러나지 않았다. 김현식도 수사관들이 뒤를 캐는 줄 알면서도 "나는 큰 죄가 없다. 구속되더라도 몇 달이면 풀려날 거다"라고 큰소리치며 도주하려 들지 않았다.

나는 구속시키기가 어렵다면 불구속 상태에서 이용해 보기로 하고 조 계장에게 김현식을 소환하도록 지시했다. 소환 당일 김현식은 술이 덜 깬 채로 출석했다. 전날 밤에 내일 검찰청에 가면 바로 구속될 거라며 선후배들을 모아놓고 진탕 술을 마셨다는 것이었다.

구속을 예상하고 신변을 정리한 뒤 일종의 환송식까지 가진 모양이었지만, 나는 출석한 김현식과 대면조차 하지 않았다. 나는 그저 조 계장을 불러서 김현식에게 간단한 인적사항만 물어보고 곧장 돌려보내라고 지시했을 뿐이었다.

정작 당황한 사람은 김현식이었다. 당연히 구속될 것으로 예상하고 질펀하게 환송식까지 가졌는데 검사라는 사람은 얼굴도 안 비추며 그냥 돌아가라니 어리둥절할 수밖에 없었을 것이었다. 아무튼 김현식이 고개를 갸웃거리며 검찰청을 떠난 뒤 나는 수사관들을 불렀다.

"지금부터 장안동 일대에 헛소문을 퍼뜨리세요. 김현식이 홍 검사에게 다 불었다. 화양동 살인사건의 진범이 누구인지도 불었다. 그래서 홍 검사가 김현식을 불구속으로 처리해주었다. 그런 내용의 말을 업소 관계자들과 건달들에게 흘려주세요."

수사관들이 싱긋이 웃으며 고개를 끄덕였다.

며칠이 안 되어 김현식으로부터 전화가 왔다.

"검사님, 제발 저를 구속해주세요. 제가 검찰청을 다녀온 뒤로 장안동 일대에 이상한 소문이 쫙 퍼졌습니다. 제가 검사님께 모든 걸 다 불었다고 말입니다. 그래서 선후배들이 시도 때도 없이 전화를 걸어 욕설을 퍼붓고 가만 두지 않겠다며 협박하는 통에 잠 한숨 제대로 못 자겠습니다. 검사님, 도대체 제가 뭘 불었습니까? 이래 죽으나 저래 죽으나 죽기는 마찬가지니 제발 좀 구속해 주십시오."

의도했던 대로 J파의 조직이 흔들리기 시작한 모양이었다. 나는 회심의 미소를 지으며 제 2단계 작전에 돌입했다.

"조 계장, 김현식을 다시 소환하되 J파 조직원들 중 범죄사실이 비교적 경미한 자와 함께 소환하세요."

김현식이 이번에는 아무에게도 알리지 않고 출석했다.

나는 소환되어 온 두 사람을 검사실에 대기시켜 둔 채 조 계장을 밖으로 불러냈다.

"한 사람은 옆방에 대기시켜 둘 테니 조 계장이 김현식을 다른 방으로 데리고 가 30분쯤 대기시키며 간단한 사항들만 물어본 뒤 다시 검사실로 데리고 오세요."

"알겠습니다."

조 계장이 김현식을 데리고 가더니 정확히 30분 후에 김현식과 함께 검사실로 돌아왔다.

"수고했습니다. 다시 소환할 테니 오늘은 이만 돌아가세요."

내 말이 떨어지자 김현식의 얼굴이 흙빛으로 변했다.

"아니 왜 저를 구속하지 않습니까? 이번에 또 그냥 돌아가면 나는 완전히 배신자로 낙인찍히고 맙니다. 그러니 제발…."

나는 터져 나오려는 웃음을 간신히 참으며 통사정을 하는 김현식의 얼굴만 묵묵히 바라보고 있었다.

김현식이 검사실을 나서는 순간 나는 옆방의 수사관에게 연락해서 데리고 있던 J파 조직원을 바로 내보내도록 조치했다.

잠시 후 조 계장이 보고한 바에 의하면 두 사람이 검찰청 복도에서 마주치자 다른 조직원이 김현식에게 물어보았다고 했다.

"형님, 조사실에서 무슨 조사를 받았습니까?"

"아무런 조사도 하지 않고 그냥 몇 가지만 간단히 물어보더니 돌아가라고 하더라. 나도 도무지 영문을 모르겠다."

다른 조직원이 사뭇 수상쩍다는 표정으로, 고개를 갸웃거리는 김현식의 얼굴을 흘끗거렸다. 그 조직원은 장안동으로 돌아가 자신이 보고 들었던 바를 그대로 주위에 이야기하고 다녔다.

담당계장이 김현식을 데리고 조사실로 가더니 한동안 무슨 이야기를 나누고 나서 그냥 돌려보냈다. 홍 검사가 어떤 사람인지 다들 알고 있지 않느냐. 한번 물었다 하면 절대로 놓아주지 않는 '핏불' 아니냐. 그런 홍 검사가 왜 그냥 돌려보냈겠나. 김현식이 수사에 협조하며 뭔가 중요한 정보를 제공했기에 그리한 것 아니겠느냐.

J파 조직원들 사이에 그런 말이 삽시간에 퍼지며 김현식은 조직에서 완전히 고립되었고, 다른 조직원들 상호간에도 서로를 의심하는 분위기가 팽배해졌다. 내가 기도했던 대로 J파 조직에 본격적으로 균열이 생기기 시작한 것이었다.

범죄사실이 밝혀지는 대로 J파 조직원들을 하나둘 구속시켜 가다가 보니 최 모라는 조직원이 눈에 띄었다. 그는 신장 185㎝, 체중 110kg의 거한이었는데, 어느 날 다른 조직원들과 카페에서 술을 마신 뒤 술값을 내지 않고 가게를 때려 부순 이후로 종적을 감추고 있었다. 나는 수사관들에게 최 모를 검거하도록 지시했다.

장안동 구석구석으로 탐문수사를 벌이던 수사관들의 안테나에 마침내 최 모의 행적이 잡혔다. 최근 최 모가 장안동에 나타나 동생 결혼식의 청첩장을 돌리고 갔다는 것이었다. 직접 청첩장을 돌리고 갔다면 최 모가 동생의 결혼식장에 나타날 것이 확실시되므로, 예식장 주위에 수사관들이 잠복해 있다가 최 모를 검거하면 될 것 같았다.

그러나 자꾸만 망설여졌다. 아무리 죄를 지었기로 경사스런 혼인날에 부모형제와 친구, 친척들이 지켜보는 앞에서 수갑을 채우는 건 인간적으로 조금 심한 처사일 듯했다. 나는 결론을 내리지 못한 채 수사관들과 회의를 가졌다.

"지금은 그런 것 따질 때가 아닙니다. 최 모가 장안동에 사는 것도 아니고, 주민등록상의 주소지에 거주하는 것도 아니라서 이번 기회를 놓치면 영영 검거할 수 없을지도 모릅니다."

수사관들의 의견은 강경했다.

"좋습니다. 그럼 검거는 하되 결혼식이 끝난 후에 검거합시다."

나는 결국 수사관들의 의견을 존중하면서 최 모에게도 최소한의 인간적인 배려를 해줄 수 있는 선에서 절충점을 찾았다.

최 모 동생의 결혼식이 있던 일요일, 내가 아침 일찍 출근해 수사관들 넷을 식장으로 보낸 뒤 연락이 오기를 기다리고 있자니 마침내 전화벨이 울렸다.

"검사님, 예식장에 건달들이 셀 수도 없을 만큼 많이 몰려와 있는데 낯선 얼굴들이 나타나자 최 모가 잔뜩 경계하는 눈치입니다. 예식이 끝날 때까지 기다리다가는 최 모가 도망칠지도 모르니 당장 검거해야겠습니다."

"그럼 그렇게 하세요."

현장의 상황은 현장의 수사관들이 가장 잘 알고 있을 터였다. 나는 그들의 뜻을 흔쾌히 수락했다.

그런데 잠시 후 수사관들로부터 다시 연락이 왔다.

"검사님, 일단 최 모에게 수갑은 채웠는데 상황이 녹록치가 않습니다. 110kg이나 되는 거구가 거세게 저항하자 주위의 건달들이 우르르 몰려와 우리를 에워싸고 위협하고 있습니다."

"서울중앙지검 강력부에서 나왔다고 알려줬습니까?"

"네. 그래도 이들이 막무가내로 최 모를 못 데려간다며 길을 막고 있습니다."

건달들에게 완전히 포위된 형국인 것 같았다. 상황이 그렇게 된 이상 나도 물러설 수 없었다. 무조건 최 모를 검거해와야지 그냥 물러서면 앞으로 조직폭력배들을 수사하는 데 막대한 지장을 초래할 수 있을 것 같았다.

"경찰에 지원을 요청하고 무슨 수를 써서라도 최 모를 데려오세요."

내가 그렇게 지시한 뒤 혹 불상사라도 일어나지 않을까 노심초사하고 있는데 다시 수사관들로부터 연락이 왔다.

"건달들과 함께 최 모를 데리고 근처 다방으로 왔습니다."

일촉즉발의 위기상황에서 지기를 발휘했던 조 계장이 검찰청으로 돌아와 급박했던 당시의 상황을 이렇게 들려주었다.

"우리와 당신들이 계속 이렇게 나가다가는 불상사가 일어날 수밖에 없소. 우리는 이미 경찰에 지원을 요청했소. 당신들의 대표가 한 명 나오시오. 불상사가 일어나기 전에 근처 다방으로 가서 차분히 이야기해봅시다."

조 계장이 건달들에게 그렇게 제의하자 건달들 중 하나가 대표로 나섰다. 수사관들은 대표자 등 수십 명의 건달들과 함께 최 모를 데리고 가까운 다방으로 자리를 옮겼다.

"거듭 밝히지만 우리는 서울중앙지검 강력부에서 나왔소. 이런 식으로 공무집행을 방해하면 결국 당신들만 다치게 됩니다. 경찰의 순찰차도 밖에서 대기 중인데, 어떡할 거요? 우리와 끝장을 한번 볼 거요, 아니면 이자를 순순히 보내줄 거요? 피의자를 순순히 보내준다면 검사님께 최대한 선처해주도록 잘 말씀드리겠소."

제 3 장 파사현정(破邪顯正), 계속된 질주

서울중앙지검 강력부와 112 순찰차라는 말에 기세가 눌렸던지 대표로 나선 건달이 동료들을 진정시킨 뒤 이렇게 말했다.

"좋소. 최 모를 데리고 가시오. 경찰에서 나왔다면 우리가 절대로 물러서지 않겠지만, 서울중앙지검 강력부에서 나왔다니 보내주겠소. 단, 약속은 반드시 지켜줘야 하오. 알겠소?"

그러한 우여곡절 끝에 수사관들이 무사히 최 모를 체포해 올 수 있었다.

나는 최 모에게 화양동 살인사건에 대하여 물었다.

"그때 현장에서 피해자를 칼로 찔러 살해한 사람이 누구였소?"

"저는 모릅니다."

"무슨 이야기라도 들은 게 있을 것 아니오."

"저는 J파의 토박이 식구도 아니고 오래전 장안동을 떠났기 때문에 거기에 대하여 들은 바도 없습니다."

"사실대로 털어놓고 수사에 협조하면 선처해주겠소."

"아니, 왜 자꾸 이러십니까? 나는 그 사건에 대해 아는 바가 없다니까요!"

최 모는 정말로 그 사건에 대해 아는 바가 없는 것 같았다. 나는 카페에서 행패를 부린 건으로 최 모를 구속한 뒤 J파에 대한 수사를 계속 진행했다.

나는 최 모와는 별도로 장안동 일대의 퇴폐이발소 업주들에게 상납금을 강요해온 행동대장 정 모의 뒤도 쫓고 있었다. 정 모는 190cm의 키에 체중이 120kg이 넘는 거한으로 태권도 2단의 격투실력을 지니고 있었다. 또한 그는 J파의 젊은 조직원들 중 가장 핵심적 인물로 3~4살 연상의 선배들과도 말을 트고 지낼 만큼 조직 내에서 인정을 받고 있었다.

　최 모를 구속한 후로 며칠이 지나자 정 모가 모 경찰관을 통해 자수할 의사를 밝혀왔다. 앞에서 기술했듯 당시 나는 수사관들을 통해 김현식이 검찰에 적극 협조하고 있다는 허위정보를 흘리고 있었고, 최 모가 결혼식장에서 요란하게(?) 검거되었다는 소문도 장안동 일대에 파다하게 퍼져 있던 상황이었다. 돌아가는 형국이 그러하다 보니 수사관들에게 쫓기던 정 모의 발이 스스로 저렸던 모양이었다. 나는 자수의사를 타진해온 모 경찰관을 통해 정 모에게 엄포를 놓았다.

　"이미 화양동 살인사건의 진상은 밝혀졌다. 나는 당시 현장에서 칼로 찌른 사람이 누구였다는 것도 다 알고 있다. 그러니 너도 누가 찔렀는지 사실대로만 말해라. 그러면 자수로 처리해 구형량을 낮추어줄 것이고, 사실대로 말할 생각이 없으면 자수할 필요 없다. 내가 끝까지 쫓아가서 내 손으로 잡을 테니까. 나에게 잡히는 날에는 최소한 징역 15년이라는 것만 명심해라."

　나의 엄포에 겁을 먹었는지 며칠 후 정 모가 직접 전화했다.

　"검사님, 이미 다 알고 계시지 않습니까. 그때 칼로 찌른 사람은 검사님이 결혼식장에서 잡아간 최 모였습니다."

　정 모의 말이 떨어지는 순간 나는 나의 귀를 의심하지 않을 수 없었다. 최 모가 딱 잡아떼는 바람에 나는 그가 현장에 있었다는 사실조차도 까맣게 모르고 있었던 것이었다.

　"무슨 소리요? 최 모의 말로는 그때 당신이 칼로 찔렀다던데?"

　나는 시치미를 뚝 떼고 정 모를 슬쩍 떠보았다.

　"아닙니다. 아닙니다, 검사님. 제가 그때 최 모와 함께 승용차 뒷좌석에 타고 있다가 어떤 놈이 차 앞을 가로막기에 최 모와 함께 내려서 피해자를 구타한 건 사실이나 저는 절대로 칼을 쓰지 않았습니다. 제가 그놈과 실랑이하고 있는데 최 모가 갑자기 칼을 꺼내어 푹 찌르더라니까요."

"흠, 그래요? 일단 알겠소. 누구 말이 맞는지, 최 모의 이야기를 더 들어봐야겠소."

나는 전혀 예상치도 못했던 엄청난 수확을 얻고, 쾌재를 부르며 수화기를 내려놓았다.

일단 당시 문제의 승용차 뒷좌석에 타고 있었던 성명 불상의 두 사람이 최 모와 정 모였다는 사실은 밝혀졌다. 이제 둘 중에 누가 칼을 사용했는지를 가려내기만 하면 될 일이었다.

나는 구속한 최 모를 다시 소환해서 엄중히 추궁했다.

"당신 정 모를 잘 알지요?"

"네, 압니다."

"정 모가 내일 자수하기로 했소. 자수하면 화양동 살인사건에 대해 모든 것을 다 털어놓기로 했소. 정 모의 말로는 당신이 화양동 살인사건에 깊숙이 연루되어 있다고 하던데, 정 모가 오기 전에 당신의 말을 듣고 싶소. 사실대로 얘기해 보시오."

"저는 그 사건과는 눈곱만큼도 관련이 없습니다."

"내일이면 모든 게 다 밝혀집니다. 다른 사람이 말하는 것보다 당신이 스스로 이야기하는 것이 여러 모로 유리할 거요. 사실대로 말하면 내가 구형량을 최대한 낮춰줄 수 있지만, 그렇지 않으면 당신은 최소한 징역 15년은 각오해야 할 거요. 내가 당신을 위해 해줄 수 있는 건 그것이 전부요. 어떻게 하겠소?"

내가 그렇게 최 모를 달래자, 최 모가 한참 동안 멍하니 나를 쳐다

보고 있더니 이윽고 풀죽은 목소리를 흘려냈다.

"며칠만 생각할 여유를 주십시오."

나는 그의 말이 끝나기도 전에 소리를 빽 질렀다.

"무슨 소리야 지금? 당신, 내 말을 그렇게도 못 알아듣겠소? 오늘 바로 이 자리가 아니면 상황을 영영 돌이킬 수 없어요. 내일 정 모가 와서 먼저 불어버리면 당신을 선처해줄래야 선처해줄 수가 없다니까!"

범인이 자백을 할지 말지 갈등하고 있을 때는 강하게 밀어붙여야 한다는 것을 나는 경험을 통해 익히 알고 있었다. 그래도 최 모가 조금만 시간을 달라기에 수사관들과 함께 조사실로 보내어 잠시 생각할 여유를 주었다.

한참 뒤 최 모가 사실대로 말하겠다며 내 앞에 앉았다.

"그때 저는 정 모와 함께 승용차 뒷좌석에 타고 있었습니다. 하지만 저는 절대로 칼을 쓴 적이 없습니다. 칼로 찌른 사람은 조수석에 타고 있던 사람이 아니면 정 모, 그 둘 중 하나였습니다."

"일단 알겠소. 서로 말이 다르니 더 조사해봐야겠소."

나는 최 모를 돌려보내고, 그 사건과 관련해서 이미 징역 7년을 선고받고 복역 중이던 공범 둘을 다시 소환했다.

"당시 승용차 뒷좌석에 타고 있던 사람들이 정 모와 최 모가 맞습니까?"

"네."

"칼로 찌른 사람은 정 모입니까, 최 모입니까?"

"둘 중에 누가 찔렀는지는 모르겠습니다."

공범들 중 하나는 그렇게 대답했고, 다른 하나는 끝내 진술을 거부했다.

며칠 후 마침내 정 모가 자진해서 검찰청에 출두했다. 산만한 덩치에 준수한 얼굴. 정모는 상대방에게 충분히 위압감을 줄 수 있는 외모를 지니고 있었다.

"최 모의 말로는 당신이 아니면 조수석에 타고 있던 사람, 둘 중 한 사람이 찔렀다는데 어찌된 거요?"

"검사님, 제 말을 믿어주십시오. 칼로 찌른 사람은 최 모가 맞습니다. 검사님도 한번 생각해보십시오. 만약 제가 찌른 게 사실이라면 제가 바보가 아닌 다음에야 이렇게 자진해서 검사님 앞에 나타날 리 있겠습니까?"

정 모의 진지한 표정과 목소리, 진술의 내용 등으로부터 상당한 신빙성이 느껴졌다.

"당시 수사기록을 보면 당신과 최 모의 신원이 밝혀지지 않았던데, 어떻게 그리될 수 있었습니까?"

"사람이 죽었으니 수사는 피할 수 없는 일이고 해서 범행 가담 정도가 가벼운 사람들만 자수하고 나머지 사람들은 그날 처음 본 것으로 하자며 서로 입을 맞추었거든요."

"조직 상부에서 범행을 은폐하라는 지시가 있었지요?"

정 모가 그 질문에 대해서는 굳게 입을 다물었다.

나는 최 모와 정 모를 상해치사죄의 공범으로 구속기소했고, 법원은 그들에게 중형을 선고했다.

화양동 사건을 종결하면서도 마음이 후련치가 않았다. 그렇게 중벌을 받아야 마땅했을 사람들이 그 동안 백주대로를 마음껏 활보했다니…. 동생 결혼식장에서 검거한 최 모에 대하여 인간적으로 미안한 마음도 쉬 가시지 않았다. 같은 사건으로 7년 형을 선고받고 복역 중이던 공범들에 대한 연민도 없지 않았다. 처음 수사받을 때 진실을 밝혔다면 그토록 높은 형을 선고받지는 않았어도 되었을 사람들이 끝내 입을 다물고 있었다니. 그들 나름대로는 그것을 의리라고 생각했을지 모르나, 조직폭력배들의 생리를 잘 알고 있는 입장에서 보면 그것은 너무나도 어리석고 유치한 생각이었다.

나는 그 뒤로도 J파에 대한 수사를 계속하던 중 한 가지 아찔한 경험을 하게 되었다. J파의 조직원 하나를 검거하여 검사실에서 조사하는데 갑자기 그 조직원이 하체를 움켜쥐며 화장실을 가고 싶다고 했다. 내가 허락하고, 이 수사관이 그를 데리고 검사실을 막 나서던 찰나였다. 돌연 그 조직원이 수갑을 찬 채로 괴성을 지르며 복도 끝으로 돌진해가더니 그대로 창틀 속으로 몸을 던졌다. 중벌을 피할 수 없다는 절망감에서 돌발적으로 취한 행동인 것 같았다.

다행히 창문 밖에 쇠창살이 설치되어 있어 투신을 막을 수는 있었지만 나로서는 참으로 아찔한 순간이 아닐 수 없었다. 투신하려던 그를 제압하는 과정에서 이 수사관은 발목을 걷어차여 오래도록 고생했고, 조 계장은 척추를 다쳐 디스크 수술까지 받고 몇 달 동안 휴직해야만 했다. 그렇듯 조직폭력배를 상대하는 수사관들에게는 항상 신변의 위험이 따르고, 담당검사 또한 언제 어떤 일이 벌어질지 몰라 늘 노심초사하지 않으면 안 된다.

화양동 상해치사 사건을 회고하면 당시 보이지 않는 어떤 힘이 작용하여 수년 전에 가려졌던 그 사건 속으로 나를 끌어들였던 것처럼 느껴진다. 우연히 눈에 띈 판결문 하나가 단초가 되었을 뿐 전혀 예상하지도 의도하지도 않았던 수사였다. 수사를 진행하면서도 성공을 자신할 수 없었는데 우여곡절 끝에 마침내 진상을 밝히며 진범을 검거할 수 있었다.

그렇게 나를 사건 속으로 끌어들였던 보이지 않는 힘은 과연 무엇이었을까?

무고한 살인 용의자

사건의 개요

어느 여름밤 오후 9시 30분경 인근에서 영업 중이던 모 곱창집의 업주가 서초동 모 빌딩의 주차장에서 칼에 찔린 채 가게로 돌아와 숨진 사건이 발생했다. 곱창집 종업원의 말에 의하면 그 업주는 그날 밤 9시경 근처 해장국집으로 가 저녁을 먹고 오겠다며 가게를 나간 직후에 복부를 움켜잡고 비틀거리며 가게로 돌아왔고, 종업원들이 황급히 119 구조대를 불렀으나 병원으로 이송되기도 전에 사망하고 말았다고 한다.

경찰의 대응

경찰은 목격자의 증언을 근거로 사건현장으로부터 약 2백 m 떨어진 지점에서 카페를 운영하던 안 모를 살인혐의로 검거하여 검찰에 구속 의견으로 지휘를 올렸다. 목격자는 사건현장 근처에서 유흥주점에 여종업원들을 알선해주는 보도방을 운영하던 오 모였다.

검찰의 처분

담당검사는 목격자 오 모의 진술에 신빙성이 없다는 이유로 경찰의 구속 의견을 기각하고 불구속으로 지휘한 뒤 경찰로부터 사건을 송치받아 수사를 이어가고 있었다.

이상은 내가 1999년 8월에 실시된 인사이동으로 서울중앙지방검찰청 강력부로부터 형사 제3부로 자리를 옮겨가자 전임검사가 나에게 남겨놓고 갔던 수사기록의 개요다.

그 수사기록을 검토한 결과, 나는 생생한 목격자의 증언에도 불구하고 불구속으로 지휘했던 전임검사의 조치를 선뜻 수긍하기가 어려웠다. 그래서 나는 수사를 직접 진행한 관할 경찰서의 반장을 검사실로 불러 물어보았다.

"카페 주인 안 모가 범인임에 틀림없습니까?"

"네, 틀림없습니다. 목격자 오 모가 두 눈으로 똑똑히 지켜보았답니다. 그가 왜 엉뚱한 사람을 범인으로 몰았겠습니까."

반장은 안 모가 범인임을 확신한다며 몇 번이고 강조했다.

나는 다시 목격자 오 모를 소환하여 목격했다는 사실을 자세히 확인해보았다.

"당신이 범행현장을 분명히 목격했습니까?"

"네, 그렇습니다."

"틀림없이 안 모가 곱창집 주인을 칼로 찔렀습니까?"

"네. 제가 두 눈으로 똑똑히 보았습니다."

"평소 잘 알고 지내던 안 모가 범인이라고 경찰에 제보하게 된 이유가 무엇이었습니까?"

"경찰관들이 탐문수사를 하면서 현장 부근에서 보도방을 운영하고 있다는 이유로 저를 의심했습니다. 저도 안 모와는 친하게 지내던 사이라서 가급적 이야기를 안 하려고 했는데, 경찰이 자꾸 저를 의심하기에 어쩔 수 없이 털어놓았습니다."

"흠, 그래요? 좋습니다. 그날 당신이 목격했던 사실을 다시 한 번 자세히 이야기해 보세요."

나는 목격자 오 모의 표정과 태도를 예의주시하며 그의 말에 귀를 기울였다.

"그날 밤 제가 그 빌딩 지하 1층에 있는 만홧가게에서 만화를 보고 있자니까 안 씨가 그곳으로 들어왔습니다. 그리고 구석자리에서 앉아 만화를 보는 것 같더니 나중에 보니 의자에 앉은 채로 잠이 들어 있었습니다. 그래서 저는 간다는 인사도 못한 채 만홧가게를 나와, 그 건물 1층에 있는 오락실에서 밤 9시경까지 오락을 했습니다. 그리고는 집으로 가려고 오락실을 나왔는데, 때 마침 안 씨가 지하 1층에서 올라오기에, 제가 오랜만이라며 반갑게 인사하며 그 사람을 그 빌딩의 지상 주차장에 주차해 둔 저의 쏘나타 승용차로 데려갔습니다."

"그래서, 어찌됐습니까?"

"그리고 운전석과 조수석에 앉아서 이런저런 이야기를 하고 있었는데, 그때 곱창집 주인아저씨가 세피아 승용차를 몰고 오더니 제 차 바로 앞에 주차시키고, 주차 브레이크를 풀어놓은 채로 내렸습니다. 그러자 조수석에 있던 안 씨가 밖으로 나가 곱창집 아저씨한테 따졌습니다. 쏘나타 승용차 안에 사람이 타고 있는 걸 보고도 왜 바로 앞에 차를 세워 길을 막느냐, 이거였죠."

"그래서, 싸움이 벌어졌습니까?"

"잠시 옥신각신하다가 곱창집 주인이 금방 돌아올 거라며 차문을 잠그고 어디론가 급히 떠났습니다. 그러자 안 씨가 조수석에 올라타고, 곱창집 주인이 자기 말을 무시했다며 씩씩대더니 갑자기 잠깐 다녀오겠다며 차에서 내렸습니다. 그리고 잠시 후 허리춤에 뭔가를 불룩하게 넣은 채로 돌아왔습니다. 한여름이라 티셔츠 한 장만 걸치고 있어서 금방 알아볼 수 있었지요."

"그리고요?"

"그리고 얼마 후 곱창집 아저씨가 주차장으로 돌아왔고, 제 옆자리 조수석에 타고 있던 안 씨가 내렸고, 두 사람 사이에 말다툼이 벌어졌습니다. 점점 언성들이 높아지다가 갑자기 안 씨가 허리춤에 감춰온 칼을 꺼내어 곱창집 아저씨의 배를 찔렀습니다. 그리고 곱창집 아저씨가 배를 움켜잡으며 그 자리에 주저앉았고, 안 씨가 급히 제 차에 올라타서 빨리 가자고 했고, 그래서 저는 얼떨결에 쏘나타를 몰고 주차장을 빠져나왔고, 그리고 안 씨를 가까운 대로변에 내려주고는 황급히 집으로 돌아갔습니다."

"안 씨가 곱창집 주인을 찌른 칼을 그대로 들고 차에 탔습니까?"

"네. 안 씨의 손에 피 묻은 칼이 쥐어 있었습니다."

"피의 색깔이 어땠습니까? 칼에서 피가 뚝뚝 떨어졌습니까?"

"피는 피색이었죠. 맑고 빨간. 그리고 안 씨가 밖에서 급히 털어냈는지 칼에서 피가 떨어지지는 않았습니다."

오 모가 부지런히 눈을 깜박이며 기억을 짜내는 것 같았다.

그런데 오 모를 조사해갈수록 의문이 커져갔다. 사람의 기억이란 사건 직후가 가장 정확한 법일 텐데, 그것이 약 1년 전에 발생한 사건임에도 불구하고 오 모는 사건 직후 경찰에서 진술했던 것보다 더욱 구체적이고 체계적으로 진술했다.

나는 용의자 안 모를 불러 그날의 행적을 다시 자세히 들어보았다.

"검사님, 제발 저의 결백을 믿어주십시오. 제가 사람을 죽이다니요? 그게 사실이라면 저는 정말 벼락 맞아 뒈졌을 겁니다. 저는 절대로 사람을 죽이지 않았습니다."

"무슨 소리요? 확실한 목격자가 있지 않습니까."

"그 미친놈이 왜 새빨간 거짓말을 늘어놓는지, 저도 미치고 환장할 노릇입니다. 그놈이 나와 무슨 원한이 있다고 그런 거짓말을…."

안 모가 책상을 치고 가슴을 두드리며 언성을 높이더니 고개를 꺾으며 훌쩍훌쩍 울기 시작했다.

"자, 자, 진정하고 그날 당신이 했던 일을 그대로 한 번 이야기해 보세요. 자세하게."

"그날 밤 곱창집 주인이 죽은 시각이 9시 30분경이라던데, 그때 저는 분명히 우리 집에 돌아가 있었다니까요."

"집에 도착한 시각이 몇 시였고, 집에 가기 전에는 뭘 했습니까?"

"그날은 일요일이라서 카페 문을 열지 않았습니다. 그래서 오전에 아는 선배랑 과천경마장에 가서 경마를 보고, 저녁식사를 한 뒤 그 빌딩 지하에 있는 만홧가게로 가서 만화를 보다가 깜박 잠이 들었는데, 깨어보니 저녁 8시쯤 되었기에 바로 나와 택시를 타고 제가 사는 빌라로 돌아갔습니다. 그게 전부입니다, 검사님."

"빌라로 돌아가서는 뭘 했습니까?"

"집에 가보니 함께 사는 친구가 여자친구와 있었고, 제가 들어가니 그 친구가 여자친구를 바래다준다며 집을 나서려고 했습니다. 그래서 돌아오는 길에 비디오가게에 들러서 비디오를 좀 빌려오라고 부탁하고는 TV를 보다가 그냥 잠이 들어버렸습니다. 제발 좀 믿어주십시오. 그것이 그날 저에게 있었던 일의 전부라니까요, 검사님."

안 모의 표정이나 태도로 보아 거짓말을 하는 것처럼 보이지는 않았다.

나는 다시 안 모와 함께 살고 있었다는 안 모의 친구를 소환했다.

"그날 안 모 씨가 귀가했을 때 칼 같은 걸 갖고 오지 않았습니까?"

"무언가를 들고 왔던 것 같기는 한데 무언지 정확히 보지는 못했습니다." (이 부분은 나중에 안 모에게 확인한 결과 우편함에서 우편물을 꺼내어 갔던 것으로 밝혀졌다)

"그날 안 모 씨가 빌라에 도착했을 때 당신은 여자친구와 함께 있었습니까?"

"네."

"안 모 씨가 돌아온 후 여자친구를 집으로 보냈습니까?"

"네."

"그때 안 모 씨가 돌아오는 길에 비디오를 좀 빌려오라고 말했습니까?"

"네. 여자친구를 제 차에 태우고, 20분쯤 운전해서 집 앞에 내려준 뒤, 차를 돌려 10분쯤 운전해오다가, 비디오가게 앞에 정차하고 비디오를 빌렸습니다."

"그래서, 빌라로 돌아와 안 모 씨와 함께 비디오를 봤습니까?"

"아닙니다. 빌라로 돌아와서 보니 비디오가게 주인에게 주소를 잘못 알려준 게 생각나서 비디오가게로 전화를 걸어 집주소를 다시 알려주고, 방문을 열어 보니 안 모 씨가 TV를 켜놓은 채 잠들어 있어서 저 혼자서 비디오를 보다가 잠자리에 들었습니다."

서로 입을 맞췄는지는 모르지만, 일단 안 모의 말이 사실로 확인되었다. 나는 다시 안 모의 친구의 여자친구라는 사람을 소환했다.

"맞습니다. 그날 남자친구의 빌라에 놀러갔다가 같이 사는 친구분이 들어오기에 곧장 남자친구의 승용차를 타고 집으로 돌아왔습니다."

세 사람의 말이 일치했다.

그렇게 사실관계를 확인해나가다니 어느 순간 문득 머릿속에 한 가지 아이디어가 떠올랐다. 나는 같이 생활하던 안 모의 친구에게 전화를 걸었다.

"당신이 경찰에서 조사받을 때 경찰관들이 비디오가게에서 비디오를 빌린 시각과 빌라에 도착해서 비디오가게에 전화를 걸었던 시각을 확인했습니까?"

"네. 제가 경찰관들과 함께 비디오가게로 가서 컴퓨터에 저장되었던 비디오 대출시각을 확인했고, 경찰관들이 제 휴대폰의 통화내역을 통해 제가 비디오가게로 전화를 걸었던 시각도 확인했습니다."

그 두 사건의 발생시각은 안 모의 알리바이를 입증할 결정적 증거가 될 수도 있을 터였다. 그러나 어찌된 일인지 아무리 찾아보아도 수사기록에는 그 자료가 남아 있지 않았다. 급히 문제의 비디오가게로 수사관을 보냈으나 이미 폐업한 상태였고, 관련 이동통신사에 알아보아도 이미 1년이라는 시간이 경과한 탓으로 통화기록이 보관되어 있지 않다고 했다.

나는 당시 두 사건의 발생시각을 확인했다는 경찰관을 불러 관련 기록이 남아 있지 않는 이유를 물어보았다.

"그렇습니다. 제가 안 모 씨의 친구와 함께 비디오가게로 가서 비디오 대출시각을 확인했고, 이동통신사로부터 통화기록을 넘겨받아 빌라에서 비디오가게로 전화한 시각도 확인했습니다."

"그런데 왜 사건기록에는 그 자료가 남아 있지 않습니까?"

"네? 사건기록에 첨부한 것으로 아는데요?"

"몇 번을 확인해 봐도 남아 있지 않습니다. 어찌된 겁니까?"

"글쎄요. 그게 빠졌다면, 바빠서 그만 송치기록을 작성할 때 누락되었는지도 모르겠습니다."

"아니, 수사관이 뭣 하는 사람입니까? 사건의 진상을 밝히자는 사람 아닙니까? 그런데도 사건을 해결해줄 결정적 단서를 누락시켰다는 게 말이 됩니까? 무조건 찾아오세요. 그렇지 않으면 응분의 책임을 물을 수밖에 없습니다."

나의 엄포에 놀랐던지, 이틀 후 그 경찰관이 검사실로 찾아와 낡은 수첩 하나를 꺼냈다.

"검사님, 죄송합니다. 오래되어 그때 확인했던 기록은 찾을 수 없고, 대신 제 수첩을 뒤져보니 그때 적어둔 기록이 남아 있습니다."

수첩을 보니 곱창집 종업원이 119에 구조를 요청한 시각이 오후 9시 37분, 안 모의 친구가 비디오가게에서 비디오를 빌린 시각이 오후 9시 08분, 그가 빌라에 도착해서 비디오가게로 전화를 건 시각이 오후 9시 23분으로 각각 기록되어 있었다.

"보세요. 그날 안 모 씨가 빌라로 돌아온 후에 그의 친구가 여자친구를 자신의 승용차에 태웠고, 약 20분 거리를 운전해서 여자친구를 내려준 다음, 다시 10분쯤을 운전해오다가 비디오가게에 들렀으니 적어도 그날 밤 8시 30분경에는 안 모 씨가 이미 빌라로 돌아가 있었다는 결론에 도달할 수 있지 않습니까?"

"네, 그렇군요."

"그렇다면, 살인현장에서 안 모의 빌라까지 거리를 차치하더라도, 안 모가 진범이 되려면 최소한 그날 밤 8시 30분 이전에 사건현장에서 피해자를 칼로 찔렀어야 한다는 것 아닙니까?"

"네, 그렇게 되지요."

"그런데 피해자가 비틀거리며 자신의 곱창집으로 돌아간 시각이 대략 오후 9시 30분경이었다면 뭔가 이상하지 않습니까? 사건이 발생했던 모 빌딩의 주차장에서 칼을 맞고, 약 30m 떨어진 곱창집까지 걸어가는 데 한 시간이 걸렸다? 그건 아니겠지요. 한 시간 동안 피를 흘리며 기어가듯 했다면 중간에 쓰러졌거나 누군가의 도움을 받아도 받았을 테지요. 논리적으로 그렇게 되어야 하지 않습니까?"

"네, 네. 그렇게 되지요."

"그리고, 아니 무엇보다도, 사건기록을 보면 피해자가 그날 오후 9시경에 해장국을 먹으러 간다며 가게를 나갔다고 곱창집 종업원이 분명히 진술했지 않습니까? 그런데 그 시각에는 이미 집에 가 있었던 안 모 씨가 어떻게 범인이 될 수 있습니까?"

나는 그 경찰관에게 굳이 들려줄 필요도 없는 말을 늘어놓으며 다시 한 번 머릿속을 정리했다.

그렇듯 물리적으로, 시간상으로 안 모는 범인이 될 수 없었다. 그렇다면 목격자 오 모는 왜 안 모를 살인범으로 몰았던 것일까?

어느 날 나는 안 모와 오 모를 동시에 소환했다.

"당신들 두 사람 말이 너무 다른데, 지금부터 단 둘이서 이 사건에 대해 허심탄회하게 이야기해 보세요. 그리고 나중에 어떤 이야기를 나누었는지 나한테 말해주기 바랍니다."

나는 CCTV가 설치된 조사실에 두 사람을 앉혀둔 채 밖으로 나와 모니터를 통해 두 사람의 언행을 세밀히 관찰했다.

"아 이 새끼야, 네놈이 도대체 나한테 무슨 원한이 있다고 이렇게 멀쩡한 사람을 살인범으로 모는 거냐? 그날 내가 언제 네놈의 똥차에 올라탔다는 말이냐, 이 사기꾼 놈아?"

"……."

안 모는 시종 거친 몸짓으로 원망과 울분을 토해냈지만, 오 모는 아무런 대꾸도 없이 눈만 끔벅거리고 있었다.

한동안의 시간이 흐른 뒤 나는 조사실로 들어가 어떤 이야기들을 나누었는지 물어보았다. 물론 모니터를 통해 두 사람의 대화내용을 훤히 알고 있다는 사실은 철저히 감추었다.

"저는 왜 새빨간 거짓말을 둘러대며 나를 살인범으로 모느냐고 따졌습니다."

안 모는 사실대로 말했다.

"저도 당신이 분명히 그 사람을 죽였지 않느냐며 조목조목 따지고, 반박했습니다."

오 모는 내가 모니터로 지켜본 광경과는 전혀 다르게 둘러댔다.

"아직도 말이 다르군요. 그럼 시간을 충분히 주겠으니 과연 누구의 말이 맞는지 끝장토론을 한번 해보세요."

나는 둘을 남겨둔 채 다시 조사실을 빠져나와 모니터 앞에 앉았다.

그렇게 2시간이 흐르도록 안 모는 줄곧 자신의 결백을 주장하며 오 모를 거칠게 몰아붙였지만, 오 모는 여전히 아무런 말도 못한 채 눈만 끔벅이고 있었다.

나는 오 모를 검사실로 데려가 조용히 물어보았다.

"오 모 씨, 나한테 사실대로 말해보세요. 안 모 씨가 범인입니까, 아닙니까?"

오 모가 사뭇 곤혹스런 표정으로 기어드는 목소리를 흘려냈다.

"안 모 씨는 범인이 아닙니다."

"그래요? 그럼 왜 무고한 사람을 살인범으로 몰았습니까?"

"경찰관들이 제가 그날 그 빌딩 1층의 오락실에 있었던 걸 확인하고는 저를 용의자로 지목하고 추궁하는 바람에 덜컥 겁이 났습니다. 그래서 … . 그날 사건이 발생하기 전에 오락실에서 나와서 보니 마침 지하 1층 만홧가게에서 올라온 안 모 씨가 저만치서 걸어가고 있었는데, 그 생각이 문득 떠오르더군요."

"그럼 그날 안 모 씨가 지하 1층 만홧가게에서 올라와서 어디론가 걸어간 것만 사실이고, 나머지는 다 당신이 지어낸 말이었습니까?"

"네. 나중에, 안 모 씨가 살인범으로 몰리는 걸 보고 사실대로 이야기하려고도 했지만, 경찰관들이 무서웠고, 또 말을 뒤집으면 무고죄로 구속될 것 같기도 하고 해서 … ."

너무도 어처구니없는 말이었다.

"방금 당신이 한 말이 사실이라면 나는 당신을 무고죄로 입건하여 구속시킬 것입니다. 다시 한 번 묻습니다. 방금 당신이 한 말이 모두 사실입니까?"

"네."

오 모는 자신이 무고죄로 입건되어 구속될 수 있다는 사실을 알고서도 더 이상 진술을 번복하지 않았다.

나는 안 모에게 무혐의 처분을 내렸다. 오 모는 무고죄로 조사는 했지만 그럴 만한 가치가 없다고 판단되어 입건하여 처벌하지는 않았다. 그 대신 나는 그 사건을 조사했던 경찰관들을 불러 안 모가 범인이 아님을 밝혀줄 결정적인 증거를 확인하고서도 사건기록에 누락시킴으로써 수사에 혼신을 초래했던 점을 엄중히 질책했다. 그리고 경찰관들로부터 다시는 그런 일이 없도록 하겠다는 약속을 받아내는 선에서 더 이상의 책임은 묻지 않았다.

경찰관들에게 재수사를 지시했지만 결국 그 사건의 범인은 잡지 못했다. 하지만 억울하게 살인의 누명을 쓰고 있던 사람의 혐의를 벗겨준 것은 어쩌면 범인을 잡는 것 이상으로 중요한 일이었는지도 모른다. 이처럼 나는 분명히 '핏불'로 악명을 떨치던 강력검사였지만 그렇다고 해서 무조건 사람을 잡아넣는 것만을 능사로 여기던 검사는 아니었다.

제4장
떠도는 원혼들

부검 사절?

나를 찾아온 망자의 혼

폭행치사와 살인의 차이

한 장의 사진으로만 남은 아이

감쪽같이 사라지는 아이들

세 번째 사형 구형

부검 사절?

나는 검찰에 몸을 담고 있으면서 오랫동안 감춰져왔거나 미제로 남을 뻔한 살인사건을 5건이나 수사하여 범인을 밝혀냈다. 1차 수사기관인 경찰이 아니라 2차 수사기관인 검사가 5건의 미제 살인사건을 해결한 건 검찰 역사상 전무후무한 일이다. 나는 지금도 이 점을 자못 자랑스럽게 생각하고 있다.

살인사건들 중에는 내가 스스로 사건을 추적하는 것이 아니라 사건 자체가 나를 찾아와 주위를 맴도는 듯한 경우들이 적지 않았다. 내가 확증을 갖고 사건을 다루지 않았음에도 불구하고 묘하게도 인과(因果) 관계가 이어지면서 사건 속으로 나를 밀어 넣는 것이었다.

지금도 나는 그런 현상이 무엇으로부터 비롯되었던 것인지 설명할 길이 없다. 전설이나 야사 속의 이야기들처럼 한을 품고 죽었던 원혼들이 그 한을 풀기 위해 검사인 나를 찾아왔던 것일까? 그리하여 나를 통해 자신들의 한을 풀 수 있었던 것일까?

대전지방검찰청에서 초임검사로 재직하던 시절의 어느 겨울날, 관할 경찰서에서 변사사건 한 건을 보고했다.

"신고한 부인의 말에 따르면, 변사자가 어젯밤 늦게 만취된 채 돌아와 바로 안방에 깔아 놓은 이불 위에 누워 잠이 들었는데, 아침에 일어나 보니 숨져 있었다고 합니다."

"특별한 외상의 흔적은 없습디까?"

"얼굴에 찰과상이 조금 있기는 한데, 변사자의 부인은 밤중에 만취된 채 귀가하다가 어디엔가 부딪친 것 같다며 부검을 원하지 않는다고 합니다. 그냥 남편이 술에 취해 자다가 심장마비를 일으킨 것 같으니 빨리 장례를 치룰 수 있도록 해달랍니다."

경찰에서 지휘 올린 변사기록을 보니 과연 안면 우측의 광대뼈 부위에 찰과상 흔적이 남아 있는 변사체의 사진이 첨부되어 있었다. 그리고 경찰이 작성한 보고서에는 평소 변사자가 거의 매일 술을 마셨고, 사건 당일 밤은 날씨가 몹시 추워서 변사자가 만취상태로 귀가하다가 얼어붙은 길바닥에서 미끄러져 얼굴을 다쳤고, 그것이 원인이 되어 수면 중에 숨진 것으로 추정된다는 내용이 담겨 있었다.

그리고 그 보고서에는 타살로 의심할 만한 정황은 발견되지 않았으니 변사체를 유족에게 인도하고 사건을 종결하겠다는 관할 경찰서의 의견이 첨부되어 있었다.

경찰의 보고는 일견 일리가 있어 보였다. 변사자의 신원이 명확하고, 유족들도 변사자의 죽음을 수긍하는 입장이었다. 경찰의 입장에서 유족들이 사인을 의심하지 않는데 굳이 원성을 들어가며 부검까지 해야 할 이유도 없을 것 같았다. 하지만 나의 뜻은 경찰의 그것과는 달랐다.

"부검해서 사인을 명확히 밝힌 후에 변사체를 유족에게 인도하도록 하세요. 얼굴에 상처를 입고 귀가했다면 아무리 취중이라 해도 본인이 스스로 해명했거나 적어도 부인이 그 경위를 물어보았어야 할 텐데, 부인이 그 부분에 대하여 아무런 말도 하지 않았다는 게 좀 이상하군요."

내가 그렇게 부검하도록 관할 경찰서에 지시하자 유족들이 맹렬히 반대하고 나섰다. 특히 변사자의 누나라는 사람은 검사실까지 찾아와 노발대발했다.

"아니 검사님, 유족들이 사인을 의심치 않는다는데 왜 꼭 부검을 해서 사람을 두 번이나 죽여야만 합니까? 안 됩니다. 부검할 수 없으니 빨리 장례나 치르도록 해주세요."

"고인을 아끼는 마음은 충분히 이해합니다. 하지만 사람이 상처를 입은 채 죽었으니 사인을 명백히 알아봐야 하지 않겠습니까? 그리고 부검은 수사기관이 법원으로부터 영장을 발부받아서 실시하는 것으로, 유족의 의사와는 무관하게 진행됩니다. 최대한 신속히 부검해서 사인을 명확히 밝힌 후에 곧바로 장례를 치를 수 있도록 해드리겠습니다."

나는 그렇게 유족들을 달랬다.

강력사건에서는 검시(檢屍)가 매우 중요하다. 변사체를 주의 깊게 살펴보면 변사자의 사망원인과 그 경위를 논리적으로 추정할 수 있기 때문이다. 검찰청에는 하루에도 몇 건씩 변사체 발생보고가 올라오는데, 대부분이 교통사고로 인한 변사이거나 뚜렷한 원인이 없이 사망한 경우들이다.

타살의 혐의가 분명한 변사체는 수사기관이 반드시 검시하고 법원으로부터 영장을 발부받아 부검을 실시하여 사인을 규명한다. 그러나 타살혐의가 불분명하고 유족들이 부검을 원하지 않는 경우에는 대부분 변사체의 외관만 살펴보고 부검하지 않은 채 내사를 종결한다.

나는 부검과정에 직접 참여해 부검의와 함께 사인을 찾아나갔다. 그런데 막상 부검을 통해 확인해 보니 변사자의 뒷머리가 강한 충격을 받아 뇌에 좌상이 생겼고, 왼쪽 갈비뼈 하나가 부러진 것으로 나타났다. 변사자가 머리와 가슴 부위에 강한 충격을 받고 숨졌음이 분명했지만, 그 충격의 정체가 무엇이었는지는 알 수 없었다. 만취 상태에서 넘어졌을까? 귀가 도중 다른 사고가 있었을까? 왼쪽 갈비뼈는 왜 부러졌을까? 나는 그 의문을 풀어야만 했다.

"사건 당일의 변사자의 행적을 중심으로 사인을 조사해 보세요."

담당 경찰관들에게 그렇게 지시한 뒤 한 달쯤 기다리고 있자니 경찰에서 내사를 종결하겠다는 보고가 다시 올라왔다.

그런데 경찰의 보고가 아무래도 미심쩍었다. 변사자는 머리 뒷부분에 가해진 충격으로 인해 사망한 것이 분명한데도 경찰의 보고서에는 변사자가 심장의 관상동맥에 이상이 생겨 심장마비로 숨진 것 같다고 기록되어 있었다. 내가 직접 부검을 통해 확인한 사인과는 한참 동떨어진 결론이었다.

"뒷머리에 어떤 충격이 가해졌는지 다시 한 번 조사해 보세요."

나는 사건을 다시 경찰서로 돌려보냈다.

그런데 바로 다음 날이었다. 수사가 꽤 길어질 수도 있겠다고 생각하며 막 출근했더니 기다렸다는 듯 관할 경찰서의 형사반장이 달려왔다.

"검사님, 어제 재지휘하신 변사사건의 범인을 잡았습니다!"

"네? 범인을 … ?"

나는 깜짝 놀랐다. 그것이 살인사건이리라고는 생각지도 못했는데 범인이라니. 그것도 재지휘한 지 하루도 못 되어 검거하다니.

"범인이 누굽니까?"

"변사자의 처제가 범인입니다. 사실, 어제 검사님께서 재수사를 지휘하신 걸 보고 형사들이 불만이 많았습니다. 수사도 잘 모르면서 애꿎은 경찰관들만 귀찮게 한다고요. 하지만 일단 재지휘가 떨어졌으니 사건을 그대로 종결할 수는 없고 해서 형사들이 모여서 회의를 했습니다. 그때 모 형사가 하는 말이 장례식장에서 변사자의 처제를 보았는데 그 뒤로 연락도 안 되고 행방이 묘연하다는 겁니다. 그래서 사건 당일의 변사자의 행적을 다시 한 번 조사해보자는 쪽으로 의견을 모으고, 먼저 변사자의 부인부터 소환해서 사건 당일에 동생이 집에 왔었는지를 추궁해보았죠."

"그랬더니 실토합디까?"

"네. 부인이 양심의 가책을 받았는지 동생이 범행을 저질렀다고 진술하더군요. 그래서 급히 변사자의 처제를 찾아서 추궁했더니 범행 일체를 인정했습니다."

"수고하셨습니다. 정말로 어려운 사건 하나를 잘 해결하셨습니다."

나는 담당 경찰관들의 노고와 지혜를 진심으로 치하했다.

사건의 자초지종은 이러했다.

변사자는 처가와 사이가 좋지 않았다. 자기들이 형편이 어려워 고생하는데도 처가가 도와주지 않는다며 아내와 처가 식구들에게 종종 행패를 부리곤 했다. 그런 그를 처가 식구들도 고운 눈으로 바라볼 까닭이 없었다.

그런데 공교롭게도 사건 당일 처제가 변사자의 집에 와있었다. 처제가 밤늦도록 언니와 이런저런 이야기들을 이어가던 끝에 만취상태로 귀가한 형부와 맞닥뜨리고 말았다. 형부가 처제를 보자마자 그 동안에 쌓인 감정을 여과 없이 쏟아냈다. 형부가 장인과 장모를 비난하고 처제가 거칠게 항변하며 두 사람 사이에 대판 말다툼이 벌어졌다. 그리고 분을 못 이긴 처제가 집으로 돌아가겠다며 현관에서 신발을 신고 있는데, 형부가 다가가 밤늦게 어디를 가느냐며 허리를 굽혀 처제의 손을 꽉 잡았다. 그 순간 화가 난 처제가 신발을 신은 오른발로 형부의 왼쪽 가슴을 냅다 차자, 그 충격으로 형부가 뒤로 넘어지면서 거실 바닥에 뒤통수를 찧고 의식을 잃어버렸다.

정신을 잃은 변사자가 숨은 쉬고 있어서 부인과 처제가 그를 끌어서 안방에 뉘였고, 그 과정에서 변사자의 얼굴에 찰과상이 생겼다. 그리고 아침에 눈을 떠보니 변사자가 죽어 있어서 두 자매가 황망히 말을 맞추었다.

"영장을 발부받아 구속하세요."

나는 그 처제를 구속기소했고, 법원은 범행 일체를 자백한 그녀에게 유죄판결을 내렸다.

그렇듯 하마터면 그냥 넘어갈 뻔했던 사건이었다. 만약 내가 변사체 발생보고를 받았을 때 경찰의 의견대로 내사를 종결했다면 그 사건은 단순한 변사사건으로 묻혀버리고 말았을 것이다. 그리되었다면 변사자의 처제와 부인은 평생토록 양심의 가책을 받으며 살아갔을 터이고, 억울하게 죽은 변사자의 원혼은 언제까지고 구천을 떠돌게 되었을지도 모른다.

어쨌든 단순 변사사건으로 종결될 뻔했던 살인사건의 진상이 밝혀졌다. 그렇다고 해서 내가 특별한 의심이 들어서 부검을 지시하거나 부검현장에 직접 나가보았던 것은 아니었다. 단지 사람이 죽었다면 사인을 명백히 밝혀야만 한다는 단순한 원리와 원칙대로, 그리고 평소 익혀온 수사지침과 부검으로 확인한 법의학적 소견을 토대로 수사를 지휘했을 따름이었다.

 강력사건에서 검시의 중요성은 아무리 강조해도 지나치지 않고, 모든 살인사건의 단서는 바로 사체에 있다고 해도 과언이 아니다. 업무에 쫓기는 검사가 자리를 비우고 밖으로 나가 부검에 참여한다는 것은 결코 쉬운 일이 아니다. 특히 토막살인 사건이나 숨진 지가 오래되어 심하게 부패한 사체, 장기간 땅속에 매장되었던 사체는 지켜보는 것만으로도 고역이다. 불결한 외양과 심한 악취로 금방이라도 토할 것만 같다.

 하지만 모두들 손사래를 치더라도, 사인에 대하여 아무도 이의를 제기하지 않더라도, 몹시 번거롭고 귀찮더라도, 검사는 모름지기 그것을 회피하지 말고 먼저 나서야 한다. 제일 먼저 달려가 손으로 직접 사체를 만져보아야 한다. 사건의 진실을 밝히기 위해, 그리고 수사관들을 지휘하기 위해서라도 앞장서서 그렇게 해야만 한다. 그렇게 하기 위해서는 평소 강한 정의감과 확고한 사명감을 지니고 있어야 하는 것이다.

나를 찾아온 망자의 혼

내가 대구지방검찰청 공판부에서 근무하고 있을 때였다. 일선 수사로부터 한발 비켜서서 다른 검사들이 기소한 사건의 공소유지를 주된 업무로 삼는 검사들이 공판부 검사들이었다. 그리고 당시 나는 검사 장기해외연수시험을 앞두고 퇴근 후에는 시험공부에 열중하고 있었다.

어느 여름날 밤 당직근무를 마치려 업무를 정리하다 보니 벌써 자정이 지나 있었다. 당직실에 전화를 걸어 더 처리해야 할 일이 있느냐고 알아보니 없다고 했다. 나는 서둘러 책상을 정리하고 가방을 챙겨서 사무실을 빠져나왔다.

그런데 내가 사무실 문을 잠그고 엘리베이터를 향해 걸어가는데 당직 직원 한 사람이 총총히 달려왔다.

"검사님, 방금 접수되었는데요, ○○경찰서에서 올라온 변사사건 보고서입니다."

당직직원이 얄팍한 서류철 하나를 내미는 순간 솔직히 귀찮다는 생각이 먼저 들었다.

당직검사가 퇴근한 후에 접수된 변사사건은 다음날 변사사건 주임검사에게 배당된다. 따라서 나는 이미 퇴근하는 길이었으므로 굳이 그 사건을 지휘할 필요 없이 다음날 아침에 주임검사에게 보고하고 지휘받도록 하라고만 하면 그뿐일 일이었다.

"그래요? 어디 좀 봅시다."

하지만 나는 서류철을 잠시 노려보다가 마치 무엇에 홀리기라도 한 듯이 그 보고서를 받아들고 다시 사무실로 향했다.

어느 산비탈을 거슬러 오르는 도로 옆 낭떠러지에서 부패된 변사체가 발견되었다. 숨진 지가 며칠은 지난 듯한 변사자의 행색은 남루했고, 별다른 소지품도 없었으며, 신발도 벗겨져 있었다.

경찰은 변사자를 부랑자로 추정하고 산속에서 길을 잃고 헤매다가 실족사한 것 같으니 행정처리를 하겠다는 것이었다. 행정처리란 연고가 없는 시신이 발견되면 사체를 인수하여 장례를 치러줄 사람이 없으므로 대학병원 등에 부검용으로 기증하거나 장례식장에 위탁해서 화장 등의 방법으로 시신을 처리하는 것을 의미한다.

그런데 보고서에 첨부된 변사체 발견 현장의 사진을 보는 순간 무언가 이상하다는 느낌이 들었다. 나는 문제의 사진을 불빛 가까이로 들어 올려 다시 한 번 자세히 들여다보았다.

부랑자가 왜 인적이 드문 한갓진 산길에서 실족사했을까? 구걸 등의 방법으로 연명해가는 부랑자라면 행인도 거의 없는 산길을 헤맬 것이 아니라 도심의 거리나 지하철역을 서성거리고 있어야 마땅치 않은가? 또한 변사자가 발을 잘못 디뎌 도로변 낭떠러지로 떨어지려면 도로변이 낭떠러지와 바로 이어져있어야 할 텐데, 이곳에는 도로변에 경계석들이 세워져 있고, 경계석을 넘어서도 50㎝가량이나 나아가야 낭떠러지를 만날 수 있지 않은가.

부랑자가, 도심이 아닌 산길을 헤매다가 도로변의 경계석을 넘어서 50㎝를 더 나아가 발을 잘못 디뎠다는 게 상식적으로 납득할 수 있는 일인가?

나는 잠시 고개를 갸웃거리다가, 일단 사체를 부검해서 사인부터 명확히 밝힌 후에 행정처리 여부를 결정하라고 경찰에 지시했다.

이튿날 출근하니 관할 경찰서의 형사계장이 전화를 걸어서 강력히 항의해왔다.

"아니, 검사님! 그 사람은 실족사한 게 틀림없는데 왜 꼭 부검해야 합니까? 사체가 썩어서 얼마나 악취가 심한지 가까이 가지도 못하겠습니다. 그리고 소지품도 없고 행색도 남루한 걸로 보아 부랑자임이 확실하고 유족도 찾을 수 없는데, 괜히 일을 복잡하게 만들 것 없이 행정처리 하고 치웁시다, 그만."

공무가 다망할 경찰의 입장이야 백 번 이해하고도 남았지만, 나는 뜻을 굽히지 않았다.

"부랑자가 왜 사람들 속을 떠나 산길을 헤맸겠습니까? 나중에 유족들이 나타나 사인이 무엇이었느냐고 묻기라도 한다면 뭐라고 대답하겠습니까? 부검도 하지 않고 그냥 단순 추락사로만 추정해서 행정처리하고 말았다면 유족들이 가만히 있겠습니까? 일단 부검부터 하고 유족을 찾아보세요. 사인이 밝혀지고, 유족들이 끝내 나타나지 않는다면 그때 가서 행정처리해도 늦지 않습니다."

나는 갖은 말로 경찰관들을 으르고 달래어서 부검을 실시했다.

한여름에 며칠간이나 야외에 방치되었던 사체를 부검하는 일은 정말이지 고약해도 그렇게 고약할 수가 없었다. 흉한 외관이야 눈이라도 감는다지만, 콧속으로 날아드는 악취는 어찌해볼 도리조차 없었다. 그렇다고 해서 반대를 무릅쓰고 부검을 고집해온 검사가 그런 내색을 하거나 주저하는 모습을 보여줄 수도 없는 노릇인지라, 나는 최대한으로 숨을 참아가며 부검의와 함께 사체를 뒤적거렸다.

그런데 부검결과가 뜻밖이었다. 변사자의 다리는 강한 충격을 받았고, 몸 위로는 자동차 타이어가 지나갔던 것으로 밝혀졌다. 변사자는 경찰의 추정대로 실족사한 것이 아니라 교통사고로 사망하게 되었음이 명백히 드러났다. 누군가가 교통사고를 낸 뒤 피해자를 길가 낭떠러지에 던지고 도주한 모양이었다.

본격적인 수사가 시작되었다. 나는 먼저 경찰에게 유족부터 찾으라고 지휘했다. 당초 유족을 찾을 수 없다던 경찰의 의견과는 달리 변사자의 지문으로 신원이 밝혀지자 유족들도 금세 확인되었다. 변사자는 인근에 살던 60대 남성이었고, 그의 부인은 이미 실종신고까지 해놓은 상태였다.

"실종신고를 하기 며칠 전에 남편이 밤늦게 집을 나가더니 소식이 없었어요. 아무래도 이상해서 평소 남편이 즐겨 다니던 길을 따라가 보니 도로변에 남편의 신발 한 쪽이 떨어져 있더군요."

변사자의 부인이 한숨을 쉬며 낡은 운동화 한 짝을 내놓았.

신발이 떨어져 있던 곳으로 사고장소가 특정되었다. 나는 경찰에 지시하여 주변을 탐문하고 사고장소에 목격자를 찾는다는 플래카드를 내걸도록 했다. 관련 경찰관이 라디오 교통방송에 출연하여 사건 개요를 설명하며 목격자를 찾는다는 방송도 내보냈다.

그러나 목격자는 쉬 나타나지 않았다. 목격자가 나타나주기를 기대하며 보름이 가고 한 달이 흐르는 사이에 그 사건은 나의 기억에서 점점 희미해져갔다. 결국 미제 사건으로 남게 될 것 같았다.

그런데 플래카드를 내건 지 한 달 만에 마침내 목격자가 나타났다. 목격자는 시내버스 운전사였다.

"그날이 마침 비번이라서 승용차를 타고 여기저기 볼일을 본 뒤 집으로 돌아가던 참이었습니다. 그런데 제 차가 사고지점 가까이 다다랐을 때 앞서가던 흰색 쏘나타 승용차가 행인을 치는 사고가 발생했습니다. 운전자가 내려서 피해자를 승용차 뒷좌석에 태우고 급히 운전해가는 걸 보고 혹시나 싶어서 차번호를 적어놨습니다."

드디어 사건해결의 실마리가 잡혔다. 나와 경찰관들은 목격자가 알려준 차량번호로 차적을 조회하여 차량 소유자를 쉽게 찾아낼 수 있었다. 경찰관들이 문제의 쏘나타 승용차를 수색하자 트렁크에서 변사자가 남기고 간 다른 한 짝의 신발과 소지품 등이 발견되었고, 뒷좌석에서는 혈흔반응까지 나타났다.

결국 차량 소유자가 범행 일체를 실토했다.

"제가 그날 교통사고를 낸 뒤 피해자를 뒷좌석에 태우고 병원으로 달려가는데, 뒤에서 아무런 기척도 없는 것이 아무래도 피해자가 이미 사망한 것 같았습니다. 그래서 그만, 너무너무 겁이 나서 그만, 낭떠러지에 버리고 도망쳤습니다. 잘못했습니다. 죄송합니다."

묘하게도 가해자는 변사체가 발견된 지점의 인근에서 작은 개인 사찰을 지어놓고 수도하고 있던 스님이었다. 음주운전을 했던 것으로 심증이 가서 추궁해보았지만, 가해자가 음주운전 사실만은 완강히 부인했다. 나는 그 스님을 구속기소했고, 그 스님은 재판과정에서 피해자의 유족들과 합의를 보았지만 결국 중형을 선고받았다. 그리고 지혜롭게 가해차량의 번호를 적어두었던 시내버스 운전사는 그 덕분에 개인택시 면허를 얻게 되었다.

이 사건 역시 적절한 수사지휘와 부검을 통해 사인을 명확히 밝힘으로써 범인을 검거할 수 있었던 경우였다. 하지만 당시에도 역시 내가 타살이라는 확신을 가지고 부검을 지휘했던 것은 아니었다. 논리적으로 설명할 수 없는 그 어떤 힘이 나를 그렇게 이끌어갔던 것 같다.

만약 그 변사보고서가 5분만 늦게 접수되었다면, 또는 내가 귀찮다는 이유로 당직직원에게 내일 처리하라고 지시한 채 바로 퇴근했더라면 어찌되었을까? 그 사건은 당연히 이튿날 다른 검사에게 배당되었을 것이고, 십중팔구 경찰의 의견대로 단순한 실족사로 처리되고 말았지 않았을까?

평소 나는 모든 변사체들을 다 부검하라고 지시하지는 않았다. 그런 나로 하여금 반드시 부검을 실시해야겠다는 생각을 갖도록 만들었던 것은 과연 무엇이었을까?

폭행치사와 살인의 차이

단순 폭행치사죄와 상해치사죄 그리고 살인죄 사이에는 엄청난 차이가 있다. 살해하려는 의도 없이 단순히 폭행만 가했는데 피해자가 사망한 경우와, 살해하려는 의도 없이 상해만 가할 생각이었는데 피해자가 사망한 경우, 그리고 살해하려는 마음으로 피해자를 사망하게 한 경우는 각각 형량 면에서 크게 차이가 날 뿐 아니라, 범죄자와 피해자 그리고 그들의 가족들의 삶과 명예에도 크게 다른 영향을 끼친다.

따라서 마땅히 살인죄로 처벌받아야만 될 가해자가 폭행치사죄나 상해치사죄로 처벌받게 된다면 망자와 유족들의 입장에서는 그 분하고 억울한 심정을 달랠 길이 없을 것이다.

폭행치사죄냐, 상해치사죄냐, 아니면 살인죄냐를 가리는 데는 가해자의 의도가 절대적으로 중요하다. 그러나 수사기관이나 법원이 가해자의 마음속을 들여다볼 수 없기에 주로 사건 발생 당시의 정황, 범행에 사용된 흉기, 상해부위 등을 근거로 추정할 수밖에 없다. 따라서 수사기관은 가해자의 의도를 입증할 만한 증거를 수집하는 데 만전을 기해야 한다.

또한 그 사건이 단순한 폭행치사죄냐, 상해치사죄냐, 아니면 살인죄냐 하는 문제를 일차적으로 판단하고 법원에 기소하는 데는 담당검사의 사건 규명에 대한 의지가 매우 중요하다. 담당검사의 사건규명에 대한 의지가 어떠하냐에 따라서 사건의 성격이 달라질 수도 있기 때문이다.

내가 대구지방검찰청 형사부에서 일하고 있을 때 이런 일이 있었다. 어느 날 경찰이 폭행치사죄로 의율하여 구속한 범인을 송치했는데, 경찰의 수사기록에 담긴 사건의 내용은 대략 이러했다.

범인은 50대 유부남이었고, 피해자는 40대 유부녀였다. 범인과 피해자는 산행을 하다가 만난 후 오래도록 불륜관계를 유지했다. 그리고 그런 관계를 이어오는 과정에서 범인은 피해자로부터 수천만 원의 사업자금을 빌렸지만, 약속한 기한이 지나도록 그 돈을 갚지 않는 바람에 피해자와 다툼이 생기게 되었다.

사건 당일에도 두 사람이 승용차 안에서 심하게 다투다가, 화가 난 범인이 피해자의 옷깃을 잡고 멱살을 세게 죄자, 숨이 막혀 헉헉거리던 피해자가 의식을 잃고 쓰러지더니 이내 사망하고 말았다.

피해자가 사망하자 범인은 피해자의 시신을 승용차 뒷좌석에 싣고 돌아다니다가 어느 한적한 골목에 주차되어 있던 화물차 밑에 버린 채 도주했고, 시민의 신고를 받고 출동한 경찰은 피해자의 휴대폰 통화내역을 추적하여 범인을 검거했다.

경찰서에서 범행을 완강히 부인하던 범인은 자신의 승용차 뒷좌석에서 혈흔반응이 나오고 나서야 범행 일체를 자백했다. 그리고 경찰은 범인의 진술을 토대로 단순 폭행치사죄를 적용하여 검찰로 송치했다.

나는 사건기록을 꼼꼼히 검토하던 끝에 기록에 첨부된 사진과 범인의 진술 사이에 상당한 차이가 있음을 확인할 수 있었다. 피해자의 사체가 발견된 당시의 사진과 피해자의 사체를 부검하며 찍은 사진을 보면 목 주위에는 종류를 알 수 없는 끈으로 조른 듯한 흔적이, 그리고 얼굴과 손등에는 찰과상으로 보이는 상처가 선명하게 남아 있었다.

목에 남아 있는 흔적과 얼굴과 손등의 상처 그리고 범인의 승용차 뒷좌석에서 채취한 혈흔반응 등은 단순히 옷깃을 잡고 멱살을 세게 죄었을 뿐이었다는 범인의 진술로는 도저히 설명될 수가 없었다.

나는 부검의에게 사체의 사진을 보여주며 법의학적 소견을 물었다.

"목 주위에 남아 있는 이 흔적은 뭘까요?"

"범인이 끈으로 목을 졸랐을 가능성이 높습니다."

"범인은 두 손으로 멱살만 세게 죄었다는데, 어떻게 생각하십니까?"

"멱살만 죄어서는 이렇게 피부가 벗겨질 정도로 깊은 상처가 나지 않습니다. 사체의 목 주위에 빙 둘러가며 끈으로 조른 흔적이 남아 있는 게 아니라 목의 앞부분에만 그 흔적이 남아 있는 걸로 보아 범인이 피해자의 등 뒤에서 끈으로 목을 졸랐던 것 같습니다."

"피해자의 얼굴과 손등에 남아 있는 찰과상은 어떻습니까?"

"얼굴과 손등에 상처가 난 걸 보면 피해자가 벽 같은 걸 보고 서 있는 상태에서 뒤에서 끈으로 목을 졸랐거나, 아니면 피해자가 바닥에 엎드린 상태에서 위에서 목을 졸랐던 것 같습니다."

"아 그러니까, 피해자가 벽이나 바닥을 향한 상태에서 목이 졸리니까 발버둥을 쳤을 테고, 그렇게 저항하는 과정에서 얼굴과 손등이 벽이나 바닥에 긁혀서 상처가 생겼다, 이런 말씀입니까?"

"네, 그렇습니다."

부검의의 법의학적 소견은 명쾌했다.

나는 담당 경찰관과 함께 현장으로 달려가 사체가 발견된 골목 주변의 벽과 길바닥을 둘러보았지만 어디에서도 핏자국의 흔적은 찾을 수 없었다. 그렇다면 결국 범인이 다른 장소에서 피해자를 살해한 뒤 그곳으로 사체를 유기했다는 결론에 이를 수밖에 없었다.

하지만 결론을 내리기 전에 한 가지 더 확인해야 할 것이 남아 있었다. 만약 범인의 진술대로 옷깃을 잡고 멱살을 세게 쥐어 피해자가 사망했고 그 과정에서 목에 상처가 남게 되었다면, 피해자가 사건 당일 입고 있었던 상의의 목 부위에 피해자의 피부 조각이 남아 있어야만 했기 때문이었다.

나는 급히 피해자의 남편에게 전화를 걸어 사건 당일 피해자가 입었던 상의를 가져다 달라고 요청했다. 장례를 치를 때면 망자가 입던 옷가지들을 태워버리는 것이 통례지만 다행히 피해자의 남편은 피해자가 사건 당일 입었던 옷을 그대로 보관하고 있었다. 국립과학수사연구원에 신속히 그 옷의 감정을 의뢰한 결과 피해자의 상의에서 어떤 피부조각도 발견되지 않았다는 답변을 들을 수 있었다.

이제 결론은 분명해졌다. 범인은 다른 장소에서 처음부터 피해자를 살해할 목적으로 끈을 사용하여 피해자의 등 뒤에서 목을 졸라 살해한 뒤 사체를 자신의 승용차 뒷좌석에 싣고 다니다가 사체가 발견된 장소에 유기한 채 도주한 것이었다. 따라서 범인에게 적용될 죄목은 단순 폭행치사죄가 아니라 살인죄여야만 했다.

나는 범인을 소환하여 엄중히 추궁했다.

"피해자의 목에 남아 있는 상처는 멱살을 아무리 세게 잡아도 도저히 날 수가 없는 상처입니다. 이건 분명히 끈으로 조른 겁니다. 그 끈은 어디 있습니까?"

"아닙니다. 저는 그저 피해자의 멱살을 좀 세게 잡았던 것뿐입니다. 억울합니다."

"그럼 얼굴과 손등에 난 상처는 뭡니까?"

"아마도 제가 피해자의 시신을 화물차 밑에 숨기는 과정에서 생긴 것 같습니다."

"그렇다면 얼굴과 손등 전체에 상처가 있어야 할 텐데, 왜 특정 부위에만 상처가 생겼습니까?"

"모르겠습니다, 저는."

"다른 곳에서 피해자를 살해한 뒤 사체가 발견된 곳에 유기한 것 아닙니까?"

"아닙니다. 그런 적 없습니다."

"거짓말 마세요. 다른 곳에서 끈으로 목을 졸라 살해해놓고 살인죄를 면해볼 요량으로 멱살만 잡았다고 한 것 아닙니까?"

"아닙니다. 제 말이 진실입니다."

범인은 시종 완강한 부인으로 일관했다.

나는 고민에 빠졌다. 범인이 그렇듯 완강하게 부인하는데다 범행에 사용된 끈도 찾을 수 없고 범행장소도 특정할 수 없으니 난감하기가 짝이 없었다. 어떡해야 좋은가? 내가 가진 증거라고는 사체의 사진과 부검의의 법의학적 소견밖에 없고, 범인은 갓 개업한 판사 출신의 유력 변호사를 선임해 놓았다. 살인죄로 기소하면 법정에서 치열한 공방이 펼쳐질 것이고, 자칫하면 증거가 부족하다는 이유로 살인범에게 무죄가 선고될 수도 있지 않은가.

그런 경우 많은 검사들이 현실과 진실 사이에서 곧잘 타협점을 찾곤 한다. 결정적 증거도 없이 살인죄로 기소하여 무죄판결을 받기보다는 범인이 자백한 대로 폭행치사죄로 기소한 뒤 구형량을 높이는 편이 훨씬 안전하기 때문이다.

그러나 나는 현실보다는 진실을 택했다. 비록 증거부족으로 무죄판결이 날 위험성이 높다 할지라도 어떻게든 사건의 진실을 밝힘으로써 피해자와 유족들의 원통한 마음을 달래주고 가해자가 응분의 처벌을 받게 해야 한다고 생각했기 때문이었다. 그리고 그것이 곧 정의요, 그런 정의를 실현시키는 것이 검사의 본분이라고 믿었던 까닭이었다.

의율할 죄목을 두고 고민하던 끝에 나는 결국 반드시 유죄판결을 받아내어 범인에게 응분의 책임을 묻고야 말겠다는 각오로 범인을 살인죄로 기소했다.

공판의 열기는 뜨거웠다. 예상했던 대로 변호인 측에서는 살인의 직접적인 증거를 요구하며 하다못해 목을 조를 때 사용한 끈이라도 내놓아야 하는 것 아니냐고 따졌다. 젊은 검사가 과욕을 부려서 단순한 폭행치사죄를 살인죄로 몰아간다고 비난했다.

나는 부검의를 증인으로 채택해 사체의 상태를 하나하나 설명하면서, 내가 동원할 수 있는 말과 논리를 모두 동원하여 그 사건이 단순한 폭행치사 사건이 아닌 살인사건임을 주장하고 입증해 나갔다. 그리고 의견서를 통해 왜 그 사건이 폭행치사가 아닌 살인사건인지를 나의 논리에 근거하여 소상히 설명해주었다.

마침내 선고일이 도래하고, 법원은 나의 손을 들어주었다. 법원이 범인에게 살인죄를 인정하여 10여 년의 징역형을 선고함으로써 정의와 진실이 기어코 승리하고야 말았다.

　이런 사건의 경우에는 주임검사의 사건해결에 대한 의지가 몹시 중요하다. 주임검사가 얼마나 열의와 정성을 쏟느냐에 따라 사건의 진실이 드러날 수도 있고, 묻혀 버릴 수도 있기 때문이다.

　그 사건은 후일 내가 강력사건을 전담하여 수사하는 동안 줄곧 하나의 큰 기준이 되었다. 그 사건을 거울삼아 사건을 접하는 태도, 진실을 밝히려는 열정, 합당한 형벌을 선고받기 위한 증거수집 등 여러 문제들에 대하여 참으로 많은 고민을 거듭했다. 후일담이지만 당시 그 사건에 임했던 나의 태도 및 자세에 대하여 판사들 사이에서 적지 않은 칭찬들이 오갔다고 한다.

한 장의 사진으로만 남은 아이

나는 서울중앙지방검찰청 강력부에서 1년을 근무한 뒤 형사 제3부로 자리를 옮겼다. 형사 제3부는 경찰에서 송치한 강력사건들을 전담하는 부서였는데, 나는 그곳으로 이동하면서 사건을 하나 가지고 갔다. 그것은 서울지방검찰청 특수부에서 근무하던 이 검사로부터 자료를 넘겨받았던 살인사건이었다.

그리 거창한 자료는 아니었다. 이 검사의 지인이 어느 카페에서 카페 여주인과 그녀의 친구가 하던 이야기를 우연히 듣고 나서 평소 알고 지내던 이 검사에게 제보해준 건으로, 어떤 중년의 아버지가 어린 아들을 살해했다는 내용의 자료였다. 그리고 이 검사가 특수부에서 수사하기가 곤란한 내용이라서 강력부에서 근무하던 나에게 한번 수사해보라며 건네준 것이었다.

그런데 내가 보기에는 그 자료라는 것이 신빙성이 별로 없는 것 같았다. 세상에는 누가 누구로부터 살해당했다느니, 누가 누구를 죽였다느니 하는 식의 출처 및 근거가 모호한 소문들이 곧잘 떠돌아다니기 때문이었다. 그래서 나는 그 자료를 캐비닛에 넣어둔 채 다른 사건들만 신경 쓰다가 부서를 옮기면서 그것을 가지고 가게 되었다. 어쩌면 짐을 챙기는 과정에서 다른 서류에 묻혀서 옮겨졌던 것인지도 모를 만큼 반드시 챙겨야만 할 성격의 자료는 아니었다.

어쨌든 형사부로 옮겨간 뒤에도 나는 산더미처럼 쌓인 경찰 송치 사건들과 씨름하느라 그 사건에 신경 쓸 겨를이 없었다. 그렇게 6개월쯤 지나고, 바쁜 일도 웬만큼 처리되었을 무렵에야 캐비닛을 열어보고 서류들 속에 끼어 있던 그 자료를 발견하게 되었다.

자료를 들여다보니 여전히 긴가민가해서 한참을 생각하다가 일단 제보한 사람의 말을 한번 들어나 보기로 했다. 이야기에 신빙성이 없으면 바로 종결할 작정이었다.

나는 그 이튿날 제보자를 바로 소환하여 물어보았다.

"살인사건과 관련된 이야기를 들었다고 하던데, 사실입니까?"

"네, 사실입니다."

"언제, 누구로부터 들었습니까?"

"작년 봄이었습니다. 제가 자주 가는 카페가 있는데 어느 날 거기서 술을 마시다가 카페 여주인의 친구가 여주인에게 하는 이야기를 우연히 듣게 되었습니다."

"어떤 얘기였습니까?"

"카페 주인의 친구가 이혼한 남자와 결혼해서 몇 년을 살다가 얼마 전에 이혼했다고 했습니다. 그 여자가 결혼하기 전 그 남자에게 어린 아들이 하나 있었는데 자기와 결혼하는 데 방해가 되니까 그 아이를 한강변으로 데려가 박카스 병에 든 독약을 먹여서 죽인 뒤 모래밭에 파묻었다고 했습니다. 그 여자도 거기에 함께 있었는데, 그 남자와 이혼하고 나니 그 남자가 범행사실을 알고 있는 자기를 찾아와 죽이지나 않을까 걱정된다고 했습니다."

"다른 이야기는 들은 게 없습니까?"

"네, 없습니다."

"제보는 어떻게 하게 되었습니까?"

"제가 보기에 두 사람이 심각하게 이야기하는 것 같았고, 그 여자가 거짓말하는 것 같지는 않아서 제보하게 되었습니다."

그 말을 듣는 순간 나는 정신이 번쩍 들었다. 제보자의 눈에 그 여자가 거짓말하는 것같이 보이지는 않았듯이, 제보자 또한 이 검사나 나에게 거짓말을 해야 할 아무런 이유도 없었다.

즉시 그 카페 주인을 불러 확인해보니 친구가 그런 이야기를 한 적이 있다고 했다. 나는 다시 카페 주인의 친구라는 여자를 소환하여 넘겨짚듯이 물어보았다.

"이미 다 알고 있습니다. 당신과 이혼한 전 남편이 전처와의 사이에서 난 아들을 죽여서 한강변 모래밭에 파묻었지요?"

"아, 그걸 어떻게 아셨죠?"

"그런 사실이 있었는지 없었는지, 그것만 대답하세요."

"아, 네. 그런 사실이 있었습니다."

"그럼 있었던 사실을 그대로 말해보세요. 나는 모든 걸 다 알고 있고, 잘못하면 당신도 공범으로 몰릴 수 있으니 똑바로 이야기하세요."

"네, 사실대로 말씀드리겠습니다. 제가 몇 년 전 그 사람을 만나 결혼하려고 했는데, 그 사람이 5살 된 아들과 같이 살고 있었습니다. 평소에 그 아이가 귀찮다고 투덜거리더니, 어느 날 밤 그 사람이 저에게 아이를 데리고 강변으로 바람이나 쐬러 가자고 해서 따라갔습니다. 그랬더니, 그 사람이 으슥한 곳으로 우리를 데려가서, 아이에게 박카스 병을 따서 주며 마시라고 했습니다. 아이가 좋아라하며 조금 마시다가 맛이 이상했는지 그만 마시려고 하자, 그 사람이 병을 빼앗아서 아이의 입을 벌리고는 강제로 먹였습니다."

"그래서, 아이가 죽었습니까?"

"네. 고통스러워서 한참을 뒹굴다가 사지를 쭉 뻗었습니다."

"주위에 다른 사람은 없었습니까?"

"네. 후미진 곳이었습니다."

"아이의 시신은 어찌했습니까?"

"아이가 죽자, 그 사람이 모래밭을 파헤쳐 구덩이를 만들더니, 그 속으로 아이를 던져 넣고는, 모래로 묻었습니다."

"당신도 공모했던 것 아닙니까?"

"아닙니다. 저는 그냥 바람을 쐬러 가는 줄로만 알고 따라갔을 뿐입니다."

"그럼, 당신이 그런 흉악무도한 살인범과 결혼해서 같이 살았단 말입니까?"

"너무너무 무서웠지만, 어쩔 수 없었습니다. 결혼하지 않겠다고 하면 저에게 무슨 짓을 할지 몰라서 … ."

"그렇게 무서운 사람한테 이혼하자는 말은 어떻게 했습니까?"

"저는 이미 결혼에 한 번 실패한 적이 있어서 어떻게든 살아보려고 했습니다. 그런데 그 사람이 일정한 직업도 없는데다 성격도 포악해서 도저히 같이 살 수가 없었습니다. 그래서 맞아죽을 각오를 하고 입을 열었더니 그 사람도 저에게 몹쓸 짓을 너무 많이 했던 걸 알고 있으니까 더 이상 염치가 없었는지 못 이기는 척하며 동의해 주었습니다. 그런데 제가 아이를 죽였다는 사실을 알고 있기 때문에 그 사람이 언제 찾아와 죽이려 할지 몰라 무서워서 못 살겠습니다."

"그 사람의 이름과 나이가 어떻게 됩니까?"

비정한 아버지와 그의 아들의 인적사항을 파악해보니 아들은 가

출신고가 되어 있었다.

"아이의 가출신고는 누가 했습니까?"

"그 사람이 했습니다. 아이의 초등학교 취학통지서가 날아와서 가출했다고 신고한 겁니다."

여인의 태도와 이야기의 얼개가 충분히 신빙성이 있어 보였다. 형사 제3부의 수석검사였던 나는 부장검사에게 보고하고 차석검사인 김 검사로 하여금 그 사건의 수사를 매듭짓도록 했다. 김 검사가 보강수사를 하고 나서 그 남자를 체포하여 조사하자 그 남자가 눈물을 흘리며 범행사실 일체를 자백했다. 수사관들이 범인을 데리고 살해 현장을 찾아갔지만, 그 동안 지형이 많이 바뀐 탓으로 시신은 찾을 수 없었다. 그러나 정황증거가 워낙 명백했기에 김 검사가 범인을 구속기소했고, 법원은 유죄를 인정하여 범인에게 중형을 선고했다.

재판과정에서 한 가지 안타까운 점이 있었다면, 그것은 범인이 아이를 살해한 뒤 아이의 사진을 모두 없애버리는 바람에 피해자의 사진을 곧장 제시할 수 없었다는 사실이었다. 그래서 김 검사가 아이의 생모를 찾아서 알아보니 그녀가 사진 한 장을 고이 간직하고 있었다. 그 아이가 한때 이 세상에 존재했었다는 사실을 입증해주는 유일한 흔적인 그 사진 속에서 천진난만한 남자아이 하나가 치아를 활짝 드러낸 채 환히 웃고 있었다.

나는 지금도 이 사건에 대한 기억을 종종 떠올리곤 한다. 사건 자체만 보면 비정하고 잔혹한 면은 있지만 온갖 부류의 사람들이 뒤섞여 사는 세상에서 진혀 일어날 수 없을 일은 아니었나. 내기 이 사건을 잊지 못하는 이유는 사건 자체 때문이 아니라 이 사건 역시 왜 그리고 어떻게 나와 연결되게 되었는지를 도저히 논리적으로는 설명할 수가 없는 까닭이다.

이 사건은 내가 직접 제보를 받았던 것도 아니요, 정식으로 나에게 배당된 것도 아니었다. 우리 주위에 누가 누구에게 살해당했다는 식의 확인되지 않은 소문이 곧잘 떠돌듯이, 어찌 보면 중년여성들의 수다 속에 등장한 가벼운 화젯거리에 불과했을 수도 있었던 문제였다. 그 제보자 또한 카페 여주인의 친구가 재미삼아 꾸며낸 선의의 거짓말 정도로 스쳐 들었을 수도 있었고, 그것이 사실로 여겨졌더라도 자신과 직접적인 관계도 없는 일을 수사기관 종사자에게 일부러 제보하기는 쉽지 않은 일이었을 것이다. 나 역시도 까맣게 잊고 있다가 캐비닛을 뒤지던 중 우연히 그 자료를 다시 발견하게 되었고, 수사하겠다는 생각보다는 확실히 종결지어야겠다는 생각으로 제보자를 소환했다. 그런데도 결과는 당초 신빙성이 거의 없다고 생각했던 비속 살인사건으로 이어지고 말았다.

"강력사건은 참으로 이상하다. 이런 생각을 해본 적이 있는지 모르지만, 이 세상에는 말로써는 설명할 수 없는 그 무엇이 존재하는 모양이다. 그것이 귀신인지, 영혼인지, 불교에서 말하는 인과나 업보인지, 아니면 그도 저도 아닌 다른 그 무엇인지는 모르지만 분명히 무엇인가가 있기는 있는 것 같다. 그래서 그 알 수 없는 모종의 존재가 강력검사를 사건 속으로 끌어들이는 것 같다."

나는 후배 검사들에게 종종 이 사건을 소개하면서 이렇게 말하곤 했다.

감쪽같이 사라지는 아이들

1980년대까지만 해도 주로 원한관계나 치정관계 또는 생계문제로 인해 살인사건이 발생했지만, 1990년대부터는 사이코패스들에 의한 연쇄살인사건이 종종 일어나곤 한다.

이들 사이코패스들의 범행 동기는 다른 살인범들의 그것과는 확연히 다르다. 사이코패스들은 반사회적인 인격장애증을 앓는 자들로 평소에는 정신병질이 내부에 잠복해 있다가 범행을 통해서만 밖으로 표출되기 때문에 주위 사람들이 그들의 존재를 쉽게 알아볼 수 없다.

그들은 죄책감이나 동정심을 느끼지 못한 채 저항능력이 없는 피해자들을 잔혹하게 살해하는 과정에서 쾌감과 만족감을 얻는다. 그러기에 그들은 일회성으로 그치지 않고 반복적으로 살인을 저지르게 된다. 그들은 우발적 또는 충동적 살인의 경우와는 달리 처음부터 치밀한 계획을 세워서 범행을 저지르기 때문에 범죄현장에 증거를 거의 남기지 않는다. 따라서 수사기관이 그들을 검거하기가 쉽지 않고, 검거하더라도 그 시기가 이미 다수의 피해자들이 발생한 이후인 경우가 많다.

대표적인 사이코패스에 의한 살인사건으로는 결국 범인을 검거하지 못한 채 공소시효가 지나버린 화성 연쇄살인사건을 비롯해 1990

년대에 발생한 지존파 사건, 막가파 사건, 온보현 사건, 그리고 2000년대에 일어난 유영철, 강호순, 정남규 사건 등을 꼽을 수 있다.

특히 2년 동안 무려 14명의 피해자들을 살해한 정남규는 법정에 서조차 "담배는 끊어도 살인은 못 끊겠다"는 말을 들려주어 세상 사람들을 경악케 했다. 끝내 살인의 충동을 이기지 못한 정남규는 2009년 11월 교도소에서 비닐봉지들을 꼬아서 만든 끈으로 자기 자신을 살해하며 엽기적인 생을 스스로 마감했다.

지금도 나는 '16'이라는 숫자를 보면 곧잘 그때의 기억을 떠올리곤 한다. 내가 대전지방검찰청 홍성지청에서 근무하던 1994년 8월 16일 새벽에 일어난 일이었다. 대천의 어느 마을에서 어머니와 함께 잠을 자고 있던 5살짜리 여자아이가 감쪽같이 사라졌다. 그리고 그 아이는 같은 날 저녁 6시경 집으로부터 1km쯤 떨어진 논에서 알몸으로 숨진 채 발견되었다.

경찰이 주민의 신고를 받고 현장에 출동해 보니 아이의 시신은 복부가 예리한 칼로 12cm 가량 절개된 채 상반신은 질척한 논바닥에, 하반신은 물웅덩이 속에 잠겨 있었다.

"당장 부검부터 실시하세요."

나는 경찰에게 그렇게 지시한 뒤 만사를 제치고 부검현장으로 달려갔다. 부검의와 함께 아이의 사체를 들여다보니 놀랍게도 예리한 흉기에 의해 간의 일부가 잘려 나가고 없었다. 그리고 부검의가 확인한 결과 직접적인 사인은 손으로 목이 졸려 질식사한 것으로 밝혀졌고, 아이의 몸속에서는 정액반응이 나타났다. 너무나 엽기적이고도 충격적인 사실이었다.

"잘려 나간 신체의 일부부터 찾아보세요."

나는 경찰에게 그렇게 지시하고, 경찰관들과 함께 나가 사건현장을 둘러보았다. 사건이 발생한 마을은 폭넓은 하천을 따라 천변 양쪽으로 약 2천 가구의 주민들이 밀집해서 살고 있는 빈민촌이었고, 아이의 사체가 발견된 들판에서는 따가운 8월의 햇살 아래서 고개 숙인 벼이삭들이 연한 누른빛을 머금은 채 서서히 익어가고 있었다.

경찰관들과 주민들이 현장 주변을 이 잡듯이 수색하던 끝에 사건 발생 후 열흘이 되어서야 가까스로 절단되어 나간 간의 일부를 찾아낼 수 있었다. 절단된 신체의 일부는 아이의 사체가 발견된 지점으로부터 불과 몇 m 떨어진 농수로에 버려져 있었다. 결국 범인이 새벽에 잠자던 여자아이를 몰래 안고 나와 어디에선가 성폭행한 뒤 목을 졸라 살해하고 어디에선가 예리한 흉기로 시신을 훼손한 뒤 사체는 논바닥에, 절단한 신체의 일부는 농수로에 버리고 도주했다는 뜻이었다.

매스컴이 이를 대대적으로 보도하면서 전국의 관심이 희대의 엽기적인 유아 살인사건으로 집중되었다. 지금에야 밝히지만 당시 수사기관은 아이의 몸에서 정액반응이 나타났다는 사실은 철저히 숨기고 있었다. 국민들이 받게 될 충격도 충격이었지만, 무엇보다도 범인이 그 사실을 알고 더욱 깊숙이 잠수해버릴 가능성을 우려했기 때문이었다.

그런데 수사를 진행할수록 사건이 점점 더 복잡하게 꼬여갔다. 한 여자아이의 피살에서만 머물지 않고 사건은 수년간 묻혀왔던 4건의 유사한 다른 사건들로까지 이어졌다.

내가 대체 어찌된 것이냐고 따지자 경찰관들이 검사실로 찾아와 미제로 덮여졌던 사건들을 자세히 설명했다.

"이번 사건을 포함해서 1991년 8월 16일부터 1994년 8월 16일까지 정확히 3년 동안 같은 마을에서 영아 4명과 유아 1명이 한밤중에 감쪽같이 사라졌습니다. 사건들은 모두 직경 3백 m 이내에 소재한 주택들에서 발생했는데, 사라진 아이들 중 3명은 사망하고, 1명은 실종되었으며, 1명은 무사히 발견되었습니다. 한 가지 특이한 점은 앞서 사라졌던 4명의 영아들이 모두 대천 시내에서 영업 중인 같은 산부인과 의원에서 태어났다는 사실입니다."

선임 경찰관이 준비해온 도표를 펼쳐놓고 말을 이어갔다.

"맨 처음 사건은 1991년 8월 16일 새벽에 일어났습니다. 부모와 한방에서 자던 생후 2개월 된 김 모 씨의 아들이 감쪽같이 사라졌습니다. 온 주민들이 아기를 찾아 나섰고, 결국 아기는 실종된 지 10시간쯤 후에 마을 외곽 논두렁길에서 가벼운 타박상만 입은 채 발견되었습니다."

"생명은 무사했군요?"

"네, 그렇습니다. 두 번째 사건은 그로부터 정확하게 6개월 후인 1992년 2월 16일 새벽에 발생했습니다. 첫 번째 사건이 일어났던 김 모 씨의 집으로부터 2백 m 떨어진 가 모 씨의 집에서 잠자던 생후 15일짜리 남자 아이가 사라졌습니다. 몇 시간 후 주민들이 길가에 버려진 아기를 발견했지만, 추운 겨울에 옥외에 방치되었던 아기는 결국 폐렴 등의 합병증으로 사망하고 말았습니다."

"16일이라…. 동일인의 범행이겠죠?"

"네, 그렇게 추정됩니다. 그 다음 세 번째 사건은 1992년 6월 4일 새벽에 일어났는데, 두 번째 사건이 일어난 가 모 씨의 주택으로부터 약 1백 m쯤 떨어진 유 모 씨의 집에서 생후 4개월짜리 딸이 없어졌습니다. 그리고 몇 시간 후 유 모 씨의 집 근처에서 온몸에 타박상을 입은 채 발견되었지만, 병원에서 치료받던 중 사망하고 말았습니다."

"으음, 계속하시죠."

"네 번째 사건은 유 모 씨의 딸이 사망한 지 3개월 만인 1992년 9월 8일 새벽에 일어났습니다. 세 번째 사건이 발생한 유 모 씨의 집으로부터 1백 m도 떨어지지 않은 박 모 씨의 집에서 산후조리를 하던 산모의 딸이 실종되었습니다. 생후 6일짜리 핏덩이였는데, 지금까지 생사 여부조차 알 길이 없습니다."

"으음, 그리고 이번이 다섯 번째다 이거죠?"

"네. 첫 번째 사건이 발생했던 1991년 8월 16일 새벽으로부터 정확히 3년 만이었죠."

"그렇군요. 같은 날짜, 같은 새벽이었으니 단 몇 시간의 오차도 없이 정확한 3년이네요. 그런데, 왜 아직까지 범인을 못 잡았습니까?"

"죄송합니다. 번번이 용의선상에 오른 사람들은 여럿 있었지만 확실한 증거가 없었습니다. 그런데 참 묘하고 어렵네요. 16이라는 날짜를 보면 이번 사건도 동일인의 소행 같은데 피해 아이들의 나이와 성별을 보면 아닌 것도 같고…. 앞의 네 아이들 중 둘은 남자아이고 둘은 여자아이였으니 범인은 남자일 수도 있고 여자일 수도 있었는데, 이번에는 성폭행까지 한 걸 보면 남자임이 확실하고…. 앞의 네 아이들은 모두 생후 6개월 이내의 핏덩이들이었는데, 이번에는 제법 말도 할 줄 아는 5살짜리 아이를 데려갔단 말입니다. 같은 방에서 어머니와 1살짜리 남자아이도 같이 자고 있었는데…."

"가능성은 열어 둡시다. 다섯 사건이 모두 동일범의 소행이었을 수도 있고 아닐 수도 있다고 생각하고, 일단 이번 사건의 범인부터 조속히 검거토록 합시다."

나는 그렇게 지시하고, 경찰관들을 돌려보냈다.

대천 영유아 연쇄실종사건. 나는 언론들의 보도에 '연쇄'라는 말이 추가되는 만큼 사회적 파장이 커져가는 광경을 지켜보며 국립과학수사연구원에 의뢰한 범인의 유전자 감식의 결과가 나오기만을 손꼽아 기다렸다. 유전자 감식 결과만 나오면 범인을 검거하는 건 시간문제일 것만 같았다.

그러나 국립과학수사연구원의 감식 결과 회보는 나를 크게 실망시켰다. 시료가 오염되어 유전자 감식에 실패했다는 내용이었는데, 아마도 사체의 하반신이 웅덩이의 물속에 장시간 잠겨 있는 동안 범인의 것으로 추정되던 정액이 이물질로 오염된 것 같았다. 지금처럼 발달된 유전자 감식기법으로 비쳐본다면 이해하기 어려운 부분이 있을지도 모르지만, 당시만 해도 수사에 유전자 감식기법이 도입된 지가 일천하던 시절이었다.

범인을 특정해줄 것으로 기대했던 결정적 증거가 사라져버렸다. 경찰은 인근에 거주하는 정신질환자와 난치성 질환자들을 중심으로 용의선상에 오른 사람들의 알리바이를 캐는 데 주력했지만 결과는 신통치 못했다(경찰이 난치성 질환자들을 주목한 건 예로부터 영유아들의 간이 난치성 질환에 좋다는 말이 전해져왔기 때문이었다).

범인은 오염된 정액 외에는 범행현장에 아무런 증거도 남기지 않았고, 절도나 강도 사건들처럼 어디서 지문을 채취해볼 처지도 못되었다. 범인을 조속히 검거하지 못하고 의미 없는 탐문수사에만 매달리고 있던 관할 경찰서는 상부로부터 엄청난 독촉과 질책을 받아야만 했다. 나도 경찰의 수사상황을 지켜보며 진척사항을 수시로 체크했다.

그러던 어느 날이었다. 담당 경찰관들이 수사기록을 들고 검찰청으로 달려왔다.

"검사님, 범인을 잡았습니다! 범행 일체를 자백했습니다."

"그래요? 잘하셨습니다. 범인은 누굽니까?"

"그 마을에 사는 19살짜리 청년입니다."

"19살이오?"

이제 겨우 19살밖에 안 된 청년이 3년 전부터 그런 흉악한 범행들을 저질러 왔다고? 순간적으로 무언가 이상하다는 느낌이 들었다.

"네. 여드름 많은 총각입니다."

"그런데, 여드름 많은 총각이 왜 그런 짓을 했답니까?"

"범인은 동네 아주머니들과 어울려서 죽은 아이의 집에서 종종 화투를 쳤답니다. 물론 죽은 아이의 엄마도 같이 어울렸고요. 그런데 그 여자 아이가 옆에서 자꾸 울며 보채는 통에 귀찮기도 하고 짜증나기도 해서, 밤에 자는 아이를 몰래 안고 나와 죽였답니다."

"범행에 사용된 흉기는 찾았습니까?"

"그건, 범행 후에 어디엔가 버렸다는데 어디에 버렸는지 기억이 안 난다고 합니다."

"아니, 그게 무슨 말입니까?"

무언가 아귀가 맞지 않는 것 같았다. 19살 청년이 그렇듯 단순한 이유로 그토록 잔혹한 범행을 저질렀다는 것부터 상식적으로 이해하기가 어렵거니와, 범인임을 입증하려면 범행에 사용된 도구부터

제4장 떠도는 원혼들 243

확보해야 한다는 것이 수사의 기본이기 때문이었다.

"일단 알았으니 수사기록을 두고 가세요. 검토한 후에 연락드리겠습니다."

그렇게 경찰관들을 돌려보낸 뒤 수사기록을 펼쳐보니 과연 그 청년이 범행 일체를 깨끗이 자백하고 있었다.

열심히 화투를 치는데 옆에서 보채는 아이가 귀찮고 미웠다. 그래서 죽이기로 결심하고 새벽에 몰래 안고 나와 논두렁에서 깨웠다. 갑자기 성욕이 발동해서 성폭행한 뒤 목을 조르고 흉기로 배를 갈랐다. 배를 갈라보니 간이 튀어나와서 어떻게 생겼는지 궁금해서 조금 잘라내어 살펴본 뒤 아무 데나 버렸다. 전에 있었던 영아들 사건과는 아무 관련이 없다. 수사기록은 대략 그런 내용을 담고 있었다.

과연 그가 범인일까? 아무리 생각해보아도 그렇게 믿기에는 허술한 구석이 너무 많았다. 자백한 범행동기에는 신빙성이 있는가? 아무런 전과도 없는 19살짜리 청년이 그토록 엽기적이고도 잔혹한 범행을 저지를 수 있는가? 그가 진범이라면 범행의 도구는 왜 찾지 못했을까? 그가 심경의 변화를 일으켜 재판정에서 범행 일체를 부인할 경우 공소유지는 가능한가? 나는 그런 문제들을 두고 한동안 생각에 골몰하다가 지청장 이하 전 검사들을 회의실로 초빙하여 난상 토론을 벌였다.

"청소년들의 심리상태는 어른들의 그것과는 다르지. 용의자로 지목되어 강한 압박을 받으면 사실과 다른 말을 할 수도 있는 거야. 그 말이 자기에게 어떤 결과를 가져올지 깊이 생각지도 않고, 당장의 고비나 넘기고 보자는 마음에서 생각나는 대로 소설을 쓰는 거지. 그러면 범인 아닌 범인이 하나 탄생하게 되는 거야. 잘 생각해 봐.

까딱하면 생사람을 잡는 대신 진범은 활개를 치며 살아갈 수 있도록 길을 터주게 될지도 모르니까."

"맞습니다, 청장님. 〈아버지의 이름으로〉라는 외국 영화도 있잖습니까. 실화를 바탕으로 만들었다는…."

지청장과 다른 검사들의 생각도 나의 그것과 다르지 않았다.

경찰은 그 청년을 구속시킬 것을 강력히 요청했지만, 나는 난상토론에서 결론지은 대로 불구속 상태로 보강수사를 하도록 지휘했다. 그 청년이 진범이라는 확신을 가질 수 없었기 때문이었다.

몇 달 후 나는 대구지방검찰청으로 발령을 받고 홍성지청을 떠나게 되었다. 그리고 얼마 후 그 청년이 증거 불충분으로 무혐의 처분을 받았다는 소식을 들었다. 지금도 나는 그가 진범이 아니라고 생각한다. 혹 상부의 압박과 여론의 질타에 시달리던 경찰이 면피용으로 범인을 만들어내려고 했던 것은 아니었을까?

2006년 3월경 나는 인터넷으로 신문기사를 읽던 중 1994년 충청남도 서천에서 발생한 미제 살인사건의 범인이 마침내 검거되었다는 보도를 접하게 되었다. 그것은 바로 내가 홍성지청에서 수사를 지휘했지만 결국 범인을 검거하지 못한 채 미제로 남겨야 했던 사건이었다.

1994년 12월의 어느 날 아침 경찰로부터 변사체가 발견되었다는 보고가 올라왔다. 현장인 서천의 모 주점으로 나가 보니 주인아주머니가 주점에 딸린 작은 방 안에서 숨진 채 쓰러져 있고, 주위에는 맥주잔과 음료수 병이 놓여 있었다. 사건 당시 옆방에 있던 사람들의 말로는 그 아주머니가 누군가와 대화하다가 다투는 소리가 들렸는데, 이튿날 아무 기척이 없기에 방문을 열어보니 아주머니가 쓰러져 있더라는 것이었다.

부검을 해보니 코 부위가 조금 이상하게 보일 뿐 사체에서 별다른 외상은 발견되지 않았다. 유족들의 동의를 얻어서 코 부위를 절개해보니 코뼈가 부러져 있었다. 아마도 범인이 둔기로 변사자의 코를 때려서 그 충격으로 사망한 것 같았다.

다음 날 경찰로부터 보고가 들어왔다.

"검사님, 방 안에 있던 맥주잔에서 범인의 것으로 추정되는 지문을 채취했습니다."

"아, 그래요? 수고하셨습니다."

지문을 찾았다면 범인을 검거하는 건 시간문제였다. 나는 홀가분한 마음으로 전화기를 내려놓았다.

그러나 문제는 경찰청에서 아무리 조회를 해보아도 그 지문의 주인을 찾을 수 없었다는 사실이었다. 당시는 외국인 근로자들도 흔치 않던 시절이었고, 내국인이라면 누구나 주민등록증을 발급받을 때 지문을 등록하기 때문에 지문의 주인을 찾지 못하겠다는 말을 이해하기가 어려웠다.

그 지문을 가진 자가 범인이라고 무조건 단정할 수는 없었다. 하지만 일단 사건현장에서 발견된 지문이라면 그 사건과 관련이 있는 인물의 것임에는 틀림없으니 확인하는 것이 정상이었다. 어쨌든 경찰은 그 지문의 주인을 찾아내지 못했고, 사건은 결국 미제로 처리되고 말았다.

그런데 그 사건이 발생한 지 10여 년이 지나고서야 범인을 검거했다는 것이었다. 신문기사를 자세히 들여다보니, 과거의 미제사건들을 정리하다가 그 사건을 알게 된 관할 경찰서의 모 경찰관이 기록에 남아 있는 지문의 감식을 경찰청에 다시 한 번 의뢰했는데, 어찌된 일인지 이번에는 그 지문의 주인이 확인되었고, 그 사람을 찾아서 추궁한 결과 범행 일체를 자백받게 되었다는 것이었다. 증거가 결국 범인을 찾아낸 것이었다.

추후에 지인들을 통해 알아보니, 당초 지문의 소유자가 나타나지 않았던 까닭은 범인이 사건발생 당시에는 나이 어린 고등학생이었기 때문이었던 것으로 밝혀졌다. 주민등록증이 발급되지 않는 나이였기에 당시에는 지문의 기록을 찾을 수 없었지만, 10여 년의 세월이 지난 다음에는 그에게 주민등록증이 발급된 상태라서 지문의 기록을 찾을 수 있었다는 것이었다.

그러나 애석하게도, 뒤늦게나마 범인을 찾아내었던 경찰관들은 범인이 경찰서 정문을 유유히 걸어 나가는 모습을 허탈한 눈으로 지켜볼 수밖에 없었다고 했다. 이미 공소시효가 지나버렸기 때문이었다. 그 범인에게 피해자를 살해할 의사가 없었기에 살인죄보다 시효가 짧은 상해치사죄의 공소시효를 적용할 수밖에 없었던 탓이었다.

홍성지청을 떠나 여러 곳으로 자리를 옮겨 다니면서도 나는 늘 대천 영아살해사건의 범인을 검거했다는 소식이 들려오기를 기대하고 있었다. 그러나 애석하게도 끝내 범인을 밝혀내지 못한 채로 그 사건의 공소시효가 만료되고 말았다. 이제는 범인을 검거하더라도 처벌할 수가 없게 된 것이다.

우리나라의 경우 살인사건의 범인 검거율이 90% 이상을 기록하고 있다. 선진국들의 강력범죄 검거율이 30%를 넘지 못한다는 사실을 감안하면 우리나라의 치안은 상대적으로 잘 유지되는 것으로 평가될 수 있다. 그러나 그 말을 뒤집어 보면, 10명의 살인범들 중 1명은 아무런 처벌도 받지 않은 채 자유롭게 거리를 활보하고 있다는 뜻도 된다.

　물론 법적 안정성의 도모 등 목적을 달성하기 위한 공소시효의 필요성은 인정한다. 그러나 나는 다른 범죄는 몰라도 살인 등 인명에 관한 범죄와 아동과 관련된 범죄, 그리고 반인륜적인 범죄 등에 대해서만은 현재의 공소시효를 대폭 연장하거나 아예 공소시효 자체를 없애야 한다고 생각한다. 그리하여 한번 흉악한 범죄를 저지른 자들은 언제 검거되든 시간과는 무관하게 반드시 엄중한 법의 심판을 받도록 해야 하고, 우리 사회가 그런 인식을 공유함으로써 강력범죄의 발생을 다소나마 예방할 수 있을 것으로 기대한다.

세 번째 사형 구형

부시는 1급 살인자의 사형을 지지합니다. 듀카키스는 사형에 반대하고, 1급 살인 죄수의 일시적 석방을 인정합니다. 그 중 한 사람이 윌리 호튼입니다. … 호튼은 젊은 연인을 공격하여, 남자를 칼로 살해했으며, 여성을 수차례나 강간했습니다.

위의 인용문은 유명한 '윌리 호튼 광고' 속에 등장했던 내레이션의 일부다. 1988년에 실시된 제 41대 미국 대통령 선거에서 승패를 가른 결정적 변수가 후보자들의 사형제도에 대한 견해 및 태도였다. 선거전 초반에만 해도 매사추세츠 주지사 출신인 민주당의 마이클 듀카키스(Michael Stanley Dukakis) 후보가 여론조사에서 공화당의 조지 부시(George Herbert Walker Bush) 후보보다 무려 17% 포인트나 앞서가고 있었다. 그러나 공화당은 덮여 있던 '윌리 호튼 사건'을 발굴하여 대대적으로 홍보하면서 TV 후보 토론회에서 듀카키스로부터 우답(遇答)을 유도해내는 데 성공함으로써 부시를 압도적 표차로 당선시킬 수 있었다.

레이건 대통령 당시 미국에서는 전국적으로 '죄수 주말휴가 제도'를 실시했는데, 1987년 매사추세츠 주의 모 교도소에서 주말휴가를 나온 윌리 호튼(Willie Horton)이라는 흑인죄수가 젊은 백인남녀를 공격히여 남자를 무참히 살해하고 여자를 수차례나 강간한 사건이 발생했다. 발생 당시만 해도 세인들의 관심을 크게 끌지 못했던 윌리 호튼 사건이 선거전에서 초미의 관심사로 부상하게 된 건 일차적으로 그 사건이 듀카키스가 매사추세츠 주지사로 재임 중일 때 일어난 사건이었기 때문이었다.

선거전 종반에 CNN이 주관한 TV 토론회에서 사회를 맡은 버나드 쇼가 듀카키스 후보에게 이런 질문을 던졌다.

"후보께서는 사형제도를 폐지해야 한다고 주장하신다죠?"

"네, 그렇습니다. 당연히 폐지해야지요. 하나님이 창조하신 생명을 어떻게 인간이 빼앗을 수 있습니까?"

쇼가 다시 물었다.

"그럼 한 가지만 묻겠습니다. 예컨대 당신의 부인이 괴한에게 납치되어 강간당한 후 처참하게 살해되었다고 가정해봅시다. 나중에 그 범인이 잡혔습니다. 그때도 후보께서는 사형제도가 폐지되어야 한다고 말할 수 있겠습니까?"

"물론입니다. 그렇다하더라도 그 범인의 사형만은 반대합니다. 그 범인을 사형시킨다고 해서 이미 죽은 아내가 다시 살아서 돌아올 리도 없고⋯."

듀카키스가 조금의 망설임도 없이 그렇게 대답하는 순간 수많은 방청객들이 "Oh, no!"를 외쳤다.

토론회 직후에 실시된 여론조사에서 듀카키스의 지지율이 폭락했음은 물론이었다. 이른바 '듀카키스의 우답'으로부터 가족애도 없는 겁쟁이 중년 남자의 이미지를 떠올린 유권자들이 그로부터 일제히 등을 돌렸기 때문이었다.

법철학에서 논쟁이 되는 가장 중요한 주제들 중의 하나가 바로 사형제도다. 도덕의 최소규범이라는 법의 정의가 사형에도 적용될 수 있는가 하는 문제로부터, 종교적, 윤리적 잣대로 법의 집행을 재단한다는 건 어불성설(語不成說)이라는 반론에 이르기까지 다양한 주장들이 제기되고 있다.

예로부터 최고의 형벌로서 사형제도가 존재하는 것은 당연시되었다. 최초의 성문법인 함무라비 법전이나 고조선의 8조 법금이 사형을 규정하고 있었던 것도 그 때문이었을 것이다. 그러나 근대 이후 인권이라는 개념이 등장하면서부터 사형제도는 '합법적 살인'이라는 비판에 직면하게 되었다.

어떤 이유로도 인간이 같은 인간을 죽일 수는 없다는 생각이 보편화되면서 세계적으로 사형제도 자체를 폐지하는 국가들이 늘어나고 있다. 앰네스티(Amnesty International, 국제사면위원회)는 10년 이상 사형을 집행하지 않고 있는 국가들을 사실상의 사형 폐지국으로 간주한다. 1997년 이후로 사형이 집행된 적이 없는 우리나라도 사실상의 사형 폐지국이자 인권 선진국이라는 평가를 받고 있다. 하지만 형법에는 여전히 사형이 규정되어 있고, 국민의 법감정 역시 사형제도의 완전한 폐지에는 그다지 호의적이지 않다. 특히 잔인한 범죄의 피해자와 그 가족들의 입장에서는 더욱 그러하다.

1995년 대구지방검찰청에서 근무하고 있을 때 나도 사형을 집행할 뻔한 경우를 경험했다. 법무부로부터 복역 중이던 사형수 2명에 대하여 사형을 집행하라는 명령이 하달되었는데, 당시 내가 결혼을 앞두고 있었기에 공판부에서 함께 근무하던 선배 윤 검사가 사형을 집행하게 되었다.

　형사소송법상 형의 집행권한은 검사에게 있기 때문에 사형 또한 교도관들이 검사의 집행지휘에 따라서 집행해야 한다. 사형을 집행한 윤 선배는 이튿날 술이 덜 깬 상태로 출근했다. 전날 윤 선배는 교도관들을 지휘하여 눈앞에서 2명의 사형수들에게 교수형을 집행한 후 그들이 완전히 사망했는지를 직접 확인해야 했다. 그리고 사형을 집행한 교도관들과 함께 주점을 찾아가 정신을 잃을 정도로 술을 마신 뒤 모두들 귀가하지 않고 여관에서 밤을 보내야 했다. 사형을 집행한 검사와 교도관들이 사형집행 당일 외박하는 것은 혹 사형당한 사람들의 원혼들이 뒤를 밟을지도 모른다는 우려에서 오래전부터 지켜져 내려오던 하나의 관례였다.

　나는 사형과 관련하여 특이한 사례를 경험한 적이 있다. 의정부지방검찰청에서 근무하고 있을 때였다. 어느 날 길 가던 부녀자를 강제로 끌고 가 성폭행하려다가 미수에 그친 남자가 경찰로부터 구속 송치되어 왔는데 나는 경찰이 전과를 조회해 놓은 기록을 보고 깜짝 놀라서 그 범인에게 물어보았다.

　"아니, 당신은 분명히 사형선고를 받았었는데, 어떻게 이렇게 돌아다닐 수 있었습니까?"

　"제가 사형을 선고받은 건 맞습니다. 그런데 성실하게 복역하니 모범수라며 무기징역으로 감형해줍디다. 그리고 또 한 번 감형을 받아서, 20년을 복역하고 출소할 수 있었습니다."

　"그런데, 그렇게 출소한 지 한 달도 안 되어 또 이런 범죄를 저질렀단 말입니까?"

"그러게 말입니다. 오랜만에 여자를 보니까 그만⋯."

사형에서 무기징역으로, 무기징역에서 다시 유기징역으로 감형되었다는 왕년의 모범수는 그다지 큰 죄의식도 느끼지 못하는 듯했다.

검사의 입장에서도 사형을 구형한다는 것이 결코 유쾌한 일은 아니다. 사형을 구형할 때 검사는 많은 고뇌를 하고, 검사가 사형을 구형해야만 할 상황이 흔히 나타나지도 않는다. 그러나 검사들은 때로 개인이 아닌 공익의 대변자라는 입장에서 불가피하게 사형을 구형하지 않을 수 없는 경우와 맞닥뜨리기도 한다. 그리고 마땅히 사형에 처해져야만 할 흉악범에게 사형이 선고되지 않을 때 검사들은 울분과 좌절감을 느끼기도 한다. 나는 11년 동안 검사로 재직하면서 사형을 구형한 적이 3번 있었는데, 모두가 의정부지방검찰청에서 근무할 당시에 일어난 일들이었다.

한 번은 채권자인 가해자 남성이 흉기를 들고 채무자의 집을 찾아가 채무자 부부를 마구잡이로 난자하여 살해한 사건이 발생했다. 사람을 둘이나 잔혹하게 살해했기에 나는 망설임 없이 범인에게 사형을 구형했다. 그러나 법원은 그에게 징역 15년의 형을 선고했다. 두 사람의 생명을 앗아간 범인에게 최소한 무기징역형은 선고되어야 마땅하다고 생각하던 나로서는 법원이 내린 솜방망이식 처벌을 납득하기 어려웠다.

또 한 번은 사귀던 여자로부터 이별통보를 받은 20대 남성이 그녀의 자취방을 찾아가 혼자 있던 그녀의 룸메이트를 흉기로 난자하고, 하이힐로 머리 등을 무수히 난타하여 얼굴을 알아볼 수조차 없을 지경으로 만들어 살해했다. 범인은 범행 후에도 현장을 떠나지 않고 사귀던 여자가 귀가하기를 기다려 그녀마서 무참히 살해하고 말았다.

그리고 범인은 강도 및 강간사건 또는 정신이상자의 소행으로 사건을 위장하기 위해 피해자들의 옷을 벗겨 신체에 이물질을 삽입하는 등 시신들을 엽기적으로 훼손해놓았다. 그러고도 성이 차지 않았는지 범인은 피해자들의 피를 찍어서 벽에다 '악의 부활' 따위의 낙서까지 해놓았다.

그토록 끔찍한 범행을 저지른 범인을 더 이상 인간으로 대접해주어야 할 아무런 이유가 없을 것 같았다. 나는 그 범인에게 작심하고 현행 형법상의 최고형인 사형을 구형했다. 그러나 법원은 그에게도 역시 징역 15년의 형을 선고하는 데서 그쳤다.

이상의 두 사건을 경험하면서 나는 솟구치는 분노를 감당하기 어려웠다. 징역 15년이 선고되었다는 것은, 앞에서 언급한 어느 '모범적인 사형수'의 경우처럼, 한두 차례 감형을 받으며 10년 내외만 복역하면 풀려날 수도 있다는 것을 의미했다. 무고한 인명을 둘씩이나 잔혹하게 앗아간 흉악범들도 10여 년만 견디면 백주대로를 얼마든지 활개 치며 걸어 다닐 수 있는 세상을 과연 정의로운 세상이라 할 수 있겠는가?

나는 재판부가 무슨 생각으로 그런 판결을 내리는 것인지 도무지 이해할 수 없었다. 어떤 식으로든 담당 재판부에 한번쯤 경종을 울려줄 필요가 있을 것만 같았다.

얼마 후 경찰이 또 다른 살인사건 하나를 송치했다. 고양시에서 밤늦게 귀가하던 중년여성이 괴한에게 살해된 사건이었는데, 범인은 피해자를 강간하려다가 실패하자 목을 졸라 죽인 뒤 시신을 차에 신고 한적한 야산을 찾아가 암매장해버렸다. 그리고 피해자의 남편으로부터 실종신고를 받은 경찰은 어떤 남자가 밤늦게 여성을 안고 와 화물차에 태우는 것을 보았다는 목격자의 진술을 토대로 탐문수사를 펼치던 끝에 마침내 범인을 검거할 수 있었다.

경찰의 사건기록을 보니 범인은 조사과정에서 수없이 진술을 번복했다. 처음에는 화물차를 후진하다가 피해자를 치게 되었다고 하다가, 나중에는 운전해 가는데 갑자기 피해자가 화물차 앞으로 뛰어들었다고 하는 등 계속 말을 바꾸며 혐의를 줄이려고 갖은 꾀를 짜내었다. 범인은 결국 경찰관들이 앞뒤 진술들 간의 모순점들을 추궁하는 바람에 범행을 실토할 수밖에 없었지만, 피해자를 암매장한 장소만은 끝내 자백하지 않았다. 아니 자백하기는커녕 범인이 오히려 수사에 혼선을 주려고 전혀 엉뚱한 장소들을 둘러대는 바람에 애꿎은 경찰관들만 번번이 허탕을 치며 분통을 터뜨려야만 했다.

경찰관들 외에도 범인의 그런 술수에 속을 끓여야만 했던 사람들이 바로 피해자의 가족들이었다. 비명에 간 피해자의 억울함을 달래주며 장례라도 제대로 치러주려던 유족들은 시신 발굴작업을 허탕칠 때마다 끓어오르는 분노와 절망감으로 치를 떨어야만 했다.

"부탁합니다. 무능한 남편 밑에서 아이들 둘을 키우느라 이 식당 저 식당에서 알바를 하며 고생만 해온 사람입니다. 그 불쌍한 사람의 장례라도 치러줄 수 있도록 제발 좀 도와주십시오."

경찰관들이 잠시 자리를 비운 사이에 피해자의 남편이 범인 앞에 무릎을 꿇고 눈물로써 호소했다.

"그렇게도 찾고 싶소?"

"네, 제발 마누라의 시신만 찾게 해주세요. 그러면 내 모든 걸 깨끗이 잊고, 너 이상 낭신을 미워하지도 않겠습니다."

"그럼 조건이 있소."

"네? 무슨 조건이 … ?"

"내가 당신을 위해 시신을 찾아주면, 당신도 나를 위해 뭔가를 해줘야 할 것 아니오. 안 그렇소?"

"아, 그래요. 내가 뭘 해주면 되겠습니까?"

"내가 부인의 시신이 묻혀있는 곳을 알려줄 테니, 경찰관들 몰래 찾아가서 시신을 파내어 아스팔트 위에 눕혀놓고 승용차로 한 번만 지나가 주시오."

"뭐요? 억울하게 죽은 사람을 두고 그게 무슨 소리요?"

"그래야 단순한 교통사고 정도로 끝날 수 있을 것 아니오. 부인을 찾고 싶으면 잘 생각해보시오. 싫으면 그만두던가."

범인은 그 와중에서도 피해자의 남편에게 모종의 거래를 제안했을 정도로 충분히 교활했다.

결국 경찰관들의 집요한 추궁과 설득으로 범인이 시신을 암매장한 장소를 실토했다. 그리고 시신을 부검하는 광경을 곁에서 지켜보던 나는 부검의의 말을 듣고 나의 귀를 의심해야만 했다.

"피해자의 몸속에 정액이 남아 있군요. 깊이 침투하지 못한 걸로 보아 질 내부의 근육이 굳은 후에 사정되었던 것 같습니다."

"네? 아니 그럼, 시간(屍姦)을 했단 말입니까?"

"네. 그랬던 것 같습니다."

시체에다 대고 그 짓을 하다니. 범인은 이미 인간이기를 포기한 한 마리의 미친 수컷일 뿐이었다.

경찰관들로부터 시간에 관한 소식을 전해들은 피해자의 남편이 검사실까지 찾아와 사지를 부들부들 떨어댔다.

"검사님, 그 새끼는 한 마리 수캐지 인간이 아닙니다. 그런 개새끼를 꼭 사형시켜주십시오. 사형시키지 않으면 제가 이 두 손으로 그 개새끼를 반드시 죽이고야 말 것입니다."

나는 그의 심정을 백 번 이해할 수 있을 것 같았다.

범인으로 하여금 응분의 대가를 치르도록 해주는 것이 검사인 나의 임무였다. 그러나 전례로 보아 내가 사형을 구형하더라도 재판부가 사형을 선고해줄 것 같지 않았다. 무언가 특별한 충격요법이 필요했지만 검사가 재판부에 대하여 시술할 수 있는 충격요법이라는 것이 한계가 있었다. 검사는 단지 적법한 절차를 거친 논고로써 자신의 의사를 표명할 수 있을 뿐이었다.

나는 심혈을 기울여 논고를 작성하여 재판부에 제출했다. 논고의 개요는 대략 이러했다.

재판장님의 개인적 소신 때문에 사형선고를 기피해서는 안 됩니다. 이전에도 제가 기소한 사건들 중 마땅히 사형이 선고되어야 할 사건에 대해 재판장님께서는 유기징역을 선고하셨습니다. 제가 판단키로 사형판결에 대한 재판장님의 개인적 소신 때문에 그렇게 하신 것으로 생각됩니다. 하지만 저는 개인적 소신과 판사로서의 양심에 따른 판단은 구분되어야 한다고 생각합니다. 검사인 저의 경우 역시 당연히 그러합니다.

저는 만약 재판장님께서 마땅히 사형이 선고되어야만 할 이 사건에 대해서도 사형을 선고할 자신이 없다면 더 이상 개인적 소신을 앞세우실 것이 아니라 사표를 내심이 합당하다고 생각합니다. 저뿐만 아니라 이 사건과 관련된 모든 사람들이 법과 원칙에 맞는 판결이 내려지기를 간절히 원하고 있습니다. 그럼에도 불구하고 사형판결을 기피하신다면 그것은 대다수 국민의 법감정과 배치되는 판결이므로 사임하시는 것이 옳다고 생각합니다.

당시 나의 논고문은 법원 내부에 작지 않은 파장을 몰고 왔다. 대부분의 법원 관계자들은 검사가 어떻게 재판부에 그런 논고를 제출할 수 있느냐며 나를 비난했다. 법원과 검찰청 주위가 꽤나 시끄러웠지만 이미 예견한 결과였기에 나는 크게 개의하지 않았다.

그런 논고를 제출한다고 해서 재판부가 기존의 틀을 부수지는 않으리라는 것 또한 나는 충분히 예상하고 있었다. 나는 다만 무슨 관례처럼 사형판결을 기피하는 담당 재판부에게 그런 식으로라도 경종을 울려주고 싶었을 따름이었다. 피해자 가족들의 애끓는 심정을 심사숙고해 달라는 의사의 표현이었지만, 예상했던 대로 그 범인에게는 10여 년의 징역형이 선고되었다.

형벌에는 두 가지 목적이 있다고 한다. 응보적 측면과 교화적 측면이 곧 그것들이다. 저지른 죄의 크기만큼 형벌을 받아야 한다는 것이 전자의 입장이라면 범죄자를 교화함으로써 다시는 범죄를 저지르지 않도록 유도한다는 데 중점을 두는 것이 후자의 입장이다. 그러나 일견 상호 보완적인 듯한 두 입장은 현실적인 법적용 면에서는 늘 상충되어 왔다.

두 입장의 취지에는 충분히 공감하지만 나는 피해자 및 그 가족들의 억울한 감정이 보다 중시되어야 한다고 생각한다. 피해자들 중에는 범인과 은원관계는커녕 일면식조차도 없이 날벼락을 맞게 된 경우가 적지 않다. 공교롭게도 그 시각에, 그 장소에 있었다는 이유 하나만으로 참혹한 범죄의 대상이 되고 만 것이다. 그런 경우 피해자 및 그 가족들의 억울한 감정은 누가 어떻게 풀어줄 수 있겠는가?

죄는 미워하되 사람은 미워하지 말도록 배워왔고, 나 또한 그리하려고 많은 노력을 기울여왔지만, 막상 사건의 실체를 접하게 되면 그렇게 되지 않는 경우들이 너무 많았다. 사건의 실체적 내용과 피해자 및 그 가족들의 억울한 감정을 고려한다면, 사형제도에 반대하는 사람들도 폐지하라는 말을 그리 쉽게 할 수는 없을 것이다.

최근 형법이 개정되면서 살인죄의 유기징역형이 대폭 강화되었고, 법원에서도 과거보다 한결 엄중한 판결들이 내려지고 있다. 그렇다 하더라도 사형제도는 여전히 존치되어야 한다고 나는 생각한다.

제5장
새로운 출발

슬픈 칼잡이 이야기

불면의 밤

뒤엉킨 진실

쟁점 아닌 쟁점들

국화 밭에서

다시 법조인으로

슬픈 칼잡이 이야기

이튿날 아침부터 사람들이 찾아오기 시작했다. 사랑하는 아내를 비롯하여 수많은 사람들이 줄을 지어 성동구치소로 몰려왔다. 그들을 접견하면서 나는 거의 제정신이 아니었던 것 같다. 이래서는 안 된다며 애써 자제하려 했지만 나도 모르게 통제되지 않은 감정들이 불쑥불쑥 터져 나오고는 했다. 거친 목소리로 격렬하게 분노를 토로하다가는 갑자기 동공이 풀리며 벙어리가 되어버리기도 했다.

면회를 마치고 독방으로 돌아가면 마치 물 먹은 솜처럼 온몸이 무너져 내렸다. 그리고 나는 혼절하듯 죽음 같은 잠속으로 빠져 들었다. 그렇게, 1주일의 시간이 정신없이 지나갔다.

20일 가까이 밀려온 잠을 벼락처럼 보충하고 나서야 차츰 제정신이 돌아오는 것 같았다. 그러나 너무 추웠다. 솜옷 속에 내복까지 겹쳐 입었지만 오한은 잦아들지 않았다. 어디서 그렇게 냉기가 밀려오는지 며칠도 안 되어 손발과 얼굴에 동상이 스며들기 시작했다. 새벽마다 갈라터진 손발과 얼굴이 나를 찔러 깨우곤 했다.

시간이 흐르면서 몸은 차츰 낯선 환경에 적응하기 시작했지만, 마음과 의식은 전혀 그러하지 못했다. 갑갑해서 시시각각 속이 뒤집혀 버릴 것만 같았다. 그런 갑갑증은 구치소 측이 허용한 하루 한 시간의 운동만으로는, 아니 그곳에 갇혀있는 한 해소할 길이 없었다.

이내 폐소공포증이 엄습해왔다. 6개의 벽으로 둘러싸인 좁은 공간이 질식시킬 듯이 나를 짓눌렀고, 그 속에 혼자 갇혀 있다는 사실이 비명을 지르고 싶을 만큼 무서웠다. 한 평 남짓한 독방이 육중한 관처럼 느껴지곤 했다. 잠을 청하려 누우면 정체 모를 공포가 전신을 휘감아왔다. 비수처럼 파고드는 오한으로 온몸이 와들와들 떨렸고, 이불은 천근의 무게로 숨통을 눌러왔다.

그렇게 심신이 피폐해져가는 가운데 눈만 뜨면 온갖 상념들이 뇌리를 스쳐갔다.

가장 먼저 그리고 가장 자주 떠오르는 건 역시 밖에서 고통을 함께하고 있을 가족들이었다. 모교 서울대에서 박사과정을 밟고 있던 아내와 천진난만한 아이들을 생각하는 것만으로도 온몸이 아려왔다. 하루아침에 검사에서 구속 피의자로 신분이 바뀌어버린 남편의 안위를 걱정하는 것만으로도 벅찼을 텐데, 매스컴이 연일 남편을 고문검사, 심지어 정치검사로까지 몰아가고 있었으니 그 심정이 오죽이나 했겠는가. 주위 사람들에게는 또 당시의 현실을 무슨 말로 어떻게 설명할 수 있었겠는가.

아내는 당시 일곱 살짜리 큰 딸과 세 살배기 작은 딸, 그리고 몸속에서 자라고 있던 넉 달된 태아까지 거느리며 꿋꿋이 견뎌나갔다. 힘든 내색을 하기는커녕 가벼운 탄식조차 흘러내지 않았다. "여보, 힘들지만 이 난관을 잘 헤쳐나가야 돼요"라는 다짐만 되풀이하는 아내의 모습이 한편으로는 고맙고, 한편으로는 너무도 가슴 아팠다.

그런 아내도 아이들의 안부를 전할 때면 목소리가 가늘게 떨리곤 했다. 어느 날부터 갑자기 아빠의 모습이 보이지 않으니 큰 아이가 궁금해 하는 건 당연한 일이었다. 아빠의 소재를 묻는 큰 아이에게 아내는 미국으로 출장 갔다고 둘러대었다고 했다. 그래도 아빠의 사진이 연일 방송에 보도되는 것을 본 큰 아이가 아내에게 이렇게 물었다고 했다.

"엄마, 엄마, 저기 나온 사람이 우리 아빠 아니야? 아빠 얼굴이 왜 자꾸 텔레비전에 나와?"

"아, 아니야. 아빠는 미국에 가셨고, 저 사람은 그냥, 아빠랑 비슷하게 생긴 사람이야."

아내는 그렇게 둘러대며 큰 아이를 가슴에 꼭 끌어안고 숨죽여 울었던 모양이었다.

아내가 구치소를 다녀간 날이면 나는 칼날 같은 밤을 온통 하얗게 지새워야만 했다.

그 다음으로 눈에 밟히는 사람들이 어머니와 형제들이었다.

아버지가 돌아가신 뒤 대구에서 홀로 지내던 어머니가 면회를 오셨다. 못난 막내아들을 유별히도 자랑스럽게 여기시던 어머니 앞에 나는 푸른 수의를 걸친 죄수의 모습으로 앉아 있었다. 당뇨를 앓고 계시던 어머니는 눈물만 쏟을 뿐 한동안 입을 떼지 못하셨다.

"얘야, 내가 대구에서 의과대학을 나와서 의사가 되라고 그만큼 이야기했는데…. 그때 그만 의사가 되었으면 지금 대구에서 별 탈 없이 잘 지내고 있을 텐데, 왜 그리 쉬운 길을 두고 어려운 길을 갔었더냐. 무슨 부귀영화를 보자고 서울로 가서 이런 꼴이 되고 말았단 말이냐."

"죄송합니다, 죄송합니다. 어머니."

더 이상 무슨 말을 할 수 있었겠는가. 나는 눈물을 쏟으며 거칠게 어깨를 떨어댈 수밖에 없었다.

면회를 마치고 대구로 내려간 어머니는 그날 이후로 일절 바깥출입을 하지 않으셨다. 동네 어른들의 구구한 질문과 억측과 냉소를 감당할 엄두가 나지 않았던 탓이었을 것이다. 쓰라린 마음과 더불어 어머니의 건강도 점점 악화되어 갔다.

형제들도 마찬가지였다. 막내동생이 검사라는 사실을 자못 자랑스럽게 여겨오던 형제들도 하루아침에 피의자로 전락해버린 동생의 처지를 무슨 말로 어떻게 설명할 수 있었겠는가. 형제들 역시 사람들과 만나기를 삼가며 죄수 아닌 죄수로 살아가야만 했다.

과거를 곱씹으며 가족과 형제들에 대한 회한으로 한바탕 가슴을 난도질하고 나면 그 다음이 비로소 내 차례였다. 지나온 나의 삶을 되돌아볼수록 살해당한 박기대와 이상철이 그렇게 야속할 수가 없었다. 그들의 원혼들이 하필이면 왜 나를 따라다녔는지. 그것도 4년 동안이나. 나를 따라다니던 원혼들이 주범인 정기성이 나타나자 곧바로 그를 저세상으로 데려가 버렸던 것은 아닌지.

내가 마침내 그들의 한을 풀어주려는 순간이었으면 그들도 나를 도와주었어야지, 무슨 억하심정으로 나로 하여금 이런 꼴을 당하게 만들었는지. … 나의 책임하에 수사가 진행되던 중 사람이 죽고 말았다는 충격 때문인지, 수시로 터질 듯이 심장이 펄떡거리다가는 갑자기 멎을 듯이 박동이 가라앉곤 했다. 사망한 정기성에게 어떻게 용서를 빌어야 할지, 장차 그 모든 업보를 내가 어떻게 감당해 나가야 할지, 서럽고 막막하기만 할 뿐 어떠한 해답도 찾을 수 없었다.

벽에 붙은 한 장짜리 달력 속에서 부처님이 자비로운 미소를 머금고 있었다. 나는 날마다 그 부처님 사진 앞에 절하며 박기대와 이상철과 정기성의 명복을 빌었다. 부디 이승의 모든 원한들을 깨끗이 잊고 극락왕생하기만을 빌고 또 빌었다.

"부처님, 정기성이 사망한 건 전적으로 수사책임자인 제가 잘못했기 때문입니다. 모든 책임은 저에게 물으시고, 박기대와 이상철과 정기승의 원혼들이 더 이상 구천을 떠돌지 말고 극락왕생할 수 있도록 해주십시오."

그렇게 부처님께 빌다보면 어느 순간 마음속에서 부처님에 대한 원망이 불쑥불쑥 고개를 치켜들기도 했다.

"부처님, 저는 지금까지 정말로 성실하고 깨끗하게 세상을 살아왔습니다. 검사로서의 출세도, 재산도, 일신의 안락도 바라지 않았습니다. 저는 그저 제게 맡겨진 직분에 충실하고 싶었을 뿐입니다. 그리하여 힘없는 사람들이 범죄에 시달리지 않고 편안하게 살아갈 수 있는 세상을 만드는 데 일조하고 싶었을 따름입니다. 지난 11년 동안 저는 한눈팔지 않고 오직 그 길 하나만을 열심히 좇아왔습니다. 그런 저에게 어찌하여 이런 고통을 안겨주십니까? … 대체 제가 전생에 무슨 죄를 지었기에 이런 고통을 주신다는 말입니까? 이 모든 것이 저의 업보라는 말입니까? 도대체 그 업보라는 것이 무엇이며, 어찌하면 그것으로부터 헤어날 수 있습니까?"

무수히도 물어보았지만 부처님은 언제나 은은한 미소만 짓고 있을 뿐 아무런 대답도 들려주지 않았다.

성동구치소 도서관에서 불교 관련 책자들을 대출받아 미친 듯이 읽어 내려갔다. 내가 왜 이런 고통을 당해야만 하는지 해답을 찾고 싶었다. 그러나 어느 쪽 어느 줄에도 명쾌한 해답은 씌어 있지 않았다.

나는 부처님께 등을 돌려 앉은 채 무수히 방바닥을 두드렸다.

'아, 내가 정말 미련한 놈이었구나. 대체 무엇을 위해 그토록 고

생을 자청해왔더란 말인가. 그래서 얻은 결과가 고작 이런 꼴인가? 왜 남들처럼 약삭빠르게 쉽고 편할 길을 가지 않았단 말인가. 남들은 쉽고 편한 길을 가지 못해 안달복달들인데, 나만 왜 바보같이 어렵고 힘든 길을 고집하다가 이런 꼴이 되고 말았단 말인가.'

속이 뒤집힐 것만 같았다. 머릿속으로 온갖 상념들이 교차해가며 명치끝이 부글부글 끓어올랐다. 다른 누구를 향한 분노도, 세상을 향한 그것도 아니었다. 어리석었던 나 자신에 대한 분노를 삭일 길 없어 그대로 혀를 물어버리고만 싶었다.

수많은 검사들이 면회실을 찾아왔다. 그 중에는 안면이 전혀 없는 검사들도 많았다. 검사들은 각기 준비해 온 말로 나를 위로하면서, 모든 수사 검사들이 지켜보고 있으니 끝까지 검사로서의 자존심을 잃지 말고 당당하게 나아가 달라고 신신당부했다.

이 글을 읽는 당신은 운명이라는 것이 존재한다고 믿는가? 나는 검사로 재직하는 동안 교통사고로 사망한 사람들을 보면서 운명이라는 것이 있을지도 모른다는 생각을 곧잘 했었다. 가끔씩 아무런 잘못도 없는 운전자들이 반대편 차선에서 가해차량이 중앙선을 침범하며 돌진하는 바람에 사망하는 사고가 발생하곤 한다. 만약 그 피해자가 10초만 빨리, 또는 10초만 늦게 그 지점을 통과했다면 그런 사고를 피할 수 있었을 것이다. 피해차량 운전자는 공교롭게도 사고가 난 바로 그 순간에, 바로 그 지점을 통과하려다가 그런 사고를 당하고 말았던 것이다. 자신에게는 아무런 잘못도 없었는데도 말이다.

왜 그 피해자는 하필이면 그 순간에 그 지점을 통과하려고 했을까? 무엇이 그로 하여금 그 순간에 그 지점을 통과하도록 만들었을까? 이와 같이 달리 설명할 수도 납득할 수도 없는 일들을 통칭해서 '운명'이라 부르는 것인지도 모른다.

생각이 거기에 닿자, 내가 예상치도 않았던 검사가 된 것이나, 박기대와 이상철의 원혼들이 오랜 기간 동안 나를 따라다닌 것이나, 내가 그런 곤경에 처하게 된 것이 모두 나의 운명일지도 모른다는 생각이 뒤를 이었다. 그리고 그 모든 것들을 운명으로 돌리는 순간 머릿속이 아침처럼 맑아지며 복잡하게 헝클어졌던 상념들이 가지런히 정돈되는 것 같았다.

이 모든 것이 나의 운명이요 하늘의 뜻이라면, 있는 그대로 받아들일 수밖에 없다. 그래. 모든 걸 다 받아들이자. 나는 더 이상 검사가 아니다. 이제 내가 어떻게 살아갈 것인지만 생각하자. 나는 한 가정의 가장이다. 나 하나만을 의지하고 있는 처자식이 있고, 어머니와 형제들도 있다. 내가 여기서 자포자기한 채 무너져서는 안 된다.

나는 애써 마음을 추스르며 이렇게 다짐하곤 했다.
그러나 생각대로 따라주지 않는 것이 또한 사람의 마음인지라, 생각은 번듯했지만 마음은 여전히 지옥 속을 벗어나지 못하고 있었다. 절망감으로 절여진 심신이 서서히 무너져 내리고 있음을 스스로 느낄 수 있었다. 나는 벼랑 끝의 나뭇가지 하나를 움켜쥐고 끝없는 나락으로 떨어지지 않으려 온몸으로 바둥거리고 있었다. 그러면서 신이든 사람이든 누군가가 구원의 손길을 내밀어 내 손을 잡아주기만을 간절히 기다리고 있었다.

그런 질제절명의 상황에서 나를 버티게 해준 것은 나를 잘 아는 사람들의 위로와 격려였다. 가족들 외에도 친구들과 선후배들, 그리고 나의 결혼식에서 주례를 맡아주셨던 고등학교 은사님 등 많은 분들이 찾아와서 위로해주었다. 그분들은 모두 내가 어떤 사람인지를, 내가 어떻게 살아왔는지를 잘 알고 있는 분들이었다. 하지만 나는 검사로 재직하는 동안 그분들과 개인적으로 만난 적이 거의 없었다. 솔직히 말해서 혹 청탁이라도 받지 않을까 하는 우려에서 그분들과의 만남 자체를 스스로 기피했다.

하지만 내가 일생일대의 위기에 처해있을 때 그분들은 기꺼이 나를 찾아주었다. 너무나도 고마웠고, 고마워하기에 앞서 그분들에게 인간적인 도리를 다하지 못했던 자신이 한없이 부끄러웠다.

그 밖에도 고마운 분들이 많았다. 함께 근무하면서 인연을 맺었던 분들의 격려도 나에게 큰 힘이 되어주었다. 내가 의정부지방검찰청에서 근무할 때 파견 경찰관으로 함께 일했던 안 형사는 대검찰청에 다음과 같은 요지의 탄원서까지 제출해주었다.

- 저는 겨우 1년을 홍 검사님과 함께 근무했지만 근무한 지 얼마 되지 않아 홍 검사님을 존경하게 된 계기가 몇 차례 있었습니다.
- 어느 날 새벽 1~2시경에 홍 검사님의 전화를 받았습니다. 어디냐고 묻기에 원당에서 안마시술소 업주에게 조직폭력배들의 동향을 탐문하고 있다고 했더니, 직접 현장으로 달려와 확인한 적이 있습니다. 저는 내심 '파견형사가 일을 제대로 하는지 감시하려나 보다. 사람을 못 믿는구나'라는 생각이 들어 기분이 나빴습니다. 그런데 사실은 "밤에 집에도 못 들어가고 배당된 사건을 수사하느라 너무 고생이 많습니다"라고 말하며 격려하려고 달려온 것이었습니다.
- 한 번은 파견 1개월이 지난 후 수사비를 봉투에 넣어주면서 "10만

원밖에 안 되어 미안합니다"라고 했습니다. 10만 원이 들었다는 봉투를 건네받을 때 기분이 참 씁쓸했습니다. 기름값도 안 되니 미안하다는 말조차 곧이들리지 않았습니다. 그런데 나중에 알고 보니 검사님도 작은 전세 아파트에 살면서 월급으로만 생활하는 그야말로 월급쟁이였습니다. 1년을 함께 근무해본 결과 홍 검사님은 어떤 사람에게도 청탁을 받지 않는 분이라는 걸 알게 되었습니다.

- 어느 날 폭력배들을 검거하고 그 동안 고생이 많았다며 직원들과 함께 식사하자고 했습니다. 삼겹살을 구워가며 소주를 마시던 중 검사님이 출퇴근 때 들고 다니는 가방을 뒤적이더니 가방 속에서 양주 한 병을 꺼내는 것이었습니다. 그리고 "단란주점은 갈 형편이 못되니 이걸로 단란주점 양주를 마시는 셈 치자"며 소주잔에 양주를 따라주었습니다. 그리고는 "몇날 며칠을 밤새 돌아다니며 수사하고, 폭력배들을 법정에 세우느라 정말 고생들 많습니다"라고 위로해주었습니다. 대한민국의 어느 검사님이 체면을 무릅쓰고 가방 속에 국산 양주를 주인 몰래 넣어 와서 수사관들을 위로해주겠습니까?

- 수년 동안 쌓아올린 눈물겨운 봉사를, 한순간의 지휘책임을 물어 가차 없이 내친다면 누가 정의로운 검사가 되려고 하겠습니까? 아무리 유능한 지휘관이라도 사람이 사람을 통제하는 데는 한계가 있지 않겠습니까?

- 승진이나 개인의 영달을 위해 수사하는 검사로 제 눈에 비쳤다면 제가 감히 이런 글을 올릴 수 있겠습니까? 누구나 한 번의 실수는 있을 수 있을진대 사회나 조직이 그 한 번의 실수에 대한 대가로 인생 전체를 희생시키려 한다면 아무도 이 세상에서 떳떳이 존재할 수 없을 것입니다. 그래서 주제넘게 이렇게 탄원을 드립니다.

대검찰청 검찰총장님 귀하.

KBS가 〈추석 60분〉을 통해 나의 사건에 대한 특집방송을 내보냈다. 언론 등으로부터 집중난타를 당하던 나의 처지를 그나마 가장 공정하게, 사실에 입각하여 보도해주었다.

시민들의 격려도 잇달았다. 얼굴도 이름도 모르는 시민들의 격려 편지가 성동구치소로 매일같이 날아들었다. 대부분이 위로와 격려의 편지였다. 교도관의 말에 의하면 한동안 나의 수감번호를 묻는 전화가 끊일 줄을 몰랐다고 했다. 나를 지지하고 격려해주는 이름 모를 시민들이 곁에 있다는 사실이 그토록 큰 힘이 되어줄 줄은 상상도 하지 못했었다.

한편으로 국가인권위원회는 위원장이 직접 나서서 공개적으로 나를 비난했다. 아직 미결수 신분인 나를 마치 범죄가 확정된 기결수인 양 중죄인으로 낙인찍었다.

조직폭력배들에게 인권이 있다면 나에게도 분명히 인권이라는 것이 존재하지 않겠는가? 흉악범들에게 무죄추정의 원칙이 적용된다면 나에게도 응당 그 원칙이 적용되어야 하지 않겠는가?

이치가 그러할진대 국가인권위원회는 무자비한 비난과 낙인만으로는 성에 차지 않았던지 이미 구속기소된 나를 대검찰청에 불법체포와 감금죄로 고발하기까지 했다. 살인혐의를 받던 조직폭력배들을 긴급체포한 것이 불법행위였다며 나를 고발한 것이었다. 도주에 능한 조직폭력배들을, 다른 죄목도 아닌 살인의 혐의를 받던 자들을 긴급체포한 것이 과연 불법이라는 말인가? 더구나 장승호는 이미 강간죄로 처벌받은 전력이 있음에도 또다시 운전교습을 받으러 온 선량한 여성을 성폭행해서 현상금 3백만 원에 전국에 지명수배된 자였다. 성폭행이라는 죄가 어떤 죄인가? 피해여성에게 평생 지울 수 없는 상처를 남겨주는 중죄이다.

　수사기관에서는 그 당시는 물론이고 지금도 역시 사안의 경중과 범죄 혐의자의 성향을 고려하여 긴급체포를 실시하고 있고 그러한 사실들이 언론에서 종종 보도되고 있다. 나는 그때 이후로 지금까지 언론에서 긴급체포되었다고 보도된 수많은 사람들에 대하여 국가인권위원회가 불법감금 혐의로 누구를 고발했다는 이야기를 들어보지 못했다.

　나라는 사람의 인권은 대체 어디로 갔는가? 국가인권위원회는 연쇄 살인혐의로 쫓기던 조직폭력배들의 인권을 보호한다는 명목으로 그들을 쫓던 나의 인권을 무자비하게 유린하고 있었다. 그들은 나를 국가인권위원회라는 신생조직의 위상을 확립하기 위한 도구로 활용하지 못해 안달이 난 것만 같았다.

불면의 밤

2003년 2월 나는 꼬박 3개월 동안 수감생활을 하고서야 보석으로 석방되었다. 그토록 그리던 가정으로 돌아왔지만 바깥세상도 나에게 온전히 편안한 곳은 되어주지 못했다. 시시각각 속이 뒤집힐 것만 같던 갑갑증과 폐소공포증으로부터 가까스로 벗어날 수는 있었지만, 검사직에서 물러난 나는 아무것도 할 수 없는 식물인간이나 마찬가지였다.

평생을 법률가로만 살아온 내가 달리 할 수 있는 일이라고는 아무것도 없었다. 밥벌이에 보탬이 될 만한 다른 어떤 업무지식이나 경험도 갖추지 못했고, 저축해 놓은 돈도 없으니 식솔들을 거느리고 살아나갈 길이 막막하기만 했다.

성동구치소에 수감되어 있을 때 시작되었던 재판은 차근차근 진행되며 나의 발을 묶었고, 형사 피의자의 신분으로 언감생심 변호사 개업은 생각할 수도 없었다. 아, 내가 이토록 무능력한 사람이던가? 난생 처음 느껴보는 용렬함과 무능력의 극치 앞에서 나는 무수히도 머리카락을 움켜쥐어야만 했다.

나를 더욱 힘들게 한 것은 도저히 현관 밖으로 나설 용기가 생기지 않는다는 사실이었다. 자괴감 탓인지, 자격지심에서인지 주위 사람들이 나를 쳐다보기만 해도 손가락질하며 비웃는 것만 같았고,

길을 걸어도 만인이 나를 가리키며 수군거리는 것만 같았다. 지인들로부터 만나고 싶다는 연락이 와도 나를 바라보는 상대방의 마음이 편안하지 못할 것이라는 생각에 선뜻 승낙할 수 없었다.

그야말로 감옥 아닌 감옥이었다. 내가 할 수 있는 것이라고는 아무것도 없다는 사실을 자각하게 되자 극도의 무력감이 엄습했다. 그저 방바닥에 등을 깐 채 멍하니 천장만 쳐다보는 시간이 속절없이 쌓여갔다.

가족들의 생계는 전적으로 아내에게 의지할 수밖에 없었다. 아무리 아껴 써도 시간강사에 불과했던 아내의 수입으로는 턱없이 부족해서 늘 집안사람들의 신세를 져야만 했다. 하릴없이 빚만 늘어갔다.

"아빠, 선생님이 적어 오래."

초등학교에 갓 입학한 큰아이가 어느 날 백지 한 장을 내밀었다. 가정환경조사서였다. 무심하게 서식의 공란들을 메워가던 나는 아버지의 직업란을 노려보며 며칠 동안이나 고민해야만 했다. 그리고 결국 '무직'이라는 두 글자로 공란을 채우며 피눈물을 쏟지 않으면 안 되었다.

'그래. 이 못난 아빠는 사회로부터 버림받은 경제적 능력이 전무한 무직자란다, 무직자.'

지금도 그때의 일을 생각하면 솟아오르는 눈물을 주체할 수 없다.

무기력 상태에 놓인 사람의 천적이 불면(不眠)이라는 사실을 나는 그때 처음 알았다. 구치소에 있을 때에는 온갖 상념들로 인해 잠을 이룰 수 없었다면, 보석으로 풀려난 뒤에는 그냥 아무런 이유도 없이 찾아오는 불면이었다. 밤만 되면 도대체 잠을 이룰 수가 없었다. 가족들이 잠든 뒤 온갖 채널의 케이블 TV들을 탐색하며 시간을 사르다가, 새벽에 배달되는 신문을 이 잡듯이 샅샅이 뒤져서 읽고, 그마저도 끝나면 창밖이 훤히 밝아올 때까지 인터넷을 서핑하며 허우적거렸다.

그러다가 아침 6시쯤에야 겨우 잠이 들었다가 정오쯤에 일어나 홀로 배를 채우며 또 다른 불면의 하루를 맞이하곤 했다.

혼자 집안에 남아 있던 내가 할 수 있는 일이라고는 아무것도 없었다. 19층 아파트의 베란다로 나가 멍하니 먼 산을 바라보노라면 그대로 뛰어내리고만 싶은 충동이 불쑥불쑥 고개를 치켜들었다. 한순간 바닥을 박차기만 하면 그 지옥 같은 현실로부터 탈출하며 모든 것을 깨끗이 정리할 수 있을 것 같았다. 그러나 아내와 아이들의 얼굴이 눈앞을 맴돌며 한사코 발목을 잡았다. 그럴 때마다 나는 '아니야. 그래서는 안 돼. 나 하나만을 바라보고 있는 아내와 아이들이 있단 말이야'라고 큰 소리로 외치며 마음을 고쳐먹곤 했다.

그런 지경에 놓인 나를 그나마 버틸 수 있도록 위안해준 것이 있었다면 그것은 낚시였다. 나는 검사로 재직하면서 골프를 배우지 못했다. 물론 골프를 즐길 만한 경제적 여유도 없었지만 무엇보다도 스스로 소박한 시민으로 살아가고 싶었던 나였기에 애당초 그런 생각을 떠올려본 적이 없었다. 그래서 나는 소박한 시민에게 어울릴 것 같은 낚시와 등산을 익혀왔다. 봄부터 가을까지는 전국의 소문난 낚시터들을 찾았고, 겨울이면 즐겨 산을 올랐다.

밤마다 올빼미가 되어 창살 없는 감옥생활을 이어가야 했던 나에게 낚시는 유일한 위안이자 피난처가 되어주었다. 나는 사람들이 붐비는 주말을 피해 평일에만 낚시가방을 둘러메고 현관을 나섰다.

정말이지 한동안 가슴이 터져버릴 것만 같았다. 스스로 정당하다고 생각한 일에 최선의 노력을 경주했던 내가 왜 이런 지경에 놓여야만 했는지. 하필이면 그것이 왜 꼭 나였어야만 했는지. 내가 무엇 때문에 이렇게 매도당해야만 하는지. 초임검사 시절부터 정성스레 가꾸어온 정의감이라는 놈은 이제 어떻게 해야 하는지. 그토록 소중히 간직해온 나의 명예와 자존심은 또 어떻게 회복할 수 있을지.

아무리 우울하고 슬플지라도 차마 집안에서 가장의 눈물을 보일 수는 없었다. 참담한 현실을 안간힘으로 버텨가는 아내를 생각해서라도 차마 그래서는 안 되었다. 나는 깊은 밤 인적 드문 낚시터에 낚싯대를 던져놓고 소주잔을 기울이며 홀로 취하고, 홀로 울었다. 그래도 가슴이 후련치가 못하면 미친 듯이 낚시터 근처의 산기슭을 기어올라 목이 터져라 괴성을 질러대곤 했다. 실성한 늑대가 따로 없었다.

낚시꾼들은 흔히 낚시란 인생과 비슷한 것이라고들 한다. 낚시하러 떠날 때는 금방 월척을 낚아 올릴 수 있을 것만 같은 희망에 들떠 있지만, 막상 낚싯대를 던져놓고 보면 밤새도록 찌가 미동도 하지 않을 때가 허다하다. 그렇게 시간이 흐르면서 차츰 후회와 자책의 한숨소리가 흘러나온다.

뭣 하러 그렇게 돈과 시간과 정열을 허비하며 낚시 길에 나섰는지. 물고기들이 왜 내 미끼만 거들떠보지도 않는 건지. 이 세상의 하고많은 취미들 중에서 왜 하필 낚시란 놈을 가까이하게 되었는지 ….

하지만 그렇게 한숨을 연발하면서도 밤이 꼴딱 새도록 눈이 빠져라 찌를 노려보며 굳세게 자리를 지킨다. 그러다가 어느 순간 밤새 꼼짝도 하지 않던 찌가 돌연 물속으로 사라지는가 싶다가는 금세 용솟음쳐 오르며 상하좌우로 몸부림치기 시작한다. 거의 반사적으로 낚싯대를 잡아채는 순간 손끝에서 묵직한 손맛이 퍼덕이면서 그 동안의 후회와 한숨은 흔적 없이 사라지고 가슴속이 온통 희열로 가득 찬다. 그런 기다림의 미학과 짜릿한 승리의 순간이 우리의 인생살이와 비슷하다고 해서 낚시꾼들은 곧잘 낚시를 인생에 비유하곤 한다.

나는 낚싯대를 던져놓고 마냥 소주만 마시지는 않았다. 소주잔을 기울이는 시간보다 10배 이상 긴 시간을 애써 나의 마음을 추스르고, 다잡으며 흘려보냈다.

그래. 인생살이가 낚시와 같은 거라잖아. 인내하며 기다리다 보면 언젠가는 웃을 날도 와줄 거야. 그래. 나는 본디 탁구장에서 카운터를 보거나 당구장에서 당구공을 닦던 사람이었잖아. 빈손으로 시작한 내가 잃어버릴 게 뭐가 있어 … .

나는 충청남도 서산, 당진, 홍성, 보령 등지의 낚시터들을 전전하면서 홀로 라면을 끓이고, 밤이면 찌와 씨름하고, 낮이면 승용차 안에서 새우잠을 청하는 노숙생활(?)을 이어가며 무던히도 스스로를 추스르고 다독거렸다. 그렇게 시간이 흘러가는 가운데 지루한 공판절차가 나를 기다리고 있었다.

뒤엉킨 진실

 나에 대한 1심 공판은 8개월가량 이어졌다. 첫 3개월은 구속된 상태로, 나중 5개월은 보석으로 풀려난 상태로 진행되었다. 증거자료로 제출된 나에 대한 수사기록을 보니 한마디로 어처구니가 없었다.

 정기성의 사망으로 가장 신이 났던 무리가 바로 살인과 관련된 혐의들을 모두 시인하고 구속상태로 재판을 기다리던 조직폭력배들이었다. 그들은 자신들의 혐의를 벗기 위해 기왕의 모든 진술들을 무조건 가혹행위를 못 이겨 허위로 자백할 수밖에 없었던 것으로 둔갑시켰다. 자신들은 결백한데 수사관들이 조사실로 끌고 가서 불문곡직하고 폭력을 행사하며 억지자백을 강요했다고 말을 뒤집었다. 짐작건대 그들에게 있어 정기성의 죽음이야말로 천지개벽도 그런 천지개벽이 있을 수 없었을 것이다.

 또한 수사기록에는 우리 수사팀의 수사진행 과정과 그들이 검찰청에 인치된 뒤 마구 난동을 부렸던 사실, 그리고 그들이 범행을 시인하게 된 경위 등에 대한 조사 및 그 결과가 전혀 언급되지 않았다.

 한 가지만 예를 들어보자.
 제1장에서 기술했듯이, 김기호는 파주에서 검거되어 검찰청으로 인치되는 과정에서 호송 승용차(쏘나타 승용차)의 운전자가 제대로

운진을 하시 못할 정도로 차 안에서 거칠게 난동을 부렸다. 그래서 호송하던 수사관들이 다른 팀의 지원까지 받아서야 가까스로 그를 제압하며 검찰청으로 호송할 수 있었다. 그것이 진실이다. 하지만 수사기록에는 수사관들이 불문곡직하고 달리는 호송 승용차의 뒷좌석 바닥에다 김기호의 무릎을 꿇린 뒤 온몸을 사정없이 짓밟았던 것으로 조사되어 있었다. 당시 호송 승용차의 앞좌석에는 수사관 2명이 타고 있었고, 뒷좌석에는 수사관 2명이 좌우로 떨어져서 앉고 그 사이 가운데 자리에 김기호가 끼어 앉아 있었다.

알다시피 쏘나타 승용차의 뒷좌석에 성인 남자 3명이 타게 되면 몸을 제대로 움직이기 힘들 만큼 공간적 여유가 없다. 그렇듯 협소한 공간에서 더구나 호송차가 달리는 가운데 수사관들이 어떻게 뒷좌석 바닥에다 김기호의 무릎을 꿇린 채 온몸을 마구잡이로 짓밟을 수 있었겠는가. 그것은 물리적으로 불가능한 이야기였다. 만약 이 글을 읽는 당신이 나의 주장을 수긍하기 어렵다면, 지금이라도 당장 한번 실험해 볼 일이다.

그리고 나는 분명히 김기호가 호송 승용차 안에서 하도 난동을 부리는 바람에 운전조차 제대로 하기 어려워서 다른 팀의 지원을 받아야만 했었다는 말을 수사관들로부터 나중에야 듣게 되었다. 그것이 진실이다. 그러나 수사기록에는 그것까지도 내가 사전에 지시하고 공모했던 것으로 나와 있었다. 사전에 내가 수사관들에게 김기호를 검거하면 무조건 가혹행위를 하도록 지시한 것으로, 그것도 묵시적으로 지시한 것으로 나타나 있었다.

만에 하나 다른 팀의 지원까지 받아가며 김기호를 제압하던 과정에서 다소 도가 지나쳤던 면이 있었다 할지라도 그런 사실 자체를 까맣게 모르고 있었던 나에게는 지휘책임을 물을망정 내가 사전에 지시하거나 공모했던 것으로 사실을 왜곡하며 형사책임을 물어서는 안 되는 것이 아닌가?

또 하나의 예로, 수사기록에 기재된 사건들 중 가장 압권을 하나 꼽으라면 그것은 단연 김기호와 조찬식의 대질장면이었다.

수사기록을 보니 김기호가 계속 범행을 부인하자 오후 2~3시경에 내가 직접 조찬식을 조사실로 데려가 김기호와 대질시킨 것으로 조사되어 있었다. 그리고 조찬식과 대질할 당시 수사관들이 김기호를 조사실 바닥에 눕혀놓고, 아래위로 수사관 한 명씩이 올라타고서는 고함치지 못하도록 수건으로 김기호의 입을 틀어막은 뒤 주먹으로 온몸을 마구 구타했던 것으로 기재되어 있었다. 또한 내가 조찬식과 대질시키며 수사관들이 김기호에게 그렇게 가혹행위를 하는 장면을 목격하고서도 아무런 조치를 취하지 않았으며, 그래서 가혹행위를 이기지 못한 김기호가 결국 허위자백을 하지 않을 수 없었던 것으로 조사되어 있었다. 그것은 완전히 날조된 조사요, 진술이었다.

김기호는 분명히 처음에는 범행을 부인하다가, 그날 오후 2~3시경 장승호와 대질조사를 실시한 후에 바로 범행 일체를 시인했다. 따라서 이미 범행을 시인한 김기호에게 조찬식을 또 대질시켜야 할 이유가 없었다. 그뿐만 아니라, 수사기록이 적시한 그날 오후 2~3시경에는 김기호에게 조찬식을 대질시키려야 대질시킬 수도 없었다. 왜냐하면 조찬식이 검찰청에 인치된 시각이 그보다도 6~7시간 후인 그날 오후 9시경이었기 때문이다. 그날 오후 2~3시경에 검찰청에 인치되어 있지도 않았던 조찬식을 내가 어떻게 대질시킬 수 있었단 말인가. 그날 조찬식을 검거하여 검찰청으로 인치했던 수사관들의 시간대별 행적은 휴내폰 기지국의 위치 정보로써 모두 확인할 수 있었고 이미 확인되어 있었다. 그런데도 수사기록은 살인혐의를 자백한 조직폭력배 김기호의 말만 곧이듣고, 나의 말은 물론 과학적인 데이터들까지도 애써 외면했다.

조사를 진행한 방법도 문제였다.

가령 A는 B로부터 폭행을 당했다고 주장하고, B는 그런 사실이 없다며 부인하는 경우가 있다고 가상해 보자. 그런 경우 수사기관에서는 B에게 이렇게 신문한다.

"A는 오후 1시경 모처에서 당신으로부터 폭행을 당했다고 하는데, 그것이 사실입니까?"

"아닙니다. 저는 A를 폭행한 사실이 없습니다."

"그럼 그때 거기서 A를 만난 사실은 있습니까?"

"네. 만나기는 했습니다."

"그때 무슨 일이 있었습니까?"

"저는 A를 만나서 차 한 잔 하며 사업 이야기를 했을 뿐입니다. 그러다가 사업 문제로 서로 언성을 높인 적은 있지만, 제가 A를 때린 사실은 없습니다."

"그럼 그때 어떤 사업 이야기를 했습니까?"

……

수사기관은 이런 식으로 신문을 전개한다. 혐의를 부인하는 B에게도 당시에 있었던 일을 자세히 소명할 기회를 주면서 누구의 말이 진실인지를 가려낸다. 이것이 정상적인 수사방법이다. 그런데 동일한 사건을 두고 이와는 전혀 다른 방법으로 신문할 수도 있다.

"A가 오후 1시경에 모처에서 당신으로부터 폭행을 당했다고 하던

데, 그것이 사실이지요?"

"아닙니다. 저는 A를 폭행한 사실이 없습니다."

"무슨 소리요. A가 분명히 그때 거기서 당신으로부터 폭행을 당했다고 하는데, 왜 거짓말을 하는 겁니까?"

"저는 분명히 그런 사실이 없습니다."

"무슨 말이오. A는 그때뿐만 아니라 오후 3시경에도 당신으로부터 폭행을 당했다고 하던데, 그것이 사실이지요?"

......

동일한 사건을 조사하면서도 첫 번째 조사방법을 채택한 조사자는 중립적 입장에서 B에게 당시의 상황을 충분히 설명할 기회를 주고, B의 이야기를 모두 들어본 후에 누구의 말이 진실인지를 가려내려 하고 있다. 그러나 두 번째 조사방법을 채택한 조사자는 무조건 A의 말은 진실이고 B는 거짓말을 하는 것으로 단정해 놓고 B의 진술을 의도한 쪽으로 몰아가고 있다. 당연히 이런 조사방법을 채택하면 B에게 당시의 상황을 설명할 수 있는 시간을 주는 것 따위는 불필요한 낭비적 요소일 뿐이다. 조사자가 두 번째 조사방법에 따라 신문하면, B가 그 당시에 무슨 일을 했는지 알 수 없으며 B를 뻔한 사실을 무조건 부정하려고만 드는 정상이 지극히 불량한 사람으로 인식하게 된다.

정기성 사망사건과 관련된 나와 수사관들에 대한 수사기록은 전적으로 두 번째 수사방법을 채택한 조사자의 입장에서 기술되었다. 그래서 그 수사기록에는 당시 나와 수사관들이 진행하던 수사의 과정과 방식, 피의자들이 범행을 시인하게 된 경위 등의 중요한 사실관계들이 전혀 조사되지 않았다. 어쩌면 조사 담당자가 그런 것들을 조사하는 것 따위는 불필요한 시간과 정열의 낭비일 뿐이라고 판단했는지도 모를 일이었다.

어쨌든 그 수사기록은 정기성의 사망을 기화로 자신들의 살인혐의를 벗기에 혈안이 되었던 조직폭력배들의 허위주장만을 되풀이하며 나와 수사관들의 진술은 모두 거짓으로 몰아붙이고 있었다.

담당 재판장도 나에게 유리하게 배정되지는 못했다. 1심 재판 도중에 법원의 인사이동으로 재판장이 교체되었는데, 공교롭게도 새로 교체되어온 재판장은 수개월 전 영장전담판사로 근무하면서 나에 대한 구속영장을 발부했던 바로 그 판사였다. 결국 동일한 판사가 동일한 사안을 두고 동일한 인물을 두 번이나 재판하게 되었다.

법정도 그때까지 내가 보아왔던 그것과는 너무도 달랐다. 내가 검사의 신분으로 재판에 참가했을 때에는 법정에서 하고 싶은 말을 마음껏 할 수 있었다. 웬만해서는 재판장도 나의 발언을 제지하지 않았다. 그러나 내가 피고인의 신분으로 재판을 받자니 그런 분위기가 전혀 아니었다. 하고 싶은 말을 마음껏 하기는커녕 어렵사리 입을 열면 재판장은 자세히 들어볼 생각도 하지 않고 말을 가로막았다.

"피고인, 하고 싶은 이야기가 있으면 변호인을 통해서 하십시오."

하지만 변호인을 통해서 이야기하는 데는 한계가 있었다. 이 사건에 대해서는 내가 가장 많은 것을 가장 잘 알고 있는데 나는 말도 제대로 할 수 없는 입장에 놓여있었다.

물론 수사기록이나 제출된 증거에 나타나지 않은 사실관계들을 설명할 기회도 제대로 허용되지 않았다. 재판에서는 수사기록과 증거로써 사실관계를 다투는데, 거기에 들어 있지 않은 사실관계들이 매우 많았지만, 그런 사실관계를 제대로 밝힐 수가 없었다.

그렇듯 검사로서 내가 바라보던 재판과 피고인으로서 내가 바라보던 재판은 현저히 달랐다. 과연 법정에 실체적 진실이 존재한다는 말인가? 신이 아닌 인간이 인간을 재판하는 곳에 과연 얼마만큼의 실체적 진실이 존재할 수 있을까? 과연 재판장은 몇 퍼센트의 실체적 진실을 알고서 판결을 내릴까? 현장을 직접 목격하지 못한 인간이 자기 나름의 잣대로 실체적 진실을 재단하며 다른 인간을 재판한다는 것 자체가 불합리한 제도이지 않을까? 인간이란 스스로 보고 싶은 것만 보려 하고, 듣고 싶은 것만 들으려 하는 존재가 아닐까? … 나는 재판장 개인을 넘어 재판제도 자체까지 회의하지 않을 수 없었다.

그 모든 모순과 억측으로 엮어진 사실관계에도 불구하고 재판은 정해진 절차에 따라 차질 없이 진행되었다. 내 앞에서 자신의 살인 혐의를 시인했던 조직폭력배들은 기존의 진술들을 모조리 뒤집었다. 그들은 모든 것을 검찰의 가혹행위 탓으로 돌리며 살인혐의를 극구 부인했고, 구속기간이 만료되어 석방되었다.

그들은 법정에 증인으로 출석하여 조사실에 들어서자마자 영문도 모른 채 불문곡직하고 수사관들로부터 엄청난 가혹행위를 당했으며 자신들은 억울하다고 주장했다. 애당초 살인혐의를 시인했던 사람들에게 진실을 증언해주기를 기대하는 것 자체가 무리였다.

당연히 재판은 나에게 불리하게 돌아갈 수밖에 없었다. 언론은 나와 수사관들의 주장은 일절 묵살한 채, 살인혐의를 받던 조직폭력배들의 일방적인 허위 증언들만 보도하면서 툭하면 '파문이 예상된다'며 판결 결과를 예단하는 듯한 뉘앙스를 흘렸다.

날조된 사실들에 대하여 강력히 항변했지만 아무도 나의 주장에는 귀를 기울여주지 않았다. 똑같은 방법으로 수사를 진행했어도 내가 진행했던 것은 모두가 불법이었다. 다른 검사들이 직원들에게 지시하는 것은 적법한 절차를 준수하라는 지시이고, 나는 입만 벌렸다 하면 모두가 가혹행위를 하도록 지시한 것으로 매도되었다. 그것도 명시적으로 가혹행위를 지시했다는 사실이 입증되지 않으니 묵시적으로 지시했던 것으로 호도(糊塗) 되었다.

나는 결국 오랫동안 전해 내려오던 검찰수사 시스템으로부터 비롯된 모든 불합리성에 대한 책임과 곽철진의 도주로 인해 발생되었던 우발적인 인명사고에 대한 책임을 고스란히 나 혼자만의 고의적인 형사책임으로 떠안아야만 했다.

"홍 검사, 당신은 이 재판에서 절대로 무죄를 선고받지 못합니다. 그러니 고집부리지 말고, 전부 합의가 되었으니 모든 것을 인정하고 형량을 줄여 집행유예를 받는 방향으로 나아가는 것이 어떻겠습니까?"

재판이 진행되는 동안 변호인단이 나에게 그렇게 제안했다.

나는 고심에 고심을 거듭했다. 변호인들의 말대로 그 사건에 무죄가 선고될 가능성은 거의 없어 보였다. 그 사건은 재판부 판사들의 경력에 평생토록 따라다닐 사건이었고, 그런 사건에 무죄를 인정해 줄 판사는 아무도 없을 것 같았다.

하지만 나는 그런 변호인단의 제안을 받아들일 수 없었다. 형량을 줄이기 위해 모든 공소사실을 인정해버리는 순간 나는 목적을 달성하기 위해서는 수단과 방법을 가리지 않는 악질적 고문검사로 영원히 낙인찍히고 말 것이기 때문이었다. 나는 받아들여질 가능성이 없는 줄 알면서도 재판과정 내내 최선을 다해 진실을 주장했다.

"제가 가혹행위를 지시했다는 것은 사실과 다릅니다. 그러나 수사책임자로서의 저의 책임은 부인하지 않겠습니다. 이 모든 책임은 저 혼자 짊어지고 가겠습니다. 그러니 모든 책임을 저에게 물어주시고 저를 비난하되 부디 수사관들은 선처해주시기 바랍니다."

나는 1심 재판을 마치며 그렇게 최후진술을 했다.

"이제 그토록 나를 따라다니던 박기대, 이상철의 원혼과 이 사건으로 사망한 정기성의 원혼이 모든 것을 다 잊고 극락왕생하기를 빕니다."

2심 재판을 마치며 나는 그렇게 최후진술을 남겼다.

1심에서도, 2심에서도 최후진술을 하는 동안 쏟아지는 눈물을 주체할 수 없었다.

길고도 지루한 재판과정을 거쳐 나는 1심에서 징역 3년을 선고받았고, 2심에서 징역 1년 6월을 선고받으며 법정구속되었다. 재판이 시작된 지 약 2년 만인 2005년 1월의 일이었다.

쟁점 아닌 쟁점들

재판에서 유죄를 선고받은 자가 무슨 할 말이 있겠느냐고 반문할지도 모르겠지만, 나는 재판과정에서 쟁점이 되었던 사실관계들을 여기에서 설명하고자 한다. 이 부분은 어느 누구도 귀를 기울여 주지 않은 채 무시되고 묻혀버리고 말았지만, 나에게는 숨겨진 소중한 진실이기 때문이다.

재판과정에서 제기된 내 범죄사실의 요지는 내가 수사관들에게 명시적 또는 묵시적으로 가혹행위를 하도록 지시했고, 그래서 결국 피의자가 사망하게 되었다는 것이었다. 그러나 수사와 재판이 진행되는 과정에서 내가 수사관들에게 명시적으로 가혹행위를 하도록 지시했다는 사실은 전혀 입증되지 못했다. 그것이 사실이 아니었기 때문이었다.

그렇게 되자 법정에서는 이번에는 내가 조사받는 과정에서 사용했던 '진정시키다'라는 용어를 문제로 삼았다. 그것은 내가 평소에 수사하면서 사용하던 용어도 아니었고, 박기대 및 이상철 관련 사건을 수사할 때 사용했던 용어도 아니었다.

내가 조사받는 과정에서 '진정시키다'라는 용어를 사용하게 된 경위는 이러했다. 제1장에서 소개했듯이, 검거되어 검찰청 조사실에 인치된 파주 S파 조직원들이 몹시 흥분해서 검찰청이 떠나갈 듯이

고래고래 고함을 지르고 벽에 머리를 들이받는 등 난동을 부리고 있다는 보고를 받고, 나는 수사관들에게 그 사람들이 흥분하지 않도록 잘 달랜 후에 조사하도록 하라고 지시했다. 그런데 대검찰청 감찰부로부터 조사받던 과정에서 나는 그러한 사실을 짧은 말로 축약해서 그 사람들을 "진정시킨 뒤에 조사하라"고 했던 것으로 표현했고, 그것이 전부였다.

우리는 일상생활 속에서 흥분한 사람을 보면 곧잘 '진정하라'는 말을 들려주곤 한다. 그것은 흥분하지 말고 감정을 가라앉히라는 뜻의 말이지, 내가 당신에게 가혹행위를 해서 제압하겠다는 의미의 말이 결코 아니다. 내가 조사받으면서 사용했던 '진정시키다'라는 용어 또한 그런 의미의 용어였을 뿐, 그 이상의 말도 그 이하의 말도 아니었다.

그런데도 법정에서는 내가 의도했던 의미와는 180도 다르게 '진정시키다'라는 용어가 '가혹행위를 통해 그들을 제압하도록 하라'는 뜻의 용어로 해석되었다. 그뿐만 아니라 내 입에서 나온 말은 모두가 명시적 또는 묵시적으로 가혹행위를 하라는 의미로 사용된 것으로 받아들였다. 다른 검사들이 수사관들에게 한 말은 모두가 적법한 지시였고, 내가 수사관들에게 한 말은 모조리 가혹행위를 하라는 의미의 불법적 지시였다는 말인가? 참으로 기가 막힐 일이었다.

감찰조사 과정이나 법정에서 수사관들은 모두 박기대, 이상철 살해사건을 수사할 당시 나로부터 한 번도 '진정시킨 후에 조사하라'는 말을 들어본 적이 없다고 진술했다. 그것이 진실이기 때문이었다.

법정에서는 나의 수사 진행방법도 문제 삼았다. 왜 검사실이 아닌 조사실에서 조사했느냐, 왜 담당검사가 직접 조사하지 않고 수사관들에게 조사를 맡겼느냐, 왜 피의자들을 상대로 바로 조서를 작성하지 않고 진술서부터 받았느냐, 진술서부터 먼저 받은 이유가 가혹행위를 통해 자백을 받은 후에 조서를 작성하기로 수사관들과 미리 역할 분담을 해놓았기 때문이지 않았느냐, 하는 것이었다.

그러나 나는 철저하게 그 당시의 수사 시스템에 따라서 수사를 진행했을 뿐이었다. 그 당시 대부분의 검사들은 중요한 인지사건을 수사할 때에는 사람들이 자주 드나드는 검사실보다는 조용하게 조사에만 집중할 수 있는 조사실을 이용했다. 당시 서울중앙지방검찰청의 인지부서들이 모두 그런 방법을 채택했고, 나 또한 대검찰청 감찰부의 조사를 받을 당시 감찰부의 검사실이 아닌 대검찰청 중앙수사부 조사실에서 조사받았다.

서울중앙지방검찰청 조사실의 구조와 대검찰청 중앙수사부 조사실의 구조는 동일하다. 그런데 내가 조사실을 이용하여 수사하면 위법이고, 다른 검사들이 조사실을 이용하여 나를 조사하는 것은 적법하다는 말인가?

그 당시 대부분의 검사들이 고소사건이 아닌 인지사건을 수사할 때에는 조서를 작성하기 전에 먼저 구두신문부터 하였다. 먼저 수사기관에서 파악한 사실관계를 토대로 구두로 조사를 진행하고, 증거관계로 추궁하고, 피조사자가 주장하는 사실관계에 대하여 소명할 기회를 주고, 그런 과정에서 조사자와 피조사자가 서로 사실관계를 정리한 후 진술서를 받고, 그 다음에 정식으로 조서를 작성했다.

특히 조직폭력배들은 검찰청에 인치되면 흥분하여 난동을 부리는 경우가 많기 때문에 그런 구두조사 과정을 통해 수사관들이 피조사자들과 함께 담배도 피우고 같이 식사도 하면서 인간적인 관계를 맺으며 그들이 흥분하지 않도록 달래야 한다. 그래야만 순조로이 조사를 진행시킬 수 있기 때문이다.

　내가 대검찰청 감찰부에서 조사받을 때에도 정식으로 조서를 작성하기 전에 먼저 구두로 조사받고 진술서부터 작성하도록 요구받았다. 내가 채택했던 조사방법과 대검찰청 감찰부가 채택했던 조사방법은 완전히 동일한 수사방식이었다. 그런데도 내가 그런 방법을 채택하면 위법이고, 다른 검사들이 그런 방법을 취하면 적법하다는 말인가?

　그리고 그 당시는 물론 지금도 주임검사가 전반적인 핵심사항들을 먼저 구두로 신문하고, 이를 토대로 담당계장이 조서를 작성한 뒤, 주임검사가 다시 피의자를 상대로 조서 내용을 확인하며 최종적으로 마무리하는 방법으로 조사가 진행되고 있다. 또한 그러한 조사방법이 적법하다는 것이 대법원 판례이기도 하다. 나도 똑같은 방법으로 조서를 작성했을 뿐이었다. 그런데도 내가 그런 방법으로 조서를 작성하면 위법이고, 다른 검사들이 그런 방법으로 조서를 작성하면 적법하다는 말인가?

　법정에서는 경찰에서 근무하다가 강력사건, 조직폭력 사건 수사를 위해 검찰청 직원으로 특채된 수사관들과 파견 경찰관들을 수사에 투입한 것도 문제삼았다. 그런데 그 수사관들은 내가 채용한 것도 아니고, 수사력을 보강하기 위해 대검찰청이 직접 면접을 보고 특채해서 서울중앙지방검찰청 강력부에 배치해 준 사람들이었다. 파견 경찰관들 역시 내가 파견 요청을 했던 사람들이 아니고, 내가 그 검사실에 배치되기 전부터 이미 그 검사실에 파견되어 근무하던 사람들이었다.

　그 수사관들과 파견 경찰관들은 오래전부터 검사의 지휘 아래 수사에 투입되어 왔으며, 나는 그런 수사 시스템에 따라서 수사를 진행했다. 대검찰청에서 제정한 운영지침에도 조직폭력 사건, 강력사건 수사에 그들을 투입하도록 규정되어 있었고, 그들에게는 사법경찰관리의 자격까지 주어져 있었기에 아무런 법적인 하자도 없었다. 사정이 그러했는데도, 그런 수사 시스템을 운용하다가 문제가 발생하니까 모든 책임을 나에게 전가하고 있었다.

그 당시 나는 서울중앙지방검찰청 형사 제3부에서 근무하다가 강력부로 재배치된 지 두 달도 채 되지 않은 상태였다. 그리고 문제의 박기대, 이상철 살해사건 수사는 강력부로 재배치된 이후에 실시된 첫 인지사건 수사였다. 그래서 나는 그들 수사관들이나 파견 경찰관들의 수사능력과 수사행태, 수사방법 등을 미처 정확히 파악하지 못하고 있었다. 그들의 수사능력 등을 정확히 파악하지 못했던 점은 수사책임자인 나의 잘못이었음이 분명하다. 그렇다고 해서 철저하게 당시의 수사 시스템에 따라서 수사를 진행했던 나에게 모든 책임을 떠넘기며 형사처벌까지 하겠다고 나와서야 되었겠는가?

법정에서는 밤샘수사에 대해서도 문제를 제기했다. 그 사건을 계기로 불구속 수사 관행이 정착되고 밤샘수사가 없어졌지만, 그 당시만 해도 검찰, 경찰을 포함한 대부분의 수사기관에서는 중요한 인지사건을 수사할 때에는 하룻밤 정도 밤샘수사를 진행했다. 무엇보다도 신병처리 기한에 쫓기고 있었기 때문이었다. 조사하는 사람들의 입장에서도 귀가도 하지 못한 채 밤샘수사를 하고 싶어서 했겠는가? 나는 밤샘수사 역시 철저히 당시의 수사 시스템에 따라서 진행했을 뿐이었다.

법정에서는 수사관들이 파주 S파 조직원들에게 취했던 신병보호조치도 문제 삼았다.

　조직폭력배들은 조사과정에서 언제 어떻게 돌변하여 무슨 짓을 할지 모르기 때문에 당시 수사관들은 조사하는 과정에서 그들로부터 불의의 위해(危害)를 당하지 않기 위해 그들로 하여금 신발을 벗도록 조치했다. 지금도 TV 뉴스 등을 보면 경찰관들이 흉악범들을 수사할 때 구두나 운동화 대신 슬리퍼를 착용하도록 조치한 채 조사를 진행하는 광경이 종종 등장한다. 애석하게도 그 당시 서울중앙지방검찰청 조사실에는 슬리퍼가 비치되지 않았지만 그 대신 시멘트 바닥 위에 두꺼운 카펫이 깔려 있었고, 아침마다 미화원들이 그 카펫을 깨끗하게 청소했다. 나도 구치소에 수감되면서부터 구두를 벗은 채 슬리퍼나 운동화를 착용해야만 했고, 재판을 받을 때에도 운동화를 신고 법정에 나가야만 했다.

　앞서 제3장에서 소개했듯이, 장안동 J파를 수사할 당시 피조사자가 걷어차는 바람에 이 수사관은 발목을 다쳐서 몇 달 동안 고생했고, 조 계장은 디스크가 파열되어 몇 달 동안 휴직을 해야만 했다. 박기대, 이상철 살해사건을 수사하면서 수사관들이 피조사자들로 하여금 신발을 벗도록 조치한 것은 그와 같은 불의의 위해를 예방하기 위한 단순한 신병보호조치였을 뿐이었다. 동일한 신병보호조치도 내가 취하면 가혹행위이고, 다른 사람들이 취하면 적법행위인가?

　가장 황당했던 것은 수사관들이 피조사자들에게 수갑을 채운 채로 조사를 진행한 것까지 문제를 삼은 것이었다.

　피조사자들이 수갑을 차고 있는 것을 보고도 주임검사가 왜 아무런 조치도 취하지 않았느냐, 그것이 가혹행위를 묵인한 것이 아니고 무엇이냐는 것이었다. 참으로 기가 막힐 일이었다. 그럼 살인혐의로 긴급체포되어 조사받는 흉악한 조직폭력배들에게 채워져 있는 수갑을 풀어주라는 말인가? 수갑을 풀어준 채 조사하다가 그들이 무슨 난동이라도 부리면 어떡하라는 말인가?

지금도 검사실에서 구속 피의자들을 조사할 때에는 모두들 피조사자들의 손목에 수갑을 채운 채로, 팔과 몸통을 호송줄로 묶은 채로 조사를 진행한다. 나 역시도 수갑을 차고 호송줄로 묶인 상태로 재판을 받으러 다녔다. 그 당시 수사관들이 피조사자들에게 수갑을 채운 채로 조사를 진행했던 것 또한 단순한 신병보호조치에 다름 아닌 것이다.

나는 법정에서 되물었다. 그럼 왜 나에게 수갑을 채우고, 슬리퍼나 운동화를 신도록 강요하는가? 나에게 무슨 도주의 우려나 난동을 부릴 위험이라도 있었다는 말인가? 당신들이 나에게 수갑을 채우고 신병보호조치를 하는 것은 적법하고, 내가 2건의 암매장된 살인사건에 연루되어 긴급체포된 흉악한 조직폭력배들에게 수갑을 채우고 신병보호조치를 하는 것은 가혹행위라는 말인가?

그렇다면 나로서는 도무지 이해할 수가 없으니 그 당시 내가 대체 어떤 신병보호조치를 취했어야 했는지, 내가 납득할 수 있도록 당신들이 한번 설명해 달라. 내가 그렇게 다그쳤지만 그들은 아무런 설명도 해주지 않았다. 달리 설명할 길이 없는 일이기 때문이었다.

지금 나는 나에게 아무런 잘못이 없다거나 나는 떳떳하다고 주장하는 것이 결코 아니다. 정기성 사망사건은 곽철진이 도주한 후에 일부 수사관들이 흥분했기 때문에 일어났던 우발적인 사고였다. 수사책임자로서 내가 그러한 수사관들의 심리변화를 제대로 간파하지 못했던 점은 백번 잘못한 것이었고, 어떠한 변명의 여지도 있을 수없는 일이었다. 그런 의미에서 나는 비난받아 마땅하고, 응분의 책임을 져야 마땅한 사람이었다. 그래서 나는 정기성 사망사건이 발생하던 순간부터 모든 책임을 내가 짊어지겠다며 마음의 각오를 단단히 다지고 있었다.

내가 하고 싶은 말은, 아무리 그렇다고 하더라도, 철저하게 당시의 수사 시스템에 따라서 수사를 진행했던 나에게 오래전부터 지켜져 내려오던 수사 시스템으로 인해 야기된 이런저런 결과들에 대한 책임을 모두 전가하며 형사책임까지 물어서는 안 되었다는 것이다.

나는 지금 그 모든 결과들을 전적으로 나 개인의 형사책임으로 돌리고, 나를 입만 벙긋해도 무조건 가혹행위를 지시한 것으로 몰아붙이고, 다른 검사들과 똑같은 수사방법을 사용했는데도 내가 사용했다는 이유만으로 불법이라 낙인찍고, 심지어 흉악한 조직폭력배들에게 수갑을 채운 사실까지 가혹행위로 몰아붙인 것은 분명히 잘못된 일이었다는 말을 하고 있는 것이다.

거듭 밝히지만 정기성 사망사건은 곽철진이 도주한 후에 일부 수사관들이 흥분해서 일어났던 우발적 사고였다. 마땅히 모든 책임과 비난은 수사를 지휘한 나에게 돌려져야 하는 것은 맞다. 그러나 법정에서 인정된 것과는 달리, 나는 결코 수사관들에게 가혹행위를 하도록 지시한 사실이 없었다. 그것이 진실이다.

다행히 재판과정에서 한 가지 진실이 밝혀지기는 했다.

정기성 사망사건이 발생하자 박기대, 이상철 살해사건으로 조사받고 있던 조직폭력배들 중의 한 명이 수사관들로부터 물고문을 당했다고 주장했고, 그것이 언론에 대서특필되었다. 나는 그 보도를 보고 깜짝 놀라 담당 수사관을 엄중히 추궁했다.

"언론보도를 보니 물고문이 있었다고 하는데, 대체 어찌된 일입니까?"

"물고문은 아니었고요, 곽철진이 도주해서 제가 좀 흥분해 있었는데 그자가 조사를 거부하며 바닥에 드러누워 잠을 자려고 하기에 잠을 깨우려고 얼굴에 물을 한 번 뿌렸던 겁니다."

나는 벽력같이 고함을 질렀다.

"이보시오! 아니, 아무리 그래도 그렇지, 어떻게 조사받는 사람에게 물을 뿌립니까, 물을? 나 하고는 첫 수사인데 이전에도 그런 식으로 조사를 해왔습니까?"

"그런 건 아닌데, 그때 곽철진이 도주한 뒤에, 제가 너무 흥분이 되어서 그만…. 죄송합니다."

눈앞이 캄캄했다. 경위 여하를 불문하고, 피조사자에게 물을 뿌린다는 것은 도저히 있을 수 없는 일이었다. 당장 형사처벌감이었다. 나는 더 이상 할 말을 잃고 말았다. 그야말로 엎질러진 물이었다. 나는 그런 사실을 까맣게 모르고 있었고, 언론보도가 맞는지 그 수사관의 말이 옳은지조차 판단할 수 없었다.

그 부분은 법정에서도 핵심쟁점으로 떠올랐다.

"그때 수사관으로부터 물고문을 당한 사실이 있었습니까?"

변호인이 증인으로 출석한 문제의 '물고문' 피해자에게 물었다.

"아니, 물고문을 당했던 건 아니고, 그냥 수사관이 제 얼굴에 물을 한번 뿌렸습니다."

"당시의 상황이 어떠했습니까?"

"제가 수사관에게 구두로 조사받다가 '나는 더 이상 할 말이 없다, 나는 잠을 잘 테니 알아서 하라'면서 바닥에 누워 눈을 감고 잠을 자려고 했습니다. 수사관이 계속 일어나라고 해도 저는 잠이 든 척하면서 계속 누워 있었습니다. 계속 그렇게 있는데, 갑자기 수사관이 얼굴에 수건을 덮더니 물을 한 번 뿌렸습니다. 그래서 제가 순간적으로 깜짝 놀라서 일어나려고 하니, 수사관도 덤비는 줄 알고 놀랐는지 제가 일어나지 못하도록 올라타서 제압했습니다. 그리고 바로 저를 일으켜 세웠습니다. 그것이 전부입니다."

"그러면 그때 물고문을 당한 것이 아니라, 증인이 조사를 거부하면서 잠을 자려고 하니까, 수사관이 잠을 깨우려고 물을 뿌린 것이 전부라는 말입니까?"

"예. 그것이 사실입니다."

"그런데 왜 물고문을 당했다고 말해서, 그렇게 언론에 보도가 되도록 만들었습니까?"

"제가 살인혐의로 조사받고 있었기 때문에 물고문을 당했다고 이야기를 하면 저에게 도움이 될 것 같아서 그렇게 과장되게 이야기를 했습니다. 죄송합니다."

문제의 '물고문' 피해자가 변호인과 재판장을 향해 정중히 고개를 숙였다.

그자는 그나마 마지막 양심은 있었던지, 아니면 자신의 허위주장으로 인한 파장이 너무 커지는 것이 겁이 났던 것인지, 유일하게 그 부분만큼은 사실대로 증언해주었다. 그것이 당시 언론에 크게 보도되었던 속칭 '물고문' 사건의 진실이었다. 그러나 그런 증언이 있었다는 사실은 언론에 보도조차 되지 않았다.

국화 밭에서

2심 판결에서 법정구속된 나는 서울구치소의 독방에 수감되었다. 그리고 대법원에서 상고하여 형이 확정될 때까지 4개월 동안을 거기서 지냈다. 이제는 그 모든 것들이 다 내가 받아들여야 할, 도저히 피할 수 없는 운명이라고 생각하니 오히려 마음이 안정되는 것 같았다. 철창 안에서 정해진 시간을 다 채우고 나가는 수밖에 달리 도리가 없었던 것이었다.

나는 하루 한 시간씩의 운동시간을 제외하고는 하루 종일 1평가량 되는 독방 안에 갇혀 있었다. 당시 나를 가장 곤혹스럽게 만든 것은 같은 동에 수감된 다른 피의자들과 수시로 마주쳐야 한다는 사실이었다. 피의자들 가운데는 내가 직접 인지수사를 해서 지명수배해 놓은 탓으로 뒤늦게 검거되어 구속된 자들이 제법 있었다. 그들은 오가는 길에 나의 독방을 들여다보며 무지막지한 욕설들을 내뱉었다.
"야 이 새끼야, 내가 너 때문에 구속됐다. 꼴좋구나, 이 새끼."
"야 이 개새끼야, 내 나가면 꼭 너를 죽여 버리고 말 거야."
"씨팔놈 그렇게 독하게 굴더니 꼬락서니 한번 좋구나."
 …

운동하러 가다가도, 면회하러 가다가도 그들과 마주쳐야 했다. 정말이지 곤혹스럽기가 짝이 없었다. 수감생활을 하는 동안 가장 견디기 힘들었던 일이 바로 그것이었다.

대법원에서 형이 확정된 뒤 나는 영등포교도소로 이감되었다. 역시 독방에 수감된 나는 낮에는 원예부에 배속되어 국화를 키우는 작업에 동원되었다. 아침 6시에 기상해서 수의를 입고 여름에는 밀짚모자를 쓴 채 국화 밭에서 삽으로 땅을 파고, 물을 주고, 잡초를 뽑았다. 그리고 겨울에는 빵모자를 뒤집어쓰고 수레를 끌면서 국화를 키우는 비닐하우스에서 사용할 난로용 연탄을 실어 날랐다.

다행히도 원예부에는 죄질이 나쁜 사람은 없었다. 모두들 사회에서 일정한 지위를 가지고 정상적인 생활을 영위하다가, 역시 가혹한 운명에 휩쓸려 수감생활을 하게 된 사람들이었다. 사람의 운명이란 참으로 알 수 없는 것이었다.

국화는 사군자(四君子)의 하나로 옛 선비들의 사랑을 받아온 꽃이었다. 다른 꽃들이 다 시든 후 서리를 맞으며 피어나는 고고하고도 강인한 꽃이었다. 나는 그런 국화를 바라보며 마음의 위안을 얻곤 했다. 하지만 지금은 국화를 그리 반기지 않는다. 국화를 대할 때마다 당시의 우울한 기억이 생생하게 되살아나기 때문이다.

밤이 오면 닥치는 대로 책을 읽었다. 사회, 경제, 역사, 종교, 소설 등 주제와 장르를 불문하고 닥치는 대로 읽어 내렸다. 일본어와 중국어도 공부했다.

그렇게 생활하는 가운데 나는 점점 불교에 깊이 빠져들게 되었다. 나의 인생을 되짚어볼수록 불교의 인연이라는 개념을 떠나서는 달리 설명할 길이 없었기 때문이었다. 그 어떤 인과관계를 상정하지 않고서야 박기대, 이상철, 정기성 등과 니와의 관계, 그리고 내가 겪어야만 했던 그 모진 세월을 어찌 이해하고 받아들일 수 있었겠는가. 정녕 전생에 무슨 업을 쌓았기에 내가 이런 고난을 겪고 있는 것이 아닐까 하는 생각이 많이 들었다.

나는 관세음보살이 그려진 달력을 벽에 붙여놓고 틈날 때마다 빌곤 했다. 박기대, 이상철, 정기성 등 3인의 원혼들이 부디 이승의 모든 원한을 풀고 극락왕생(極樂往生)하도록 해달라고 빌고 또 빌었다. 그리고 제발 나를 이 잔인한 업장으로부터 헤어날 수 있게 해달라고 간절히 기도했다. 나는 지금도 산을 오를 때면 꼭 인근의 절을 찾아가 그렇게 빌곤 한다.

당시에도 많은 검사들이 교도소를 찾아주었다. 친분이 있는 검사들은 물론 일면식도 없는 검사들도 곧잘 면회를 와서 따뜻한 위로와 격려의 말을 들려주곤 했다.

그럴 때마다 나는 한편으로는 감사함을 느끼면서도, 다른 한편으로는 애써 그들과 나의 입장을 구분해야만 했다. 그들은 검찰에 몸담고 있는 현직 검사들이었고, 나는 민간인이자 형기를 채우고 있는 죄수의 신분이었기 때문이었다.

'나는 더 이상 검사가 아니다. 직업도 재산도 없는 실업자에다 전과자의 낙인까지 찍힌 불우한 시민에 불과하다. 이제부터 내가 해야 할 일은 한 사람의 가장으로서 아내와 아이들을 부양하는 것이다. 그래. 앞으로 어떻게 살아갈 것인지만 생각하자.'

면회를 온 검사들이 돌아가고 나면 나는 그렇게 생각하며 스스로 마음을 다잡곤 했다.

그래도 가장 기다려지는 사람은 1주일에 한 번씩 꼭꼭 찾아오던 아내였다. 아내는 1주일에 한 번밖에는 면회가 되지 않아서 보다 자주 찾아오지 못하는 것을 늘 미안해했다.

그렇게 형기를 채운 뒤 나는 2006년 1월에야 모범수로 가석방되어 교도소 문을 나섰다.

다시 법조인으로

다시 집으로 돌아왔지만, 여전히 내가 할 수 있는 일은 아무것도 없었다. 나는 또 다시 하릴없이 방안에 틀어박혀 천장만 쳐다보고 있거나 홀로 이 낚시터 저 낚시터를 전전하며 시간을 보내야만 했다.

변호사법은 형 집행이 종료된 날로부터 5년 동안 변호사 개업을 하지 못하도록 규정하고 있다. 나의 경우 40대 후반이 되어서야 개업할 수 있다는 뜻이었다. 그때까지 처와 아이들을 어떻게 부양해야 할지 참으로 막막했다.

가족을 부양하려면 돈을 벌어야 하고, 돈을 벌려면 당장 어떤 회사에 취직이라도 해야 했지만, 변호사 자격도 없고 이미 40대를 넘어선 내가 갈 곳은 없었다. 하도 답답해서 변호사 사무실의 사무장 자리라도 알아볼까 생각해보았지만, 알량한 자존심 때문에 차마 그럴 수는 없었다.

책을 읽는 것도 신물이 났다. 주위에서는 미국으로 유학가라고 권유했지만 그럴 만한 경제적 여건이 못 되었다. 아무런 희망도 없이 끝없는 번민과 씨름해야만 했다. 이래서는 안 된다며 스스로를 무수히도 추슬렀지만 시나브로 나는 좌절해가고 있었다.

꼬박 2년을 무기력과 시름으로 흘려보내고 있던 나에게 마침내 한 줄기 서광이 비쳤다. 2007년 연말에 시행된 노무현 정부의 마지막 사면복권 조치로 나는 복권(復權)되었다. 그리고 이듬해 3월 나는 서초동에서 작은 변호사 사무실을 개업하게 되었다. 정기성 사망사건이 발생한 때로부터 무려 5년 4개월이라는 시간이 흐른 뒤에야 나는 비로소 법조인으로 되돌아올 수 있었다. 내가 박기대, 이상철 살해사건에 휘말린 지 무려 10년 만에야 비로소 그 끈질긴 인연의 굴레로부터 벗어나기 시작한 것이었다.

비록 검사의 신분은 아니었지만, 그리고 남들처럼 변변한 전관예우(?)도 기대할 수 없었지만, 나는 매일 아침 출근할 수 있다는 것과 무엇인가 할 일이 생겼다는 것, 그리고 내 힘으로 처와 아이들을 부양할 수 있게 되었다는 사실이 너무나도 기뻤다.

주위의 많은 분들이 축하해주었다. 그분들은 마치 내가 오랫동안 먼 곳으로 여행을 다녀오기라도 한 양 스스럼없이 대해주었다. 그런 고마운 분들의 성원에 힘입어 나는 서서히 예전의 모습을 되찾아가기 시작했다.

나와 함께 모진 시련을 겪어야 했던 계장들과 수사관들도 일부는 무죄선고를 받고 복직했고, 일부는 비록 천직으로 여기던 수사공무원 직을 떠나야 했지만 지금은 다른 분야에서 자리를 잡고 성실하게 살아가고 있다.

나는 단 하루 만에 검사의 신분에서 인생의 밑바닥까지 추락하는 쓰디쓴 경험을 하였다. 까딱하면 폐인이 될 수도 있었고, 인생을 포기한 채 스스로 생을 마감할 수도 있었다. 그러나 나는 그 모진 시련에 지쳐가면서도 언젠가는 그 시련이 반드시 끝날 것이라는 생각을 놓지 않았다. 혹여 지금 이 글을 읽고 있는 당신이 갑삭스레 밀어다친 모진 시련과 고통 속을 헤매고 있다면, 그리고 이 세상의 많고 많은 사람들 중에서 왜 하필 나에게 이런 고통과 시련을 안겨주느냐며 신을 원망하고 있다면, 나는 이런 말을 들려주고 싶다.

　이 세상에 고통과 시련 없이 인생을 살아가는 사람은 아무도 없다. 겉으로는 아무런 걱정 없이 살아가고 있는 것처럼 보이는 사람도 그 사람 나름대로는 자기 몫의 고통과 시련을 극복해가며 힘들게 세상을 살아가고 있다. 신이 왜 하필이면 나에게 이런 고통과 시련을 안겨주는 것일까 하는 물음에는 정답이 없는 것 같다. 다만, 어느 책에도 기록하고 있듯이 신은 인간이 감당할 수 있을 만큼의 고통과 시련을 안겨준다는 것만은 분명한 사실인 것 같다. 따라서 우리는 언젠가는 그 고통과 시련이 끝날 것이라는 믿음을 놓지 말고 그것과 싸우며 이겨나가야만 한다.

　돌이켜보면 나는 검사로 재직하는 동안 정의와 불의라는 이분법적 관점에서 인간사를 바라보았던 것 같다. 그러나 나는 그 모진 시련을 겪으면서, 그 과정에서 만났던 수많은 사람들을 통해서, 인간사라는 것은 정의와 불의라는 이분법적 잣대만으로는 재단할 수 없는 것이라는 사실을 알게 되었다. 그리고 대부분의 인간들은 완전히 선하지도, 완전히 악하지도 않은 사뭇 복잡한 존재라는 사실도 깨닫게 되었다.

　지금 나는 완전히 새로운 시각으로 인간사를 바라보고 있다. 사고방식도 몹시 유연해졌다. 그래서 그런지, 주위 사람들도 곧잘 내가 그 사건을 겪으면서 인간적으로 많이 성숙했고, 오히려 종전보다 인간적으로 더욱 친밀해질 수 있고 더욱 신뢰할 수 있는 사람으로 바뀌었다는 이야기를 들려주곤 한다.

정의란 무엇일까?

정의의 참모습이 칼과 저울을 든 정의의 여신 디케라고 한다면, 우리 인간들은 디케의 참모습을 보지 못한 채 디케의 뒤로 길게 늘어뜨려진 그림자만 바라보고 있는 것이 아닐까? 빛이 비치는 방향에 따라서 시시각각 그 모습이 바뀌어가는 그림자만 바라보면서, 그 그림자가 바로 디케의 참모습이라고 착각하고 있는 것은 아닐까?

나는 지금 변호사로 일하면서 새로운 인생을 열어가고 있다. 남들은 변호사 업무가 일종의 비즈니스라고도 하지만 나는 그렇게 생각하지 않는다. 변호사도 우리 사회의 양지를 넓히고 음지를 없애는 사람이라고 생각한다. 그래서 나를 믿고 찾아오는 의뢰인들에게 억울한 일이 없도록 최선을 다하려고 늘 노력하고 있다.

지금 나의 눈에는 과거에 검사로서 내가 알아왔던 정의나 법정 안에서의 제한된 정의, 혹은 모진 시련을 겪기 이전에 내가 알고 있었던 정의와는 다른 법정 밖의 정의와 세상 속의 정의, 인간사 안의 정의가 더욱 섬세하게 비치고 있다.

검사가 아니라도 할 일은 많다. 나는 여전히 가슴속에 뜨거운 정의감을 간직한 채 내 나름대로 범죄에 대항하고 있고, 억울한 사람들을 위해 일하고 있다. 나는 그 모진 시련을 통하여 얻은 소중한 경험들을 잘 활용해서, 그리고 그 경험들을 통해서 얻은 완전히 새로운 시각으로써, 이 세상의 양지를 넓히고 음지를 없앨 수 있는 일들을 더욱 많이 해나가고 싶을 뿐이다.

에필로그

지금 창 밖에는 서서히 아침이 밝아오고 있다. 과거는 지나가고 새로운 날이 시작되고 있다. 나는 이제 이 책을 마지막으로, 끈질기게도 나를 좇아왔던 인연의 끈들을 모두 풀어 과거로 흘려보내고자 한다.

오래도록 나의 의식을 사로잡아왔던 박기대와 이상철의 원혼들도, 불행하게도 불귀의 객이 되고 만 정기승의 원혼도 이제는 이 세상의 모든 은원(恩怨)을 잊고 영원히 나를 떠나 극락왕생하기를 간절히 바란다. 그리고 정기승과 그 유족들에게 다시 한 번 고개 숙여 사죄의 뜻을 전한다. 아울러 그 사건의 지휘책임을 지고 검찰을 떠나야만 했던 분들께도 고개 숙여 사죄의 말씀을 드리고 싶다.

지금부터 나는 오로지 앞날의 일만 생각하고자 한다. 앞으로 나는 모진 고통과 시련을 통해 터득해온 전혀 새로운 시각과 사고를 바탕으로 삼아 우리 사회의 양지를 넓히고 음지를 없애기 위해 최선의 노력을 경주해 나갈 것이다.

책을 닫으면서 한 가지 바람이 있다면 이런 것이다.
우리 사회는 눈에 잘 띄지 않는 곳에서 맡은 바 임무를 묵묵히 그리고 성실히 수행하고 있는 수많은 사람들의 노고를 제대로 평가해 주지 않는 경향이 있다. 가장 기본적인 일을 하고 있다는 이유 때문인데 그것은 잘못된 편견이다. 우리 사회는 가장 기본적인 일이 곧 가장 중요한 일이라는 사실을 인식하고 그들의 노고를 보다 높이 평가해주어야만 한다.

수사공무원들 중에서는 일반 형사사건, 강력사건, 조직폭력 사건을 담당하는 사람들의 경우가 그러하다. 그들이 처리하는 사건들은 세인의 관심을 사로잡는 공안사건들이나 특수사건들 못지않게 중요하고도 다루기 힘든 사건들이다. 업무를 수행하면서 그들이 부담해야 하는 위험의 정도도 매우 높다.

하지만 그들은 인사이동이나 승진 면에서 공안이나 정보, 특수, 기획 등의 업무를 담당하는 사람들에 비해 상대적으로 소외받고 있는 것이 오늘의 검찰과 경찰의 현실이다. 그래서는 아무도 그 임무를 기꺼운 마음으로 수행하려 들지 않는다. 나는 사회의 가장 기본적인 질서를 확립하고 유지하기 위해 묵묵히 일하고 있는 분들의 노고가 제대로 평가받기를 희망한다.

끝으로, 나는 내 인생에서 가장 어려웠던 시기에 함께 가슴 아파하며 나를 위로하고 격려해준 수많은 동료검사들과 무료 변론을 자청하여 오랜 시간을 함께 울고 함께 웃어 주었던 사법연수원 동기 변호사들, 그리고 나에게 음양으로 큰 힘과 위안이 되어주었던 수많은 시민들에게 감사의 말을 전하고 싶다.

그리고 나는 오랜 기간 동안 힘겨운 시련을 묵묵히 인내해 준 아내와 가족들에게도 감사의 뜻을 전하고 싶다. 내가 하루아침에 검사에서 피의자로 신분이 바뀌어 구속되는 광경을 지켜보던 심정이 오죽이나 했겠는가. 죄수 아닌 죄수가 되어 그 악몽 같은 나날들을 견디내면서도 아내와 가족들은 단 한 번도 나를 원망하지 않았다. 그들이 든든한 받침대가 되어주지 않았다면, 나는 그 가혹한 시련과 고통을 이겨낼 수 없었을 것이다. 나는 그들에게 크나큰 빚을 졌다. 남은 평생을 두고 그 빚을 차근차근 갚아나갈 작정이다.

2013년 7월
서재에서 새벽을 맞으며 씀

어느 칼잡이 아내의 이야기

2001년 봄 즈음이었던 것으로 기억된다. 둘째 아이가 채 백일도 되지 않았을 무렵 토요일 오전이었다. 나는 감기몸살이 너무 심했고 아이를 업은 채로 쓰러질 것 같았다. 한 번도 그런 부탁을 해본 적이 없어 할까 말까 망설이다가 남편의 사무실로 전화했다. "오늘 좀 일찍 퇴근하면 안 돼요? 나 정말 쓰러지겠어." 당시는 토요일이 휴무가 아니었고 정상적으로라면 그이는 오후 1~2시면 퇴근해야 했다. 그렇지만 그이는 몇 년 새 토요일마저 한밤중에라도 들어오면 고마울 지경이었다. 그이는 내 부탁을 까맣게 잊은 건지 저녁 먹을 즈음 들어왔다. 당장 친정에 가고 싶었.

그이는 그렇게 일에 몰두했다. 특히 1998년 해외연수에서 돌아온 이후부터는 주중에 아이가 잠들기 전에 들어오는 적이 거의 없었다. 자정 즈음 들어와 새벽 2시에 다시 나가기도 하고, 2~3일씩 집에 들어오지 않기도 했다. 그래도 그이는 씩씩하게 토요일 오후에 잠깐 눈을 붙이고 밤낚시도 가고, 다음날 일요일 오전에 집에 들어오면 아이랑 놀아준다고 다시 가족 나들이를 나갔다. 엄청난 체력과 정신력에 탄복하면서, "야근수당이라도 좀 받아와 보라"고 일찍 들어오란 말을 내신히 수밖에 없었다. 국민이 낸 세금을 받고 일하는 공무원이니 공무가 우선이고, 또 그렇게 열정적으로 일하는 사람을 방해하는 것은 예의가 아니라는 생각이 들어서 그랬다.

그이는 몇 번인가 나에게 그 당시 수사 중이던 사건들의 수사과정을 들려주었다. 조직폭력배들이 불법 오락실과 룸살롱, 기업까지 운영하면서 노골적으로 소상인과 서민들을 갈취하고 폭력을 휘두르는 이야기를 들으면서 같이 흥분하기도 했고, 모종의 회유와 압력 앞에서 눈에 불을 댕기고 긴장하는 그이의 모습에 가슴을 졸이면서 말없이 응원하기도 했다. 그리고 박봉에 밤을 새우는 경찰관 분들에 대해 함께 미안해하기도 했다.

그래서인지 둘째 아이는 돌이 지나도록 되도록 아빠 얼굴을 익힐 시간이 없었다. 아빠에 대해 별로 관심이 없었고, 아빠가 낮잠을 자야 가까이 가서 아빠 얼굴을 진지하게 관찰하곤 했다. 사실 나는 그 당시 그이가 무슨 사건을 해결하느라 그렇게 집에도 안 들어왔는지 정확히 몰랐다. 원망도 좀 했다. 아이 둘을 혼자 돌보면서 박사학위 논문 준비하랴, 대전, 천안으로 강의하러 다니랴 숨이 막힐 지경이었다. 나중에 그 사건이 터지고 〈추적 60분〉을 통해 그 때 그이가 무슨 사건을 수사 중인지 알게 되었다.

바로 그 사건이 터지던 날까지도 그이는 1주일에 2~3번 집에 들어오곤 했다. 2001년 겨울 우리는 신림동에서 친정이 있는 멀리 파주 근처의 일산 탄현동으로 이사했다. 해마다 뛰는 전세값을 따라잡기 어려웠던 것이 가장 큰 이유였고, 친정엄마의 도움이 필요하기도 했기 때문이었다. 그때 신림동에 살다가 둘째를 낳았는데, 그이 도움도 없이 혼자서 아이를 돌보면서 일하는 것이 너무 힘들었다. 탄현동으로 집을 옮기자, 그이는 서울중앙지방검찰청까지 출퇴근에 4

시간씩 걸린다면서 아예 집을 들어올 생각도 안 하는 모양이었다. 전임검사가 물려주었다는 간이침대 아니면 근처 사우나에서 잠깐씩 눈을 붙인다고 했다. 며칠씩 집에 들어오지 않을 때는 가끔 새로 손질한 와이셔츠들을 퀵서비스로 보내주기도 했다.

2002년 추석 때 즈음 정신을 차리고 보니, 그이가 거의 잠을 못 자면서 일을 한 지가 2달이 넘었다. 그이를 못 챙겨 준 것이 너무 미안했다. 그러다가 쓰러질까 싶은 생각이 들 정도였다. 사건은 추석이 지난 뒤 한 달여 만에 발생했다.

그 사건 다음날 일요일 저녁, 그이로부터 당분간 집에 들어가기 힘들다는 짤막한 전화를 받았다. 수사 도중 피의자가 사망했다는 것이다. 그런 일이 있을 수 있나? 피의자는 왜 사망했을까? 꼼꼼하고 차분한 그이가 어쩌다가? 얼마나 파장이 커지려나···. 머릿속이 복잡했다. 사건이 터지고 난 뒤 그이와는 하루나 이틀에 한 번도 통화하기 힘들었고, 나도 뉴스를 통해서만 그이에 관한 일들을 들을 수밖에 없었다. 설상가상으로 사건이 난 뒤 이틀 후 나는 세 번째 아이를 가졌다는 걸 알게 되면서 머리는 더 복잡해졌다. 그이에게는 사흘 뒤에나 소식을 전할 수 있었다. 평소 아이들을 좋아하는 그이는 그 와중에도 임신소식이 너무 반가운 모양인지 껄껄거리고 웃었다. "나야 좋다만, 근데 니는 우짜노?"

그리고 다시 며칠 후 서울중앙지방검찰청 근처 병원에서 누워 있는 그이를 만나게 되었다. 한참 링거를 맞고 깨어나더니 이제야 좀 정신이 든다고 했다. 꼬박 사흘 동안 거의 잠을 자지 못하면서 조사를 받았단다. 그날과 그 전날은 자신이 감찰 담당검사한테 무슨 말을 하는지도 모르겠고 생각 자체가 안 되고 머릿속이 텅 비어 있더라고 했다. 자신의 실수에 대한 자책, 그리고 자신의 실수가 부풀려 공개되는 데 대한 당황스러움, 거침없는 질타, 갖은 욕설, 비아냥거림으로 연속된 감찰조사 과정에서 느낀 굴욕감을 드문드문 이야기하는데, 도무지 뭐라고 말해야 할지 몰랐다. 난생 처음 당해보는 지독한 치욕과 수모, 욕설들이라고 하였다. 모두 처음 경험하는 남편의 감정들이었다. 눈물을 보이면 안 될 것 같아 꾹 참고 있었는데, 내가 해도 모자랄 위로를 그이가 해주니 주르르 눈물이 흐르고 말았다. 그 다음에 그이를 본 것은 그이가 성동구치소로 떠나던 한밤중이었다. 학교 연구실에서 그이에 대한 구속영장 발부 여부를 오후 내내 기다리다가, 결국 근처 봉천동 시장에서 내복 2장을 급히 구입해 대검찰청으로 가서 그이에게 건네주게 되었다.

　그이가 구치소로 들어간 다음날 밤, 나는 태어나서 그렇게 오래도록 큰 소리로 울어보기는 처음이었던 것 같다. 친정엄마는 내가 어렸을 적부터 참을성이 많다고 늘 칭찬해 주셨고, 내가 생각하기에도 늘 그렇게 비슷하게 살아온 것 같았는데, 아니었나보다. 그리고 다신 울지 않겠다고 맘먹었다. 그이에게 면회를 가서 늘 정신 똑바로 차리자고, 난 아무렇지 않다고 독려했다. 나에게 미안해하는 그이 표정을 보는 게 싫었기 때문이다.
　사건 이전이나 그 이후나 정의가 양적으로 늘어난 것 같지 않았다. 피의자들에 대한 정의는 분명 증가했는데, 대신 그이는 정의 밖에 서 있어야 했다. 역사 이래 억울하게 살다 간 사람이 어디 한 둘이랴. 충성, 효도, 의리, 아무리 좋은 이념이더라도 그 이념을 내세워 권력을 휘두르는 이들이 있기 마련이고, 개인이 희생당할 수도 있는 것 아니냐. 세상은 말없이 나한테 눈치를 주는 것 같았다. 정말 아무도 진실을 눈치채지 못했고 관심도 없을까.

역시 많은 분들은 그렇게 생각하지 않았다. 만약 그때 그이를 격려해주시는 분들의 전화와 따뜻한 말을 듣지 못했더라면, 나는 아무런 희망도 없는 어둠 속에서 숨을 죽이고 있어야만 했을 것이다. 학교 은사님, 생면부지의 병원장님, 전혀 누군지 이름도 모르는 분들, 그리고 독지가 할머님 등. 그리고 그이를 위한 인터넷 카페를 개설한 분들과 카페 회원 분들을 보면서 어떻게든 희망을 가지고 힘을 내야겠다고 마음먹을 수 있었다. 카페에 올라온 글을 읽고 또 읽으면서 스스로 마음을 다잡고 그이에게 전해주기도 했다. 장학재단을 운영하시는 그 할머님은 굳이 나를 부르셨다. 당신과 남편이 참 많은 고생을 하시면서 모은 돈을 가정형편이 어려운 학생들을 위해 쓰시는 분이셨다. 내 손을 꼭 잡으시면서 힘내라고 위로해 주셨다. 그 후 그이의 첫 공판 때 할머님은 불편한 다리를 이끌고 법정에 참석해 주셨다. 또 신문 지면에서 연수원 동기 분들이 그이를 돕겠다고 나섰다는 기사를 접하면서 나는 다리에 힘을 줄 수 있었다. 여러 변호사님들은 진심으로 따뜻한 격려와 조언을 주시면서 그이를 무료로 변론해 주셨다.

남을 돕는다는 것이 그렇게 쉬운 일이랴. 사실 안 해도 그만인 것을. 번거롭게 누군가에게 우리 집 전화번호를 물어보아야 했을 것이고, 만난 적도 없는 나에게 말을 걸고 위로해 줄 용기가 있어야 했을 것이고, 본인의 일도 바쁜데 시간을 쪼개다보면 자신의 이익을 희생하기도 해야 했을 것이다. 나는 그분들을 통해 스스로를 반성하며, 그이가 나오면 반드시 함께 남들을 도우면서 살아야 하겠다고 마음먹지 않을 수 없었다.

그이에게 면회가서 이제 난 차분해졌다고 큰소리쳤지만, 사실 그이가 언제나 나올 수 있을까 하루하루를 목 빠지게 기다렸다. 희망에 귀를 쫑긋 세우는 내 꼴이 마치 먹통이 된 수화기를 든 것처럼 한심하게 느껴질 때도 많았다. 그이가 보석으로 나올 것이라는 기대는 버릴 수도 없었고 가질 수도 없었다. 금방 다시 만날 수 있을 것이라고 서로 위로할 수도 없는 상황에서, 나는 그이가 하루 종일 독방 안에서 읽은 책 이야기를 들어주거나 아이들 소식을 전해주면서 딴소리만 늘어놓는 것이 전부였다. 드디어 구치소에 들어간 지 3개월이 지난 즈음 그이가 보석으로 나올 수 있었다. 내 마음은 경망스럽게도 다시 희망을 붙들었고, 언젠가는 정황의 진실이 밝혀질 거라고 믿었다.

그이가 출소하자마자 우리는 절을 찾아가서 망자를 위한 제를 올렸다. 막상 제를 올리는데 사망한 그 사람에게 얼마나 미안했던지. 그동안 그이의 상황 때문에 사망한 그 사람에 대해 정말 진심으로 많이 미안해하지 못했다는 걸 그제야 깨달았다. 그 동안 내가 사망한 그 사람을 제대로 생각해주지 못했구나, 내가 얼마나 모질고 생각이 없었던가, 가슴이 철렁했다. 그이가 다시 사회생활을 하게 되면 다른 사람들에게 봉사하는 것으로 그 빚을 갚자고 다짐하는 것이 사망한 이를 위해 할 수 있는 전부라고 생각하니 더욱 미안했다. 아마도 그 사람은 내가 평생 가슴속에 가지고 갈 수밖에 없을 것이다.

그이는 출소 이후 그날의 상황을 직접 조사하기도 하고 또 같이 근무했던 수사관들을 위로하기도 했다. 그때 그이와 함께 기소되었던 검찰청 계장님들 중에는 원래 그이 사무실 소속이 아니었고 그날 너무 많은 피의자들이 체포되어 오는 바람에 일손이 모자라 옆 사무실에서 부탁을 받고 조사에 참여했던 분들도 있었다. 피의자 사망과 직접적인 관련도 없었다. 그분들 입장에서 보면 공연히 오지랖 넓게 그이를 도와주려다 날벼락을 맞은 셈이었다. 또 한 분의 수사관은 그이가 그 전부터 수사능력이 탁월하다고 칭찬하던 분이었다. 피의자가 사망한 다음 날 그분은 결혼식을 올리게 되어 있었다. 그 일이 발생하기 며칠 전 그이가 언제 집에 들어올지 몰라서 그런다면서 미리 축의금 봉투를 준비하고 출근했던 것이 기억난다. 그 수사관 분은 결혼식 이틀 전 오후 늦게까지 검찰청에서 근무하다 바쁜 일손을 돕지 못해 매우 미안해하면서 퇴근했다고 한다. 그리고 신혼여행에서 돌아오자마자 바로 감찰조사를 받고 재판을 받아야 했다. 남편이 가장 미안해하는 분들이다. 모진 놈 옆에 있다가 날벼락을 맞았다고 원망할 만도 하지만, 몇 시간이나마 한 팀을 이루었다는 책임감에 아무도 그런 말은 서로 주고받지 않는 모양이었다.

그이는 법정에 제출할 서류들을 준비하면서 전에는 몰랐던 많은 것들을 느끼는 듯했다. 설령 죄가 있다고 하더라도 자신의 죄가 부풀려지면 얼마나 당황스러운지, 적절한 죗값보다 무거운 형량이 떨어지면 얼마나 억울한 느낌이 들 수 있는지, 자신도 억울한데 법을 잘 모르는 일반인들은 얼마나 피해를 당할 것인지, 천장을 쳐다보며 끌탕을 하곤 했다.

그때 가장 견디기 힘들었던 점은, 하필이면 왜 우리에게 이런 일이 벌어졌을까 하는 짐이었다. 이런 식의 질문은 인생을 배우는 올바른 길이 아닐 것이라는 것이 생각이 들면서도 그 생각에서 헤어

나오기는 정말 힘들었다. 그이에게 검사가 천직이라고 생각했기에 더욱 그 생각에서 벗어나는 것이 힘들었다.

처음 그이를 만났을 때 그이는 사회의 정의에 대해 길게 이야기했다. 학부 시절 선후배, 친구들과 이야기했던 민주주의, 분배의 정의와 같은 거창한 사회적 정의가 아니었다. 민생, 치안과 같이 내게는 낯선 정의의 소재들에 대해 이야기했다. 더구나 내 머릿속 검사는 신문 지면상에서 보는 정치사건과 관련된 검사 정도가 전부였기에 더욱 생소했다. 내가 그렇게 느끼는 걸 아는지 모르는지, 초임검사였던 그는 매우 진지했다. 그러나 그이와 만나는 횟수가 늘어나면서 나도 그이의 정의감에 점차 공감하기 시작했다. 취미가 등산과 낚시, 음악감상이고, 첫 미팅을 나오면서 당시 복학생들이 애용했던 직사각형의 인조가죽 가방을 멘 채 시아버지가 매지 않고 버려두었던 것이라는 황당한 넥타이를 매고 나오던 사람. 그 사람 자체를 믿으면서 그 사람의 행동과 사고도 믿게 되었기 때문일 것이다.

일하는 방식도 그랬다. 그이는 가끔 나에게 기억력이 그렇게 안 좋으냐고 핀잔을 주고, 내게 일을 부탁해 놓고서도 제대로 일을 처리하는지 어떤 때는 몇 번씩이나 확인해서 날 화나게 만들었다. 그럴 적마다 나는 '검사가 참 적성이다'라면서 화를 누르곤 했다. 그랬기에 큰일을 당하고 어깨에 힘이 빠져 집에서 서성거리는 그이의 모습에 더욱 마음이 저렸다. 그이는 하루하루를 온전히 집안에서만 지냈다. 밖에 나가는 건 운동하러 나가거나 사우나를 가는 것이 거의 전부였다. 집에 갇혔구나 하는 생각이 들었다. 무슨 생각인지 나한테 한 번도 짜증내지 않고 신경질을 부리지도 않았다. 무덤덤한 표정이었다. 궁금해서 "화 안 나? 짜증날 텐데 …"라고 물어보면 웃기만 했다. 평소 말이 많지 않고 감정을 잘 드러내지 않아 답답할 때도 있었지만, 이렇게 힘들 때는 그 성격이 스스로를 다스리는 위력을 발휘하는구나 싶기도 하고, 아니, 속으로 조용히 썩고 있는 건가 싶기도 했다. 위로하면 힘이 될지 자존심에 상처를 낼지 그마저 조심스러웠다.

이제 더 나아지는 일만 남았을 것이라고 생각하며 1년 반을 지냈다. 그 동안 첫째는 학교에 입학했고 셋째는 돌을 지냈다. 몇 차례 공판을 거치고, 항소심 판결이 나오기 전날 밤, 우리는 잠자리에 나란히 누워 서로 좋은 이야기만 나누었다. 우리를 도운 분들에게 어떻게 답례를 할지, 그리고 어떻게 해야 사망한 그 사람에게 용서를 구하는 게 될지, 여기에 오기까지 우리가 뭘 잘못 생각하고 행동해 왔는지, 앞으로 어떻게 행복하게 살아갈 것인지. 수십 번도 넘게 하던 일상적 이야기들이었는데 갑자기 눈물이 났다. 왜 그랬는지, 그때는 잘 몰랐다. 아마도 그 다음날 법정구속이 될 거라는 걸 내 머리보다 몸이 먼저 알고 있었을까. 나중에 생각해보니 그이는 아마 그때 법정구속이 될 것이라고 이미 생각했던 것 같았다. 그는 차마 그런 이야기는 하지 못한 채 나한테 마음의 준비를 시켰던 것 같다.

다음날 그이는 법정구속되었다. 나란 사람은 태어날 때부터 원래 이렇게 냉정한 세상을 만나도록 정해진 건데 여태 몰랐던 것일까. 주어진 상황에서 겨우 행복을 찾아내 익숙해질 만하면 다시 압수당하고 또 압수당하고. 가슴이 떨렸다.

대법원으로부터 최종판결이 나왔다. 그간 1심부터 판결문을 받았지만, 판사가 그가 여러 번 제출했던 그날의 정황을 고려했는지 혹은 읽어나 봤는지 그 어떤 흔적도 찾을 수 없었다. 그이는 2천 페이지가 넘게 그 사건에 대해 기술했는데, 그이가 제출한 자료에 대한 판단은 어디에도 없었다. 나는 판사가 그이의 말이 틀렸다고 생각하면 왜 틀렸는지, 왜 믿을 수 없는지 그 이유를 써줄 줄 알았는데 실망했다. 처음 판결문부터 마지막 세 번째 판결문까지 동일한 이야기만 계속되었다. 그이가 검사로서의 임무를 소홀히 했고 그 모든 일을 사실상 지시한 거나 마찬가지라고. 판사는 피의자 사망사건 수사 당시 검거되었던 여러 피의자들의 이야기만 귀담아 들을 줄 알았지, 그이에게는 귀를 닫았다. 2개 달린 귀를 한 쪽만 사용하는 건지, 참 원망스럽고 막막했다.

그이는 형이 확정된 뒤 교도소에 수감되었다. 시댁 어른들께도 얼굴을 들 수 없었다. 큰아이한테는 또 뭐라고 둘러대야 할지…. 교도소에 처음 들어가면 면회는 1주일에 1번씩만 허용된다. 좀더 자주 그이를 보면서 마음을 굳게 먹도록 도와야 할 텐데 하는 생각에 애가 탔지만 어쩔 수 없었다.

그이는 교도소에 들어간 뒤 이제 아이들에 대해 묻지 않았다. 1년 반 전 구치소에 있을 때에는 그이가 늘 아이들이 보고 싶어 어쩔 줄 몰라 하면서, "아, 애들이 참 보고 싶다"고 중얼거렸다. 그이는 첫째는 며칠간 무엇을 하고 지냈고 둘째는 말이 얼마만큼 늘었는지 물어보곤 했다. 그때는 정말 아이들한테 미안했다. 그이 일에 신경이 쓰이다보니 아이들에게 그 전만큼 마음을 써주지 못했다. 뱃속에 있는 셋째에게는 좋은 태교는커녕 아직 몰라도 좋을 곳들을 서슴지 않고 다니면서 구경시키는 것이 더욱 미안했고. 그때 6살이었던 큰아이는 아빠가 1주일이 넘어도 집에 들어오지 않자 자주 아빠를 찾기 시작했다. 일단 아빠가 갑자기 급한 일이 생겨 미국에 갔다고 했다. 아이는 아빠를 보러 미국으로 가자고 졸라댔지만, 더 좋은 거짓말이 생각나지 않았다.

이제 그이는 아이들에 대해 전혀 묻지 않았다. 그래도 궁금할 텐데 싶어 가끔 이야기를 들려주면 묵묵히 아래를 보면서 가끔 미소를 지을 뿐이었다. 그이는 1학년인 큰아이에게 가끔 편지를 보내곤 했다. 큰아이는 이번에도 또 작별인사도 안하고 미국으로 훌쩍 떠나버린 아빠를 찾았고, 이젠 미국으로 아빠를 만나러 갈 제법 구체적인 계획을 세우면서 그 계획을 세우기 위해 나한테 꼬치꼬치 묻기도 했다. 한 번은 큰아이가 나에게 이메일을 보낸 적이 있다. 자기 마음을 몰라준다고. 그러면서 아빠에 대해서도 언급했다. "아빠 생각도 나고. 다니는 학원에서 1년 안에 이루고 싶은 일을 쓰라고 했어. '난 아빠 만나고 싶다'는 거 썼거든. 그 다음 장에는 그것들을 이루려고 하는데 못하게 가로막는 것을 쓰라고 했어 … 난 '시간이 너무 길다, 아빠가 안 돌아올지도 모른다는 생각도 들어서 좋지 않다'라고 썼어. 해결방법을 썼는데, 뭐냐 하면 '즐겁게 기다리기, 다른 것 하면서 기다리기'로 썼었어"라고 했다. 짐작했던 것보다 아빠를 많이 생각하는 모양이었다.

나는 그이에게 여러 분야의 책도 넣어주고 속옷도 넣어주었다. 그게 지금 그이를 위해 할 수 있는 일의 전부였다. 그이에게 뭘 더 해주지 못하는 마음이 답답했다. 6개월 후 나는 박사학위논문 심사를 치르자마자 조용한 절로 찾아갔다. 스님께 사연을 대강 말씀드리고 3천 배를 하겠다고 하니, 5천 배를 하라고 하신다. 저녁 8시 즈음 절을 시삭했다. 옆에서 절을 드리던 보살님이 "그런 자세로는 108배도 힘들겠다"며 절하는 자세를 잡아주셨다. 훨씬 수월해졌다. 새벽 3시를 넘기니까 이젠 다리가 아픈 것도 잘 못 느끼고 다리가 저절로 굽는 것 같았다. 스님께서 중간 중간 독경을 하면서 아무 생각도 하지 말라고 하셨다. 그렇게 몸을 못살게 구는데도 그놈의 생각, 잡념은 아침까지 드문드문 계속 일어나는 것 같았다. 아침 8시를 넘겨 겨우 3천 배가 끝났다. 말끔하게 차리고 온다고 새로 산 양말을 신고 갔는데, 뒤꿈치에 구멍이 난 걸 보니 뭔가 했다는 뿌듯함은 있는데 … 절을 하기 전이나 하고 난 후나 내 영혼의 질은 별 차이가 없는 듯했다. 오히려 마음은 더 허전하기도 했다. 스님은 이렇게 5천 배를 한다고 해도 내 업보는 끝날 수 없다는 걸 가르쳐 주시려고 했던 것일까. 다시 학교도 가야 하고 아이들도 돌봐야 해서 일단 집에 돌아왔다. 다음날 다시 절에 가서 2천 배를 마저 했다.

그리고 8월 말 즈음 나는 드디어 박사학위를 받았다. 내 나름대로는 전력을 다해 얻은 성과인데, 그이가 옆에서 흐뭇하게 지켜보지 못한 게 아쉬웠다. 그이도 내 공부에 간접적으로 기여해 주었다. 그는 "그렇게 재미없는 공부를 어떻게 직업으로 삼을 수 있느냐"면서도, 박사과정 내내 박봉에서 학비랑 아이를 맡기는 비용도 떼어 내어줬다. 내가 바쁘면 주말에 틈틈이 아이들도 봐주고. 그이가 골프를 전혀 해본 적이 없다는 건 박봉으로 살아가는 공무원으로서 당연한 일일 수도 있었지만, 군소리 없이 내 공부 뒷바라지를 해주는 터라 나는 종종 미안했다. 그래서 나는 커피 전문점에서 여유롭게 커피를 마시는 건 꿈도 못 꿔봤고, 영화관도 결혼 이후에는 몇 번 가본 적이 없는 것 같다. 어쩌면 나도 그이도 자신의 일에 너무 바빠

서로 조심하라고 주의를 주지 못해서 그런 일이 일어났을지도 모르겠다.

다시 몇 개월 후 나는 다시 그이의 손을 잡아볼 수 있었다. 만기 출소를 2개월인가를 남겨두고 모범수로 가석방된 것이었다. 오랜만에 느껴보는 그의 따듯한 손이 새삼 반가웠다. 그리고 가택연금은 또 지루하게 오래 지속되었다. 언제 끝날지도 몰랐다. 한창 일할 나이에 집안에 들어앉아 있는 그이를 보면 정말 마음이 편치 않았다. 기죽지 말라고 별거 아닌 반찬이지만 꼭 5가지 이상을 식탁 위에 놓으려 애썼다. 아무 티도 안내는 그이의 가슴이 오죽할까 싶어 훌쩍 밤낚시를 떠나도 말리지 않았다.

출소한 뒤에도 그이는 변호사 개업을 할 수 없었다. 법에 의하면 그이는 큰아이가 고등학교에 들어가서야 다시 사회생활을 할 수 있었다. 그때까지 어떻게 무엇으로 먹고 살며, 그 오랜 시간 동안 아무 일도 안하다가 다시 사회생활을 제대로 할 수 있을까. 암담했다. 너무 암담해서 우리는 되도록 너무 진지하게 그 일을 의논하지 않았다. 뚜렷한 대안도 없이 생채기만 낼 것 같았다. 마치 무더운 한여름, 더위가 언제 가실는지 생각조차 할 수 없는 그런 날이 지속되었다. 그래도 어느 날 아침 찬 공기가 느껴지기 마련이다. 2007년 태어나서 가장 즐거운 연말을 맞았다. 그이가 사면된 것이었다.

오르락내리락 하는 인생을 지나자니 너무 기뻐하는 것도 한심하고 슬퍼하는 것도 한심하다는 걸 알면서도, 그래도 기뻐하지 않을 수 없었다. 아마도 현기증이 나는 수직강하와 수직상승을 맛보이서 그럴까, 그리고 그런 눈으로 세상을 바라보는 데 점점 익수해져서일까, 그 답이 안 나오던 질문, '왜 하필 나한테 이런 일이 생겼을까'라는 의문은 삶으로 내 몸으로 녹아들었다. 25년 전 쯤 새내기 대학생 시절 '인류학개론' 시간에 들었던 이야기가 생각난다. 어떤 서양 의사가 비문명권의 부족을 방문해서 아픈 아이를 치료했다고 한다. 그 어머니는 아이가 왜 그런 병에 걸렸는지 물었다. 의사는 의학적으로 설명해 주었다. 그러자 그 어머니는 재차 질문했다. "내가 묻는 건 왜 하필 우리 아이가 그런 병에 걸렸느냐는 겁니다"라고. 문명 안에 있건 그 밖에 있건, 정말 궁금한 질문이다. 내가 그만큼 잘못해서? 라고 물었는데도 답이 안 나온다. 운이 나빠서? 그건 정말 안 들은만 못하게 답답한 대답이다. 아마도 그이와 나는 그이의 직업에 대해 늘 해야 할 일을 정하고, 그리고 성실하게 그것을 수행하고, 그래서 국민들이 편안하게 되는 것, 양지가 넓어지는 것만 생각했을 뿐, 늘 따라다니는 그림자는 생각하지 못해서 그날의 사건을 이해할 수 없었을 것이다. 마치 운전을 하면서 교통사고에 대해서는 전혀 생각하지 않는 것처럼. 지금 생각해보면 그 일이 하필 그이에게 발생했던 것은 하필 우산을 챙기지 않은 날에 비가 오는 것과 별반 다름이 없는 것 같다. 그러나 그때는 논리적으로만 그런 생각이 떠오를 뿐 전혀 소화되지 않았다.

  이제는 감정적으로 원망스럽거나 억울하지 않다. 정확히 말하자면 물론 그때의 불편한 감정들이 남아 있지만, 일을 그르치지 않고 정리할 만큼 고요하다. 아직도 그 시간들이 모순으로 느껴지면 글이 뒤죽박죽이 될 텐데 그래도 글을 쓸 만하다.

남편의 일을 단지 옆에서 지켜보기만 했던 내가 굳이 그이가 자기 일을 쓴 책에 이렇게 사족을 다는 이유는 세 가지이다.

우선 출판사 사장님과 주필님의 권유가 있었다. 그이는 감정을 절제하고 사건 보고서처럼 이 책을 쓰려고 했다. 남을 탓하기보다는 자신을 탓하려고 했다. 냉정한 만큼 믿음도 간다. 그이의 성격이기도 하다. 그런데 출판사에서는 그가 쓴 굵은 줄거리에 대해 소소하고 생생한 이야기가 있으면 더 독자들이 이해하기 쉬울 거라고 나한테 권하셨다.

죽음 혹은 이별을 통해 사람을 떠나보낼 때에는 마음을 정리하고 유물을 정리한다. 씻김굿 같은 일종의 물리적 의식이 필요한 것이다. 이 글이 그이가 과거를 정리하는 데 그렇게 도움이 되었으면 한다. 그이는 그 사건 이후 지금까지 한 번도 자신의 입장을 공개적으로 드러낸 적이 없었다. 그런데 10년이 지난 지금에도 사건의 실체도 모른 채 그 사건 당시의 일방적인 언론기사들을 짜깁기를 해서 다시 왜곡된 상황을 재생산해대는 글들을 계속 지켜보면서 더욱 그럴 필요를 느꼈다. 우리 부부 그리고 진실을 무의식중에 외면한 이들뿐 아니라, 우리 사회에 정의가 성장하기를 바라는 모든 이들에게 이 책에 담긴 진실의 국면들이 민들레 씨앗처럼 여기저기 퍼져 좋은 결실을 맺기 바란다. 그 사건을 계기로 검찰청은 훨씬 개선된 수사 시스템을 갖추었다고 들었다. 이제 그동안 침묵할 수밖에 없었던 그 사건의 또 다른 면면이 반영되어 수사 시스템이 더욱 개선되었으면 좋겠다. 이것이 2번째 이유이다.

정의라는 명분은 누구나 가질 수 있다. 검사, 피의자, 언론, 인권을 위한 단체들, 정부, 국민. 그리고 정의는 사람이 내세우는 가치

중 가장 떳떳한 것에 속한다. 그러나 그만큼 무서운 무기이기도 하다. 중세시대 포악한 왕이 충신을 죽일 때도 나라의 기강을 흔들면 안 된다는 정의의 명분으로 죽였지, 충성스러워 죽인다고는 하지 않았다. 고정된 명분에 비해 정의의 실제는 살아 움직이며, 그래서 알아보기도 힘들고 실현되기도 힘들다. 그이는 그 명분을 집행하기도 했고 또 집행당해보기도 했다. 나는 그가 정의를 조심스레 다루는 더 크고 강한 그릇이 되기를 바란다. 이 글을 쓰는 마지막 이유, 아내의 마음이다.